本刊由"大成国学基金——湖南大学岳麓书院发展基金高等研究院项目"资助出版

CSSCI 来源集刊

原道

第 46 辑

肖永明　陈仁仁　主编

湖南大学出版社

·长沙·

图书在版编目（CIP）数据

原道. 第 46 辑/肖永明，陈仁仁主编 . —长沙：湖南大学出版社，2024.1

　ISBN 978-7-5667-3428-0

Ⅰ.①原… Ⅱ.①肖… ②陈… Ⅲ.①文史哲—中国—文集 Ⅳ.①C53

中国国家版本馆 CIP 数据核字（2024）第 039964 号

原道·第 46 辑
YUANDAO · DI 46 JI

主　　编：肖永明　　陈仁仁
责任编辑：王桂贞
印　　装：长沙创峰印务有限公司
开　　本：710 mm×1000 mm　1/16　　印　　张：19　字　　数：367 千字
版　　次：2024 年 1 月第 1 版　　印　　次：2024 年 1 月第 1 次印刷
书　　号：ISBN 978-7-5667-3428-0
定　　价：76.00 元

出 版 人：李文邦
出版发行：湖南大学出版社
社　　址：湖南·长沙·岳麓山　　邮　　编：410082
电　　话：0731-88822559（营销部），88821594（编辑室），88821006（出版部）
传　　真：0731-88822264（总编室）
网　　址：http://press.hnu.edu.cn
电子邮箱：wanguia@ 126. com

目　次

经学研究

以《象传》为中心的《周易》理解与儒家思想图景

——《易庸学通义》代序

陈　明[*]

[内容提要]

"五经""四书"可被理解为儒家思想图景的不同描述版本。本文从"五经"出发，以《周易》言说天道、《中庸》演绎天人之际、《大学》阐述生命展开的实践形态这样的分判定位，勾勒其概念命题的逻辑结构，呈现一种新的理论系统。在这一过程中，文章对《周易》经传关系、《系辞》《象传》孰为中心以及所谓"三纲八目"等基础问题进行新的思考。

[关键词]

儒教；周易；中庸；大学

---

* 陈明，湘潭大学碧泉书院教授。

我是从儒教神学建构而非易学研究的角度思考《周易》《中庸》《大学》三部经典之间的关系。

如果"每一伟大文明的背后都有一伟大的宗教为之支撑"的观察可以成立，如果承认中华文明的宇宙图景、存在秩序与人生规划以及对"我们是谁？从哪里来？到哪里去？"的系统论述是由儒家经典所呈现和提供的，那么，在汉代即享有"群经之首""大道之源"地位和赞誉的《周易》及相关经典就成为我们这一工作的起点和目标。

所谓易学，汉儒专言象数，王弼说以老庄，由此形成象数、义理二派。两派六宗之外，"天文、地理、乐律、兵法、韵学、算术，以逮方外之炉火，皆可援易以为说，而好异者又援以入易，故易说愈繁"（《四库全书总目提要·易类序》）。这虽然在某种意义上可以说明"易道广大"，但必须指出，言卜筮的象数派和言老庄的义理派，其所赖以立说的基础主要是《易经》文本，在思想内容和品质上与《易传》对文王六十四卦创造性诠释而来的天道话语从根本上说分属于不同体系，不可混为一谈。夫子晚年所定之《易》与《春秋》的精华要义乃是经由子夏传承至董仲舒而整合于《春秋繁露》，再经董氏"天人三策"被汉武帝采纳落实为经学政治，从而在两汉的实践中形成并确立了中华文明的基本格局和精神。

《说卦》的"乾称父，坤称母"在《春秋繁露》中被拓展为"天生、地长、人成"，到《白虎通》进一步具体化为"王者父天母地"。到了宋代，张载将之拓展为"乾父坤母""民胞物与"的生命世界体系，并为从胡宏、张栻到王船山的湖湘学者所继承、坚持，而与所谓理学相区隔。到清雍正年间，这一渊源久远、基础深厚的思想观念和信仰形式被正式以"天地君亲师"的祭祀体系颁行全国并流行至今。

本文根据《郭店楚简》中"吾与史巫同途而殊归者也"的夫子自道，在王充《论衡·超奇》"文王之文在孔子，孔子之文在仲舒"的思想脉络里，从人类文明的轴心时期这一大背景出发，廓清易学史的种种繁芜遮蔽，揭示阐发《周易》中塑造了中华文明并且至今仍构成我们感知思考范畴和安身立命依据的概念命题与价值体系，为那些以各种形式弥散存在的思想理念勾勒出其相应的义理和逻辑结构。

如果说产生于巴比伦之囚的犹太教经典是作为被征服民族之复国意志的顽强表达，产生于雅利安人对印度北部之征服的婆罗门教经典是胜利者对其治理秩序的神圣论证，那么，作为儒教核心经典的《周易》则是华夏民族在其内部演进中完成的对自我生命与天地关系之体悟的精神升华。

《周易》包含《易经》与《易传》两个部分。《易经》六十四卦的组合系统是由文王编定。此前的六十四卦有着两个不同的编排系统，即以艮卦为始的《连山》和以坤卦为首的《归藏》。《周易》与它们一样渊源于最原始的巫术占卜。这种巫术占卜可以理解为一种朴素的自然宗教形态，即预设有一种强大的支配性力量，可以对自身及世界产生影响作用，人们则可凭借某种具有神秘功能的媒介如蓍草之类打探其意志、好恶，从而调整行为趋吉避凶。《连山》《归藏》就是这种巫术活动记录的不同版本。

考古成果及研究已经表明卦爻起源于揲蓍所得之数。这意味着"人更三圣"所包含的伏羲画卦说并非历史真实。这为我们理解《周易》，诠释其超越《连山》《归藏》而发展成为儒教圣典提供了历史支持：六十四卦本身并非因为伏羲圣人的参与而具有先天的、普遍的神圣性，《周易》之所以与《连山》《归藏》相区别，乃是因为文王羑里序卦所重组之《周易》的六十四卦系统将世界表述为一个有机的生命整体，在为占卜活动提供更高效率或可靠性保障的同时，表达了一种对世界及自身生命性的直觉与认知。正是在这一文本属性的基础上，儒教思想获得了发展的起点和方向。

这一区别在卦系编排上的体现就是首之以乾。以乾坤为"易之门户""易之蕴"来"体天地之化"。这可以从以屯卦承接乾坤，以坎离为上经之末，以既济未济为全局终篇的安排得到证明。其所欲表述的是"天地交而万物通"，世界乃一以天地为起点、归宿和存在形式的大生命。泰卦象征天地相交，天地之交即阴阳相接，以三爻之经卦表达就是乾坤两卦之中爻位置互换而成坎离。因此，由此而来之坎离二卦具有特殊的地位与意义。这能够解释为什么文王会分别以坎离二卦以及由坎离（经卦）组成的既济与未济二卦作为上经和下经的结尾。离下坎上的既济和坎下离上的未济之意涵需与乾下坤上的泰卦与坤下乾上的否卦对读，然后可得其确解：否泰标示天地交合关系，既济未济则是在以坎离为体现形式的天地交合关系这一基础之上，标示天地交合之状态——既济表示交合业已完成，未济则表示天地之大生命生生不息。"终则有始，天行也"。

至于屯卦，震下坎上为云中响雷，天地相接，阴阳相交。卦名之屯，意为草木萌芽、破土而出，是即"万物出乎震"，是即"天造草昧"。

周公所作之《大象》乃周朝王室贵族子弟的政治教科书。[1]

"小邦周克大国殷"这一王朝更迭事件促成了中华文明的"伦理自觉"，其标志就是"皇天无亲，惟德是依"命题的产生。"我生不有命在天"的商纣被行善积德的文王、武王打败，使人们开启了对天意之伦理性的思考或信念，开始了对作为自然盲目力量存在的"血亲之天"的超越，其体现在《周易》就是《大象》的产生。以象说卦，意味着六十四卦自身被屏蔽虚化为仅仅是作为"能指"的符号，天、地、山、泽、风、雷、水、火等自然存在才是具有实质内容的"所指"。于是，人与卦的占卜关系就被转换成人与世界的意义关系。在这种关系中，人所寻找追求的不再是那种能够影响其吉凶祸福的神秘力量或意志，而是"修身、齐家、治国、平天下"的智慧启示，并且，作者认为古代君子、先王的成功经验都来自这种启发或领悟。

这样一种期待，显然暗含着对天及其所象征之外部世界的伦理性预设。随着国人精神世界的转向，文本对世界的伦理性建构进程也就此展开。对《周易》来说，这是一个全新的主题和意义维度，意味着中华文化将在新的方向上开始自己的生长。当然，传统的卜筮内容并未就此歇绝，依然在实践领域维持其存在。但它显然不再是《周易》以及思想界的主干内容。如果说文王建立起世界生命的整体性，周公开创其伦理的精神维度，那么，孔子则是这一事业的最终成就者。

文王所序之六十四卦系统的整体性与生命性是华夏先民之生活经验和生命体悟的朴素表述和总结。商代甲骨中干支纪年的甲、乙、丙、丁即是以草木生长记录时间，换言之，即是时间被理解为一种生命的存在。"皇天无亲"是"负判断"，不能作定义；"惟德是依"之德所指是外在对象。转折虽已开始，但天本身尚处于晦暗不明的状态。刺破混沌、开启光明的工作，是孔子在《彖传》《文言》《说卦》

----

[1] 彭鹏在罗列比较关于《大象》作者的五种说法后认为，"周公和周王室史官所作的观点，特别值得重视"。见氏著《君子观象以进德修业：〈易大象〉导读》，九州出版社2019年版，第7页。

中完成的。它包含了一系列命题，如"天地合德""天地之心"以及"乾父坤母"等。经此点化，六十四卦的系统不再只是一个自在的自然生命呈现，而具有了伦理和仁爱的品质，"天生、地长、人成"，天、地、人三才因此整合升华为一个以生生为德的精神存在。

在《帛书易传·要篇》中，孔子对系统的卜筮性质和元素也给出了明确的高低分判和选择建议："君子德行焉求福，故祭祀而寡也。仁义焉求吉，故卜筮而希也。"《周易》与卜筮这种"同途而殊归"的关系，在《彖传》《文言》对卦辞"元亨利贞"的解释处理上表现得淋漓尽致：将四字分拆，彻底解构其本身语义和语境，将分解后的断占之词用于对天地大生命之呈现描述；由此出发，始则以春、夏、秋、冬为喻，将其作为生命形态之展开，继则以其为仁、礼、义、贞四德之源，使"天生万物"所蕴含的天人之联系，经由"君子体仁长物"而从人的角度加以复现与确认。由天而人，再由人而天，儒教系统的核心理论架构于焉底定。

德行、仁义与祭祀、卜筮的分判是明确的，也是含蓄的；仁、礼、义、贞四德的确立也是借道巫术文本而夺胎换骨；[1]对纣王"我生不有命在天"之天，也只是加以伦理改造而并未彻底否定弃绝。这样一种思想的连续性发展是中国社会发展之连续性的反映。这种由连续性或常态性而来的特征及其文化思想意义，从与犹太教、婆罗门教的对照中可获得更为深刻的理解。

毋庸讳言，这里的论述是为了将传统《周易》文本"人更三圣"的叙事修正为从文王经周公到孔子儒教经典次第成型之三部曲。它的结论就是，《易经》文本虽然在文献学上居于"经"的位置，但从思想史和文明论的意义上说，《易传》才是真正的"经"，即儒教之核心，[2]《易经》的准确定位应该是《易传》的"前传"。

----

[1] 四德说《左传》亦有记载，但这丝毫不削减《易传》思想的创造性，因为它是一个完整的系统。

[2] 《周易》一直存在经传关系之性质和地位上的争论，如：《易经》作为巫术、卜筮是否具有哲学内容？《易传》是哲学还是宗教？经传一体还是经传分离？等等。总的来说，象数派和义理派基本持经本传末观点。象数派重占卜，自不待言。义理派因为要表达自己的个人理解，对《易传》的孔子思想表现出否定或忽视的倾向。最主要的代表就是朱子，其《周易本义》就是以《周易》为卜筮之书，以文王否定孔子，以伏羲否定文王。以《周易》为卜筮之书，实质就是否定孔子在《易传》论证阐述之思想的地位意义，比如朱子就是为了以理代天而强调"太极一理"。所谓"天不生仲尼，万古如长夜"，因为没有《易传》的《易经》终只是一种自然宗教形态的文化，无关社会，也不具有德性。

明乎此，然后就是《易传》思想结构层次之厘定分判，即哪一篇是《易传》的中心或者说哪一篇才是"大道之源"。如果将满足以下三个条件视为中心的标准，则讨论就可以理性地展开了：相对《易经》，其思想具有创造性与系统性；在与十翼其他诸篇关系中，其具有主导性——这又可以理解为主要作者与次要作者的关系问题；在中华文明中所占之地位和影响力。

《易传》包括《彖》（上、下）、《象》（上、下，即《大象》和《小象》）、《文言》、《系辞》（上、下）、《说卦》、《序卦》、《杂卦》等七种十篇。其中：《文言》为"文饰乾坤两卦之言"，准确地说就是，根据乾坤两卦之彖传精神对乾坤两卦之卦爻辞作进一步阐释；《大象》是从八卦之象组合而成之卦象寻绎其道德和智慧上的意涵及启示，其作者为周公；《小象》为对爻辞的一般性解释；《说卦》与《文言》颇类似，即都是以乾、坤二卦之彖传思想为基础，讨论卦之产生、作用及意义，区别只在《文言》集中于乾、坤二卦，内容全面、思想深刻，《说卦》则遍说诸卦，精彩迭出却又良莠不齐（可见非完成于一人一时）；《序卦》则从"有天地，然后万物生焉"、"有天地然后有万物"这一《彖传》思想出发，力图给六十四卦之排列组合赋予一种形式上的系统性，以致被有些人以"目录"视之；《杂卦》与《序卦》一样，重点在寻找卦与卦之间的结构规律和特征，以及对占卜意义上之卦德作定性总结。如果将这些排除，剩下的就只有《彖传》和《系辞》了。

长期以来，《系辞》被视为《易传》的中心。但本文认为，《彖传》才是《易传》的中心，甚至可说是"儒教的《创世纪》"[1]。

《系辞》中心论的理据之一是《系辞》乃"通论《周易》之大义，不是如《彖》、《象》那样，逐句解经"[2]。欧阳修的《易童子问》虽质疑《史记》以来《易传》为孔子所作的观点，但他仍然肯定《彖传》《文言》《说卦》为"圣人之言"。至于《系辞》，则被认为类似《尚书》《礼记》之"大传"。这应该即是"通

---

〔1〕 吴雷川先生在《基督教经与儒教经》的文章中曾将"《创世记》造人与《中庸》天命之谓性"对勘，认为"《创世记》与《中庸》所说的同是一回事"。"天命之谓性"以"大哉乾元，万物资始"为前提，因此，如果一定要对勘，并且将"创世记"视为关于世界的基础叙事的话，那么《彖传》在内容上显然比《中庸》更适合。

〔2〕 朱伯崑认为《系辞》"通论《周易》之大义，不是如《彖》、《象》那样，逐句解经。"见氏著《易学哲学史》，北京大学出版社1986年版，第39页。

论说"之所本。"大传说"渊源久远，就其在内容上涉及《易经》卦、爻、辞等方面这一点可以成立，但这并不能决定其思想史价值和地位。《尚书大传》《礼记·大传》充其量是"他人"编撰的教学参考书或工具书，岂有反客为主而成为思想典籍中心之理？何况有论者指出，"系辞"之"系"乃"系捆"之意，《系辞》者，各种零碎片段系缚而成之篇也。[1]

《易传》之为"经"，就因为它并非《易经》之传解，而是孔子将自出机杼的一系列命题点化升华，"技而进乎道"。那么，《系辞》又有哪些思想命题意义独特并支撑起其中心想象呢？最著名的应该有三："易有太极，是生两仪，两仪生四象，四象生八卦，八卦定吉凶"；"一阴一阳之谓道"；"形而上者谓之道，形而下者谓之器"。

上述三者中最重要的无疑是"易有太极"，因为它被认为是与"道生一，一生二，二生三，三生万物"并列的两大宇宙论之一。但这是一种想当然的误读和误判。首先，就其理论本质言，太极是一个外部概念，引入进来是为对"大衍之数"进行解释。太极即太乙、太一、泰一，它不仅有确定的内涵（为星宿名与神灵名），并且意味着一个系统，在《郭店楚简》的"太一生水"中被视为世界发生的起点。[2] 其与"易有太极，是生两仪，两仪生四象，四象生八卦"虽有变形出入，但同根同源不难分辨。以此为基础，其与"道生一，一生二，二生三，三生万物"的《老子》思想，亦可作如是观。其次，筮法所关涉者为卦之源起，这属于《易经》的范畴，其所欲证明或试图建构的，是卦的神圣性。而《易传》在《大象》的转折之后，其致思的对象业已转向卦符卦画所象征之天地万物，卦的产生方式自然不再重要；在"大哉乾元，万物资始"和"至哉坤元，万物资生"之后，"太一生水"的世界发生论也不可能与之同时存在。因此，"易有太极"如果有什么意义，那也仅仅限于对"大衍之数"的阐释，体现的是作者"天官书"的视角与立场。最后，"太极"于此突兀一见，可知它与其他篇章并无多少勾连。其

---

[1] 王化平《论〈系辞〉为集录之书及相关问题》，《周易文化研究》第 1 辑，东方出版社 2009 年版。
[2] 《郭店楚简》有"太一生水"篇："太一生水，水反辅太一，是以成天。天反辅太一，是以成地。天地复相辅也，是以成神明；神明复相辅也，是以成阴阳；阴阳复相辅也，是以成四时。"其系统完整成熟，而"易有太极"与之相似。

在汉代的流行，实际是其自身所属之气化宇宙论主导地位的体现，与《周易》本身关系并不大。儒家对它的重视，与周敦颐反转道教炼丹图以建立伦理道德的宇宙论基础有关，而朱子以"太极一理"之说将其推向极致。

至于"一阴一阳之谓道"，源自阴阳家，用于对"乾父坤母"的解释既有所彰显，也有所遮蔽，即有助于对生化及制作抽象化理解。但这种抽象又存在对天（"乾父"）、地（"坤母"）之人格性和神圣性的解构危险。[1] 当然，因为社会背景的差异，如王权发育良好、神权功能被弱化，因而其人格性和权力也受到限制，导致存在形态和功能与犹太教中的至上神差别巨大。对于生生来说，重要的是其"大德"，而不是"道"（机制）或"正义""威权"（如耶和华然）。《彖传》的"云行雨施""含弘光大"已经表达足够充分，"一阴一阳"不能与此相脱离，更不能与此相背离。《系辞》中接下来的"继善成性"正是如此。

"形而上者谓之道，形而下者谓之器"也有同样的问题。对于"天生万物"来说，这是一种外部描述，并且是基于一种"物"的视角。有鉴于此，胡宏提出"形而在上者谓之性，形而在下者谓之物"（《胡宏集·释疑孟》）的命题，或可作为修正。从《彖传》和《文言》对"元亨利贞"的处理诠释来看，这显然更接近圣人之旨。

需要指出的一点是，"天地之大德曰生"。它跟"生生之谓易"一样，可以视为对乾、坤二卦之《彖传》《文言》思想的总结发展，是在吸纳复卦《彖传》"复见天地心"思想的基础上，对"大人者与天地合其德"所作创造性诠释。这一命题产生的时间节点虽然在后，其思想逻辑的位置却在最前。

凡此种种，说明《系辞》作者之不一、思想之多元。

与此相对，《彖传》《文言》的论述十分紧凑集中，系统严密。《说卦》与《系辞》有点相似，是《彖传》思想的展开与巫术资料的混合。六十四卦之《彖传》，超过半数都包含天的概念，如统天、承天、天造、天位、应天、天道、天行、

---

〔1〕 事实上道家道教正是这样做的，即以阴阳取代天地。周敦颐据"水火匡廓图"化用而成的《太极图说》，更是以机械性的动静运动说坎离之交，天与生的意义属性都被遮蔽抽空。天之"云行雨施"和地之"含弘光大"也许可以以动静言，但绝不能还原为动静，因为"天地之大德曰生"才是其本质要义。而到刘宗周《圣学宗要》的"一阴一阳之谓道即太极"，不仅太极阴阳合流，而且完成了对天生万物之起源论的替代及乾父坤母之世界图景的解构。

天文、天命、顺天等以及天地感、天地交、天地之情、天地之义、天地之心等，极富思想深意且互相关联，构成一个有机系统。扬雄《法言·寡见篇》谓"说天者，莫辩乎《易》"。天，正是在《象传》中得到充分阐述。

《象传》作者为孔子，主题为天，其思想已在其他诸篇中从不同角度、在不同程度上得到发展演绎，这足以表明其作为《易传》十翼之中心的地位不可撼动。

圣人制《易》，"以通神明之德，以类万物之情"，"顺性命之理"，必然表现为一个完整的理论系统。所谓天、地、人三才之道，其实主要就是天人关系，地是从属于天的存在。《易传》虽然在"大德曰生"的前提下提出了"天地合德"的命题，但只是为天人之间的贯通连结提供了一个框架基础，其理论的重心在于天的生生之德以及由此而来的天与万物之关系的论述。在这一前提下，从人的角度如何实现其天命之性以实现人与天的连结之类，并没有展开论述。

这些论述是通过《中庸》和《大学》完成的。如果说《易传》的主题是"天道"，它提供了一个天人关系的理论架构，那么，《中庸》就是在这个架构内从人的角度对天与人或人与天之关系的理论阐述。具体来说，就是以"天命之谓性"为前提，以"慎独"为起点，以"中论"的"致中于和"为理论内核，以"诚论"的"成己成物"为践履方向，在"天地位焉""万物育焉"中"参赞化育"，实现与天的"再连结"。

如果说《易传》的主题是"天道"，提供了一个天人关系的理论架构，《中庸》是在这个架构内从人的角度对天与人或人与天之关系的理论阐述，那么《大学》就是承接《中庸》的"诚论"，将"成己成物"的实践路径具体化为行动路线图。它的起点是"格物"，即于天所生之物上感通领悟上天的生生之德和万物一体之仁，将其内化于心——所谓"致知"者也。遵循这一正念指导，然后就是修身、齐家、治国、平天下。《大学》的这一理论是经由历史经验的阐释完成的。当然，说作者是将古代圣贤的事业视为这一理论的验证呈现也同样成立。实践与阐释，或理论与实践，而非"纲领与条目"，才是"格物致知""正心诚意""修齐治平"与"明明德""亲民""止于至善"的真实关系。

"格物"跟"慎独"一样，是个体确立其与天之内在一致性的起点，"修齐治平"则是由这一内在一致性显发而成的实践行为。"平天下"的"平"是"成"

的意思，本于《文言》"云行雨施，天下平也"。"天下平（成）"即是"万物育焉"，即是"至善"。

虽然一般认为，《中庸》《大学》的作者分别是子思和曾子，但其内容应被视为对孔子思想的拓展。如果按照朱子《中庸章句》和《大学章句》对文本的经传结构分解，"经"为孔子所作，"传"为子思、曾子对"经"的注解诠释，那么"中论""诚论"以及被朱子所说之"三纲领"和"八条目"均出自孔子之手。

这一理论系统或许可以用下图表示：

		天 ------------------> 人 ------------------> 天		
《易》	天→人 （天道论述）	大德曰生 元亨利贞 （形上：乾坤； 坎离）	与天合德 自强不息—正位凝命 形下：时（帝出乎震、元亨利贞） 物（屯、咸、未济）	保合太和 （飞龙在天）
《庸》	天⇌人	天命谓性 诚者天之道 （慎独：起点）	致中于和—成己成物 中论 圣：率性之谓道； 自诚明 凡：修道之谓教； 自明诚　诚论 各正性命 成物 成己	万物育焉— 与天地参
《学》	人→天 （实践展开）	历史呈现： 知止而后有定 人之活动： 格物（起点） —致知	明明德—亲民 正心—诚意—修身—齐家—治国	止于至善 云行雨施 天下平也

这与孔子的思想逻辑一致。《论语·泰伯》说"唯天为大，唯尧则之"，并不只是对帝尧个人德行的一般性称道，而是对天道与人事内在一致性的强调。其删定《尚书》而"以尧为始"，显然是"推天道以明人事"（《四库全书总目提要·易类序》）逻辑的实践操作。天道与人事的贯通就是天人的贯通，这不仅意味着儒教理论的完备，也意味着其实践维度的展开，意味着"为天地立心，为生民立命，为万世开太平"的统一。

而我们这里的工作，自然就是"为往圣继绝学"了。

是为序。

易祓的易学思想与汉宋易学

林忠军　刘柯言[*]

[内容提要]

易祓是南宋中后期的易学家，他提出了有创新意义的观点，如易之成书是"吾心与造化相为流通"、"诚即易道"为"元亨利贞"流行、"扶阳抑阴"与"君臣之道贵中"等。

易祓治易的理路与方法是总卦爻之义解《易》，即以象数明义理、以义理为指归。其象数汉宋兼采；义理融合两宋易学的思想与方法。易祓易学秉承了朱震易学的传统，具有折中汉宋的特点。易祓易学的形成，与当时的政治生态与学术气氛息息相关。故学术上，易祓易学是易祓极力摆脱政治进行独立学术活动的见证，也是南宋朱熹理学解禁后盛行的真实反映；政治上，是易祓对于当时的昏暗政治和积弱社会的有感而发，并以此警诫后世，折射出他对朝纲混乱和朝廷软弱外交的厌恶及对政治清明、民族强盛的向往。

[关键词]

诚即易道；扶阳抑阴；君臣之道贵中；总卦爻之义；折中汉宋象数

---

* 林忠军，曲阜师范大学东亚易学中心教授、山东大学易学与中国古代哲学研究中心教授；刘柯言，山东大学哲学与社会发展学院博士研究生。

易祓（1156—1240），字彦章，又作彦伟或彦祥，号山斋，宋代潭州宁乡（今湖南宁乡）人。南宋中后期著名学者，为孝宗、宁宗、理宗等三朝重臣。殿试第三名探花，被皇帝赐封释褐状元，曾任著作郎、实录院检讨官、江州知府、史编修实录检讨、国子司业、礼部尚书、直学士院等职。南宋伐金（史称"开禧北伐"）以失败告终，为首的苏师旦被赐死，易祓因迎合韩侂胄主导"恢复计划"受牵连而被贬。在被贬之后的几十年里，易祓疏于政事，潜心学术，著书自娱，筑楼于沩山之南，取东坡"不识庐山真面目，只缘身在此山中"诗意，题名"识山楼"。博学之士，远来受业，公题其书室曰"善斋"。易祓博学多才，素工诗词，文人博士交相倾慕，咸以望见颜色为幸，被尊为布衣居士。其经学造诣极深，著有《周官总义》三十卷、《禹贡疆理记》、《汉南北军制》、《周礼释疑》、《山斋集》等著作。据《四库全书总目提要》记载：其《周官总义》已佚，散存于《永乐大典》中，清修《四库全书》时，裒合四官之文编次成帙，以存其旧。《宋史》无易祓传，其事迹见清同治《宁乡县志》卷九《礼部尚书易祓墓志》。今人易风葵作《大宋状元》有《易祓传》，王可喜、王兆鹏依据《易祓墓碑志》及其他文献作《南宋词人易祓行年考》。[1]

易学方面，易祓早岁读《易》，后侍经筵，常常以《易》进讲，暇时仔细研读，如此达二十余年，终于著成《周易总义》。该书"略训诂而明大义，合诸家之异而归之于一"，重在阐发义理。另撰《易学举隅》四卷，集象、数为之图说，"于宋儒所未言发明尤多"。晁公武《郡斋读书志》、胡一桂《周易本义启蒙翼传》等皆有著录。《易学举隅》今已不传，据陈章《总义序言》所述："既又为《举隅》四卷，裒象与数为之图说，盖与此书可以参考云。"今本《周易总义》有一条提及《易学举隅》，其释《说卦传》云："八卦未画其象，已见于太极。既分之后，乾正南坤正北，天地定位也。离正西坎正东，水火不相射也。山起于西北，泽钟于东南，山泽通气也。雷出于东北，风盛于西南，雷风相薄也。此已往之象，故曰数往者顺。及圣人观象设卦，而后八卦相错，画乾于左，从下数上，自震至乾。即下文之曰雷、曰日、曰兑，而乾以君之也。画坤于右，从上数下，自巽至坤，即下文

---

[1] 王可喜、王兆鹏《南宋词人易祓行年考》，《中国韵文学刊》2005 年第 4 期。

之曰风、曰雨、曰艮，而坤以藏之也，唯逆数，八卦之始画而后成易，故曰易逆数也。图见《举隅》。"〔1〕可见，《易学举隅》以图说解《易》，与《周易总义》互为表里。对易祓之易学，近世以来鲜有研究者，孙文昱著有《周易总义考证》《周礼总义考证》《学林考证》《小学初告》《经学概论》等。潘雨廷曾于《读易提要》中撰文介绍易氏之学，谓"此书之能总明六十四卦三百八十四爻之大义，已有得于《易》焉"〔2〕。

一、易之成书是"吾心与造化相为流通"

易祓将易分为造化之易与吾心之易，认为《周易》成书是吾心与造化相为流通。他在注释《说卦传》指出：

圣人之作《易》也，吾心与造化相为流通，而后《易》生焉。幽赞于神明而见之于占，故曰生蓍。参天两地之生数以为本，故曰倚数。观阴阳之变以辨一卦之体，故曰立卦。发挥刚柔之文以明六爻之义故曰生爻。曰神明、曰天地、曰阴阳、曰刚柔，造化之易也。曰幽赞、曰参两、曰观变、曰发挥，吾心之易也。吾心之易与造化无间，则凡道德之要，义理之会，性命之奥，非有二致也。在天曰命，在人曰性，物性之自然，而处之以顺者，曰理。人事之当然，而用之以宜者，曰义。会义理而行之，以通者曰道，体是道而充足乎已者，曰德。其本一而已，唯深穷乎蓍数卦爻之用，而反求其在我，和顺于道德而理于义，穷理尽性以至于命，则造化之易，即吾心之易矣。（《周易总义》卷二十）〔3〕

他所说的造化之易，也就是客观存在的自然之易，即"神明""天地""阴阳""刚柔"之类。吾心之易，指人后天通过对自然之易的观察、理解、认知，在心中形成之易。也就是圣人通过"幽赞""参两""观变""发挥"而形成的易。因为"吾心之易"本之"造化之易"，据此，他提出"造化之易，即吾心之易矣"。《周易》成书是"吾心"对于自然的体认，是将"造化之易"转换为"吾心之易"，

---

〔1〕 易祓《周易总义》卷20，《景印文渊阁四库全书》第 17 册，台湾商务印书馆 1986 年版，第 610 页。

〔2〕 潘雨廷《潘雨廷著作集》第 4 册，上海古籍出版社 2016 年版，第 238 页。

〔3〕 《周易总义》卷20，《景印文渊阁四库全书》第 17 册，第 609 页。

即所谓"吾心与造化相为流通"。将"吾心之易"落实于文字上，用之于卜筮，就是《周易》。应当指出，易祓的"吾心之易"与南宋易学家朱熹、杨简的理解不尽相同。朱熹认为，易文本形成之前，在自然界是阴阳之理，在心中也是阴阳之理，即画前之易理，存在于自然之易与心中之易，是一个易。"未画之前，在易只是浑然一理，在人只是湛然一心，都未有一物在，便是寂然不动，喜怒哀乐未发中也。"[1] 唯于此，圣人之易，虽然是经历仰观俯察而成的，但是却毫不费力。"圣人作《易》之初，盖是仰观俯察，见得盈乎天地之间，无非一阴一阳之理"[2]；"天地本然之妙然如此。但略假圣人手画出来"，"圣人当初亦不恁地思量"[3]。心学易提出的"心易"，则是人心中的自有之易。如杨简提出"三易"即自然之易、圣人之易、己易。"三易"在本质上无任何区别，自然之易，即圣人之易，即己易，三者为一。而易祓的"吾心之易"强调易书是圣人之心（吾心）的产物，是"吾心"思维活动的结晶，显然与朱熹、杨简对易的理解有一定的区别。

关于圣人如何画卦，易祓通过融合周敦颐、邵雍的观点予以说明，他说：

易者，道也，周子谓之"无极而太极"，乃易道之形于一而未判者，故合而言之，曰"易有太极"。自太极而下，始有生数，故分一为二而成一奇一耦者，为两仪之画。两仪之画，各加一奇一耦而为二画者四，此两仪所以生四象。又两四象之画各加一奇一耦，而为三画者八，此四象所以生八卦。[4]

易祓以周敦颐"无极而太极"解释易道，然后由易道引出"太极"概念。易道为太极，太极为未判的一。以此为基础，易祓依照邵雍"加一倍法"，解释两仪、四象、八卦等的创制过程，以《说卦传》"天地定位"一节为据，画出先天八卦。他说："八卦未画其象，已见于太极。既分之后，乾正南坤正北，天地定位也。离正西坎正东，水火不相射也。山起于西北，泽钟于东南，山泽通气也。雷出于东北，风盛于西南，雷风相薄也。此已往之象，故曰数往者顺。及圣人观象设卦，而后八卦相错，画乾于左，从下数上，自震至乾。即下文之曰雷、曰日、曰

〔1〕 黎靖德编《朱子语类》卷67，中华书局2007年版，第1660页。
〔2〕 黎靖德编《朱子语类》卷67，第1646页。
〔3〕 黎靖德编《朱子语类》卷65，第1605页。
〔4〕 《周易总义》卷18，《景印文渊阁四库全书》第17册，第595页。

兑，而乾以君之也。画坤于右，从上数下，自巽至坤，即下文之曰风、曰雨、曰
艮。而坤以藏之也，唯逆数，八卦之始画而后成易，故曰易逆数也。"[1] 按照他
的理解，自下而上为顺，自上而下为逆。由八卦重为六十四卦，六十四卦之象的设
立，是法自然之象的结果。有进取诸物者，如"易之诸卦皆言象，近取诸物以为
象者，鼎与井而已，井卦以木巽水、鼎卦以木巽火，二卦皆以养人为义，故皆实象
明之"[2]；也有近取诸身者，如"圣人观象设卦，而艮以背为主，宁非专于止者
哉。盖人之身，惟背为止，专于止，则止其所未足，以明艮止之义，故诸爻皆以动
体为象"[3]。可见，他理解的易象，是易辞所表达的复杂客观之象，如睽之"载
鬼"、无妄之"系牛"之象。他指出："圣人有以见天下之赜，如睽之疑惑、无妄
之灾眚，固欲拟诸形容而莫能究其说，于是象其物宜，而取诸载鬼、系牛之类，所
以谓之象。"[4] 他理解的爻象，是效法客观事物变动会通之象，如泰九二因与否
相反而变动，即九二之阳变六二之阴；观六四与剥相因，九五之阳变六五之阴。爻
辞也是借此而作。他指出："圣人有以见天下之动，如泰之九二，观之九四（五），
固宜观会通以行其典礼，而泰否相反，观剥相仍，于是系辞以断其吉凶，所以谓
之爻。"[5]

因此，在象辞关系上，他认为：一方面，易辞本之于卦象，观象而系辞；另一
方面，系辞表达象之意，"卦之始设，观象自得而已，初无所谓辞，后有圣人系之
辞焉，所以明立象之意"[6]。所谓的"立象之意"，归根到底，就是明天地之道：
"昔者圣人之作《易》也，明天地之道而已"[7]。为了进一步凸显象辞关系，易被
从《周易》文本中为每一卦选取了最为重要的文辞附在相应的卦爻符号上，以展
现《周易》象与辞互诠及在解经中的作用，这是其易注异于其他易学文本的独特
之处。如：

---

[1]《周易总义》卷 20，《景印文渊阁四库全书》第 17 册，第 610 页。
[2]《周易总义》卷 14，《景印文渊阁四库全书》第 17 册，第 537 页。
[3]《周易总义》卷 14，《景印文渊阁四库全书》第 17 册，第 543 页。
[4]《周易总义》卷 14，《景印文渊阁四库全书》第 17 册，第 543 页。
[5]《周易总义》卷 14，《景印文渊阁四库全书》第 17 册，第 543 页。
[6]《周易总义》卷 18，《景印文渊阁四库全书》第 17 册，第 590 页。
[7]《周易总义》卷 18，《景印文渊阁四库全书》第 17 册，第 585 页。

蒙

艮上 坎下

学童用勿用包
取女蒙
蒙蒙蒙蒙蒙

屯

坎上 震下

泣屯其往即
女子利建
血膏吉鹿贞侯

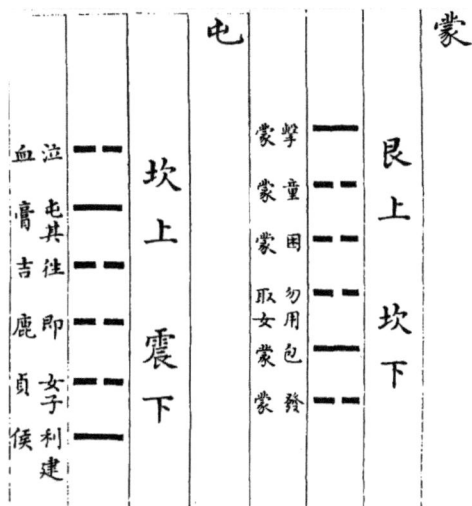

易祓这种改变文本形式的做法，符合其以易六爻总义解《易》的特点。正如潘雨廷先生所言，"全《易》之大旨可窥，不愧《总义》之名"，但仍有需要进一步讨论之处，主要有二。其一，存在忽略本象的问题。他就泰三"上际"，四曰"下际"，盖本三《象》之"天地际也"，说："考爻象之于三、四确当上下之际，然爻辞既明言，于三于四已不必再言，故另有'不富'之象辞，乃易氏泥于三爻之象以明四爻，而忽乎四爻之本象，于理未合。他如随初、四皆曰'丈夫'，二、三皆曰'小子'，大过以'老妇'、'老夫'、'士夫'、'女妻'分当初、二、五、上，其失同。"其二，未能逐爻明象。潘雨廷说："若大畜初、二皆曰'受畜'，四、五皆曰'畜贤'，损四、五益二、三皆曰'受益'等，盖以全卦论，未能逐爻明象，亦非所宜。"[1]

二、"诚即易道"为"元亨利贞"流行

易祓从象数出发阐释人事之理。他以周敦颐的"诚"解释"道"。在注《系辞传》时，他指出：

易者，道也，周子谓之"无极而太极"，乃易道之形于一，而未判者，故合而

[1] 潘雨廷《潘雨廷著作集》第 4 册，第 233 页。

言之，曰"易有太极"。[1]

一阴一阳之谓道，即乾坤二《象》所言一岁之功用，是已周子《通书》以人事释之，故言"元亨，诚之通；利贞，诚之复"。诚，即易之所谓道也。通，即元亨之为善者也。复，即利贞之为性者也。善所以阐是道，故曰继。性所以全是善，故曰成。[2]

按照易祓理解，易就是道，是阴阳未判的"一"，就是周敦颐所说的"无极而太极"，在这里，他接受了朱熹的观点，认为太极、无极所表达的是一个意思，即宇宙之根。"圣人谓之太极者，所以指夫天地万物之根也。周子因之而又谓之无极者，所以著夫无声无臭之妙也。然曰'无极而太极'，太极本无极，则非无极之后、别生太极，而太极之上、先有无极也。"[3] "不言无极，则太极同于一物，不足为万化根本。不言太极，则无极沦于空寂，而不能为万化根本。"[4] 因为"道""易""太极"作为宇宙之本，成为立人极的依据，则难于理解，故他采用周敦颐的"诚"解释"道""易""太极"，以"诚"表达宇宙之本，其旨在于为"立人极"找到客观依据。他认为，"元亨利贞四德是诚的品德，元亨是诚的通显，即诚在宇宙化生过程中逐渐彰显，并落实到万物之中，利贞是诚的复归，即万物形成之后，诚便是其共有之性，而且万物即使消散殆尽，其性依旧是诚"[5]。就人而言，继善成性，就是诚，有自然之诚化为人之品德。总之，诚之流行是天道，继善成性，又是人道，从而贯通天人，符合《中庸》"诚者，天之道；诚之者，人之道"的思想。

他所说"一岁之功用"，是言乾、坤二卦阴阳消息而成十二卦。在他看来，"一岁之功用"是"诚"之展开和显现。易祓以乾坤、阴阳消息为十二消息卦，并辅以十二辰，并作图如下：

---

〔1〕《周易总义》卷18，《景印文渊阁四库全书》第17册，第595页。

〔2〕《周易总义》卷18，《景印文渊阁四库全书》第17册，第588页。

〔3〕 朱熹《答杨子直》，《朱子文集》卷2，中华书局1985年版，第58页。

〔4〕 朱熹《答陆子静》，《朱子文集》卷1，第8页。

〔5〕 杨柱才《道学宗主》，人民出版社2004年版，第274页。

乾

乾上乾下

乾
夬 建巳
大壮 建辰
泰 建卯
临 建寅
复 建丑
建子

亢
飞
跃
乾乾
见
潜

坤

坤上坤下

坤 建亥
剥 建戌
观 建酉
否 建申
遁 建未
姤 建午

龙黄
战裳
括囊
含
方直
霜履

他以"乾阳主而坤阴佐"解释乾坤消息生物过程，注乾卦时指出：

今考四时之序，元者，一阳生于建子之月，卦气为复，故谓之始。亨者，六阳成于建巳之月，卦气为乾，故谓之终，由始而终，其间历临、泰、大壮、夬皆六阳之位。阳以大为体，明为用，大明终始，则六阳之位以时而成，当是之时乾乘六龙以御天，所以成元亨之功用。至一阴生于建午之月，变乾之初爻为姤，是为乾道之变化，历遁、否、观、剥，是谓变而能化，变有利之理，化有贞之理，此皆功用敛藏之实，……故总而名之曰为利贞，曰利曰贞，固属乎六阴之月，而必言乾道变化者，乾阳用事常主岁功，阴则时出而佐之，是以五阴剥阳之时，卦位之乾，已先临乎西北，又至建亥之月，遇坤而战，战乎乾而劳乎坎，则一阳复生，而为元。[1]

在此，易祓以乾息释卦辞"元亨"，以坤消释"利贞"。在他看来，乾自下而上依次经纳子、丑、寅、卯、辰、巳，分别为复、临、泰、大壮、夬、乾。初爻纳子为复卦，为元；乾上爻巳，成六阳乾体，为亨，即"元亨之功用"。乾道变化为利贞，是指坤自初爻至上爻依次纳午、未、申、酉、戌、亥，分别为姤、遁、否、观、剥、坤，为利贞生成之意。换言之，乾之元亨利贞，内涵乾生物坤成物。乾坤生物是一个循环往复过程，万物生生不息。坤阴五爻为剥纳戌，戌为西北，建亥之月。乾位西北。《说卦传》："乾，西北之卦也，言阴阳相薄也。"西北乾坤阴阳相

遇，"一阳复生"，自贞至元。易祓在此，有两层意思：其一，是言乾坤阴阳消息之道初创生万物，万物生成后，其共性是道复归；其二，万物生成后，万物生生不息，周而复始变化，再现了道。

当然，他区分了乾之元、亨、利、贞等四德和其他卦之元、亨、利、贞等四德，认为乾之元、亨、利、贞等四德纯而不杂，坤卦四德是顺从乾，其他卦四德虽与乾卦同，是将乾卦四德推之而见之，是乾卦四德的体现："乾，纯乎四德者也，坤言四德，而列牝马于元亨利贞之间，以顺承乾，已非乾德之纯，而圣人设卦乃复系之于屯、随、临、革、无妄五卦者，盖四德无所不寓，而其用散见于万物。……是理而推之五卦之辞，固与乾同，然乾言四德纯一不杂，五卦虽系以德而下，皆有戒之之辞。"[1]

易祓整合了汉儒孟喜卦气说、郑玄爻辰说和晋儒干宝卦气说，通过对乾、坤两卦的解释，形成了元、亨、利、贞成物的思想。[2]

易祓由卦气爻辰说抽绎出阴阳变化之道，然后将阴阳变化之道视为"诚"。而元、亨、利、贞作为四德，由乾而坤、由坤而乾，循环往复，乾四德是自元至贞，元、亨、利、贞流行，坤四德是自贞而至元，贞、利、亨、元，其实质是乾坤卦气流行而致。他解《文言》曰："乾言四德，则自元而至于贞；坤言四德，则自贞而复于元，如六律六同阳道常饶，故其律则顺而左旋，阴道常乏故其同则逆而右转，不特律同而已。凡天下之言阴阳者，无非以逆承亦顺承之义也。"[3]

由元、亨到利、贞，由贞复元，"复乎天理本然之初"，元、亨、利、贞等四德循环不已，体现大易生生不穷之道。易祓以"理复初"解释《杂卦》，他指出：

未济失位不正，君子于此知所戒，至于夬则君子道长小人道忧。夬一变则为乾，复乎天理本然之初。如元亨利贞而贞复归于元始终，大易生生不穷之道也。[4]

易祓在此言"复乎天理本然之初"，又言"元亨利贞而贞复归于元始终"，与前面引用周敦颐"元亨，诚之通；利贞，诚之复"一致不二。显然，易祓将"道"

---

[1]《周易总义》卷1，《景印文渊阁四库全书》第17册，第382页。

[2] 孟喜卦气说，参见林忠军《象数易学发展史》第1卷，上海古籍出版社2022年版，第217-234页。郑玄爻辰说，同上，第381-392页。干宝乾坤消息说，同上，第631-635页。

[3]《周易总义》卷2，《景印文渊阁四库全书》第17册，第395页。

[4]《周易总义》卷20，《景印文渊阁四库全书》第17册，第620页。

"太极""诚"等同于"天理",言诚、太极、道,最后回到了宋儒谈论"天理"这个核心问题:诚、道、太极回归,归根到底是天理的回归,其实就是宋儒"存天理"的翻版。易祓不仅就众说纷纭的《杂卦》最后一节自既济以后一改以前两两为对解卦的风格,提出自己见解,更为重要的是,用元、亨、利、贞循环释之,提出"大易生生不穷之道"的思想。这既符合其对乾坤之义的解释,保持其思想前后贯通,又发展了《易传》"生生之谓易""天地之大德曰生"的思想。

三、"扶阳抑阴"与"君臣之道贵中"

《周易》是阴阳并举,从其易文本形成看,由一阴和一阳符号构成,离开了阳或离开阴,皆不可能构成八卦或六十四卦。在这个意义上说,阴阳在易文本形成过程中具有平等地位。但是,就其意义而言则完全不同,阳刚阴柔、阳大阴小、阳上阴下、阳吉阴凶、阳君子阴小人、阳君阴臣、阳夫阴妻。就其地位而言,阳尊阴卑、阳主阴从。以乾坤为例,乾为最大阳,坤为最大阴。乾坤消息成十二卦。虽然乾坤不可分离而成十二卦,其作用不可取代,但是其地位有明显差异,以乾阳为主,坤阴为辅。以乾坤消息卦观之,乾阳长,依次为复、临、泰、大壮、夬、乾。坤阴消,则依次为姤、遁、否、观、剥、坤。显然,十二消息卦命名,多就阳而言。一阳复于坤,言复。二阳长于坤,为临,……其他类推。坤阴消,姤是一阴遇五阳,遁二阴长,是阳退。长至三阴,阳退,阴阳平衡,为否。长至四阴,二阳在上,则为观。长至五阴,五阴剥落阳,为剥。因此有阳吉阴凶之意。易祓从《周易》经传阴阳的观点出发,认为易卦有扶阳抑阴之意。如他注《坤》初六:

初六居卦下为姤,建午之月,一阴始生,斯谓之初,初虽未至于冰霜,及乎履霜而为冰,有消阳之渐,正所以寓扶阳抑阴之意。夫阴阳,天地之道也。为昼夜、为寒暑,皆消息往来来之常,而圣人亦何所容心于抑扬哉。盖《易》于君子小人,未尝不深其辨。阳者,君子之道,阴者,小人之道。小人易进如冰霜,有驯致之理,宜圣人所以惓惓致戒于坤之初六也。[1]

----

[1] 《周易总义》卷2,《景印文渊阁四库全书》第17册,第393页。

又注《遁》：

遁之成卦，艮居下乾居上，二阴浸长而四阳渐退，为遁之象。遁者，退也。盖天下无不可为之时，岂以处退为贤哉，不过顺以处之而已。圣人为君子虑，必有以示其扶阳抑阴之道。……自三至上曰吉曰无不利，而皆无贬辞，宜乎四阳当遁之时，以进为退，而二阴皆顺，遁之所以亨也。[1]

以易祓之见，阴阳往来阴阳消息，是天地之道对于人而言，阴长之时，小人进，君子退，坤遁两卦皆为阴卦，坤卦全阴五阳，坤阴生于乾初，为姤，建午之月，以示阴气始生以消阳，就阳而言，则有"履霜坚冰"之辞。在易祓看来，"履霜坚冰"，是警诫之辞，有扶阳抑阴之意。坤阴长于乾二，为遁卦，建未之月，是阳退之卦。此卦四阳，阳以退为进，"以示扶阳抑阴之道"。易祓的"扶阳抑阴"，阐发了朱熹的易学观点，朱熹指出，"易则是尊阳抑阴，进君子而推小人，明消息盈虚之理"[2]。不同的是，易祓将扶阳抑阴之道落实到十二消息卦中，以消卦阴长阳消，其辞为君子而系，提醒君子在阴长阳退之时，当审时度势，顺势避之，进退有时，此为"扶阳抑阴之道"。

易祓认为，阳长之时，避免过于刚；同时，对于阴，应从于阳，但是不能过于柔。以乾坤为例：

乾，刚也，不徒刚而已。考之《说卦》，其象不一，故六爻之义皆以君道推之，君道主乎刚中，而以不中为戒。……所以为君道之善。然君道贵乎中，不可过于刚，变通不穷，此用九所以为乾之吉也。[3]

坤，柔也，不徒柔而已。考之《说卦》，其象不一，故六爻之义，圣人皆以臣道推之。臣道主乎柔中，而恶乎不中。……所以为臣道之善。然臣道贵乎中，不可过于柔，变通不穷，此用六所以为坤之利也。[4]

在易祓看来，乾坤为纯阳纯阴之卦，皆可从君臣之道推之。乾六爻为君，坤六爻为臣。乾坤内涵君臣之道，"乾坤定体纯一不杂，非他卦六爻之比，乾之六爻，

〔1〕《周易总义》卷10，《景印文渊阁四库全书》第17册，第485页。
〔2〕黎靖德编《朱子语类》卷67，第1659页。
〔3〕《周易总义》卷1，《景印文渊阁四库全书》第17册，第382页。
〔4〕《周易总义》卷2，《景印文渊阁四库全书》第17册，第391页。

皆君道也，而二亦君也。坤之六爻，皆臣道也，而五亦臣也。"[1] 他批评了易学史以坤六五为臣僭君位的观点，指出"或谓以六居五为臣，则僭君，以爻义推之，守地道之中，谓之黄中。得守中之理谓之通理，安乎臣位而不敢越，谓之正位，循乎臣职而不失其在下之体，谓之居体。四者，人臣之大美，乌有僭君之事哉。"[2] 无论是乾阳之君，还是坤阴之臣，其最高境界在于"贵中"，最大避讳是"不中"。他又从乾坤六爻之象，推出君道、臣道之善，提出"君道之善""为臣道之善"贵中的观点。"君道主乎刚中，而以不中为戒"，"臣道贵乎中，不可过于柔"，本之于《周易》中位的象数原则。《周易》中位之爻，大多是吉辞，表明周人尚中，也是儒家中庸思想形成的重要理论源头。《易传》在解释古经时，以"中德""中道""得中""时中"等说法，系统地阐发了易学的中庸思想。易祓通过对乾坤六爻的解释，引申出君臣之道，反映出宋易明象数、以切近人事为指归的易学特征。

四、汉宋兼采的易学特色

四库馆臣概括《周易总义》体例时说："每卦先括为总论，复于六爻之下各为诠解。"[3] 这一看法较为符合《周易总义》之名。陈章《序》中也说："《易》以总义名者，总卦爻之义而为之说也。"然考其书，以"总义"为名，一方面是指其综括卦爻之义的解《易》方式，表明该书说理释义偏重"义理"；另一方面，是指本书博采象数与图说，是综合解《易》之说。易祓治《易》理路，是从象数到义理。易祓所理解的象数，包括汉代象数和宋代图书之学。义理是宋儒理解文本之义所呈现出的儒家之理。宋代易学以文本之符号合图书之学为象数，但是，也有兼采汉代象数者，如朱震、郑刚中等。易祓作为南宋中后期的易学家，秉承了朱震、郑刚中的传统，兼采汉宋易学以注《易》。

（一）以汉儒象数注《易》

如前所言，易祓以卦气和爻辰注易。他在注乾、坤两卦时，甚至配以音律。如

〔1〕《周易总义》卷2，《景印文渊阁四库全书》第17册，第396页。
〔2〕《周易总义》卷2，《景印文渊阁四库全书》第17册，第396页。
〔3〕永瑢等撰《四库全书总目》卷3，中华书局2008年版，第152页。

他以音律解释乾初爻："今初之一阳，起自黄钟之宫，乃雷在地中，复之时阳气至微象为潜龙。"〔1〕又以音律解释《豫·象》："豫，乐者。雷之象也。雷在地中复，则一阳潜动，以起黄钟之律，至雷出地奋豫，而后乐生焉。"〔2〕以消息卦注复、临、泰、大壮、夬、乾、姤、遁、否、观、剥、坤等十二卦，此不赘述。以卦变说解《易》，如《蛊》注：

蛊自泰变，以初九之刚而往为上九，以上六之柔而来为初六，刚上而柔下以成艮巽之体，巽，顺也。艮，止也。下巽则不立，上止则不为，治生安。安生喻而后蛊，弊之端起。此所以饬蛊者，必有取乎元亨之义。元亨者，于元处，亨也，……考之卦体下乘巽木有利涉之象，上为艮体有成终成始之义，甲者旬之首，先甲三日，以谨其始；后甲三日，以图其终。始而终，终而始，天行也。体天行以治蛊，则蛊复于泰矣。〔3〕

此言蛊卦由泰卦变来，即泰卦初阳爻与上阴爻互易而成蛊卦，蛊上艮下巽，即所谓"以初九之刚而往为上九，以上六之柔而来为初六，刚上而柔下以成艮巽之体"。接着，易祓通过解释蛊、泰关系，"蛊复于泰"，由"取器之朴而更新之"，到"卦体下乘巽木有利涉之象"，解释"元亨"之辞；蛊上卦为艮，《说卦传》艮有"成终成始之义"，易祓据以解释"先甲三日""后甲三日"之辞，从而揭示"体天行以治蛊"之理。又如《噬嗑》注：

颐中有物，噬而后嗑，所以言亨。盖卦自否来，五以阳刚分而之初，初以阴柔分而之五，于是成震离之体，有动而明之义。为雷与电之象。电者，离也。离为火，为日，为电。不取诸火与日，而取诸电者，电与雷合故也。言雷电，则向之分者合，而章以其卦义，推之五爻以柔得中而上行，虽不当位，利于用狱也。然用狱本于治颐中之间上下皆噬者，而象辞独归于九五者，盖噬嗑之世，噬物或过，则其刚易于挠，惟五以一阴居尊位，而二阳居其上，与下则刚柔相济，正柔中上行之义也。〔4〕

〔1〕《周易总义》卷1，《景印文渊阁四库全书》第17册，第383页。
〔2〕《周易总义》卷5，《景印文渊阁四库全书》第17册，第436页。
〔3〕《周易总义》卷6，《景印文渊阁四库全书》第17册，第441页。
〔4〕《周易总义》卷7，《景印文渊阁四库全书》第17册，第450页。

此言噬嗑自否来。否卦五阳爻与初阴爻互易而成噬嗑卦，噬嗑上离下震，即所谓"盖卦自否来，五以阳刚分而之初，初以阴柔分而之五，于是成震离之体"。然后，易祓依《说卦传》震离之象解释卦义，再以卦变释噬嗑五爻"得中而上行"。此外，他还以五爻以柔居中，虽不当位，解释"利于用狱"，阐发治狱"刚柔相济"的儒家法学思想。

由上可见，易祓注《易》，并不是孤立地使用卦变，而是以卦变作为一种取象手段，化解《说卦》八卦之象数与解经需求的矛盾。值得注意的是，他未像汉儒虞翻等人那样，用卦变注解《周易》所有卦，而是根据解经需求取舍。若用本卦上下两卦卦象无法满足注经，则取卦变；反之，则不取。

以互体说注《易》。互体解《易》多见于汉儒，宋儒程颐、张载、朱熹等对互体有所避讳，但宋代采用者不乏其人，如南宋朱震、吴沆、张浚、丁易东、俞琰等人皆用互体解《易》，易祓也是其中之一。如易祓注《屯》六三"惟人林中"云："以震木乘互艮之山，是惟入于林中。"屯卦下为震，震为卦，三四五互艮，艮为山，"震木乘互艮之山"，故有"惟入于林中"之辞；注《小畜》"自我西郊"云："盖巽体本阴，四互兑，谓西郊。"小畜三四五互体兑，兑为西，故有"西郊"之辞；注《豫》五爻"贞疾"云："五互坎，为心疾。"豫卦三四五互坎，坎心疾。综上可见，易祓所使用的"互体"，是三画互体，且他对互体使用有一定节制，能从固有上下两体之象和六爻之象解释的，则不用互体。这与汉儒虞翻等人频繁使用三画互体、六画互体明显不同。

他还以卦主说解《易》，如小畜、临：

小畜以一阴为主，则所成之事，皆阴事也。坤阴以厚德载物，所向者德载，固可以成小畜之道。[1]

卦之为义，以一阴而畜众阳，何也？三阳在下，欲进于上，而畜于六四之一阴，四之所畜未宏，必资上之二阳，以畜之，故言上下应之，曰小畜。[2]

临之成卦，兑在下，坤在上。卦以二阳为主，而二阳在四阴之下，何取乎临而谓之"咸"也？咸者，感也。感乎正应，以为临而已。盖临卦继乎复卦之后，初

[1]《周易总义》卷4，《景印文渊阁四库全书》第17册，第416页。
[2]《周易总义》卷4，《景印文渊阁四库全书》第17册，第415页。

阳方复，未可遽进志于行正，所以"咸临，贞吉"也。二阳方进而四阴犹未委顺，以中而应，所以"咸临，吉无不利"也。三则不中不正而居兑体，以甘言为说，二阳因之而进，所以"甘临无咎"也。阳进于三则卦为泰，体四应初，而得坤体之至。故曰"至临"也。五应二，而为中行之君，故曰"知临"也。上居终而为坤体之成，故曰"敦临"也。[1]

卦主本之于《易传》，《系辞传》有"阳卦多阴，阴卦多阳"、《无妄·彖》有"无妄，刚自外来，而为主于内"之说，此为卦主理论根源。汉京房、晋王弼等始用其说解《易》，并成为后世许多易学家解易的通例。从小畜、临注释看，易祓同样秉承了这一易学传统。他认为，小畜卦一阴五阳，以阴为主，此为阴卦，为阴事。因此，其卦义皆围绕一阴展开，"一阴而畜众阳"，三阳"欲进于上，而畜于六四之一阴"；临卦四阴二阳，以二阳为卦主，是阳卦。卦中六三、六四、六五爻辞皆与之相关：二阳爻与其上四、五二阴爻感应，故而有"咸临"之辞；三爻因临近二阳上进，故爻辞曰"甘临"；四爻因阳上进三位，临变为泰，则与六四相应之初爻，处坤体之中，坤体已至四爻之下，故爻辞为"至临"；五爻居中与九二爻相应，象征有中正之行的君主，故爻辞曰"知临"；只有上爻似与二阳无关。可见，易祓的卦主说有以一爻为主，也有以二爻为主。

汉代易学的特色，是以象数兼训诂，象数揭示其文辞依据，训诂诠释文辞固有之意。在训诂学方面，易祓多引汉代郑玄、虞翻之说，注《蹇》初六《象》曰："郑康成作'宜待时也'"；注《鼎》引："九家、京、荀、虞以'形'为'刑'，以'渥'为'劖'，重刑也，音屋。薛云：古文作'渥'"；注《丰》初九《象》曰："虽旬无咎、过旬灾也"；注引："郑本以'旬'为'均'，晁《古易》按'旬'古文'均'字。"由此可见，易祓不仅以汉代象数解《易》，也未摒弃训诂。可见，门人陈章在其《序》中言易祓易学"略训诂"，未必完全符合易祓易学之义。

（二）以爻象释《易》方法

以爻象释《易》，是古代易学传统，始于《易传》。所谓爻象，是指爻所处的

---

[1]《周易总义》卷6，《景印文渊阁四库全书》第17册，第443页。

位置及与它爻的关系，主要包括中位、得位（当位）、失位（不当位）、乘、承（顺）、应、比等。如《易传》以中位释卦爻辞。如《文言》释《乾》九二辞云："龙，德而正中者也。"《象》释《蒙》云："'初筮告'，以刚中也。"《易传》以当位（得位）、不当位（失位）和应释《易》。《象》释《既济》云："刚柔正而位当也。"此是说《既济》初九、九三、九五皆阳爻居阳位，六二、六四、上六皆阴爻居阴位。刚柔不当位者，《象》释《未济》云："虽不当位，刚柔应也。"此不当位，是指《未济》初、三、五等三阴爻居阳位，二、四、上等三阳爻居阴位，即六爻皆失正位。与"古文易"相同的费氏易，以十翼解《易》，当保留了这个传统。从现存的易学典籍看，两汉时京房、马融、郑玄、荀爽、虞翻等皆使用过爻象注《易》，即以得位、失位、中位、应、据、乘、承等注《易》，其中以郑玄、荀爽最为典型。[1]

与汉儒不同的是，易祓释《易》则是以爻象即六爻之义及关系，总释一卦之义等。如注《讼》卦以卦主、得位失位、中位释卦义："盖天下惟刚而险者，为能讼，亦必刚而健，可以主其讼也。九五刚健中正，其为讼之主欤。然讼之六爻有刚有柔，初与三柔居阳位，虽可以讼而不至于讼。二与四之阴位而居之以刚德，故已讼而不克讼。惟上九处讼之极，刚而不反决于求胜，是以终凶也。盖必九五以中正主之。"[2] 又如以六爻比、应释《贲》注《贲》云："贲之成卦，离为下，艮为上，以六爻比应刚柔相文而已。考其爻之义，初爻以阳刚应四，则言贲其趾，不以不义而行也。二爻之柔阴比乎上下二阳，而五不应焉，则言贲其须，必有所待而行也。三爻虽阳刚无应，而比乎上下之二阴，故言贲如濡如，言必以正而后行也。此下三爻离体皆有不进之义矣。至上三爻艮体则全以止为义，四爻应初比三，言贲如皤如，则白而不受饰也。五爻无正应而比于上，言束帛戋戋，则白而不过于饰也。上爻无正应而比于五，言白贲无咎，则白而终归于无所饰也。"[3] 再如以乘、承注《夬》九三："以三爻之重刚，又乘承，皆以刚居柔，未得相牵以行，乃欲求遇

---

〔1〕 见林忠军《周易象数学史》第 1 册《郑玄象数易学》之《秉承费氏以爻象解〈易〉之传统》和《荀爽象数易学》之《秉承以〈易传〉注〈易〉的传统》，上海古籍出版社 2022 年版。
〔2〕 《周易总义》卷 3，《景印文渊阁四库全书》第 17 册，第 406 页。
〔3〕 《周易总义》卷 7，《景印文渊阁四库全书》第 17 册，第 452 页。

于初爻，安得无咎。"[1] 注《损》六四："六四爻以阴居阴，乘承皆柔，疾也。"[2] 易祓的"乘""承"意思与前人稍有区别。总之，以爻象（爻位、爻与爻之间关系）释易是《易传》、汉代郑玄乃至宋代易学的传统，易祓继承而发挥之，成为其易学一大特色。

（三）以宋易注《易》

在象数上，易祓采取邵雍、朱熹图书之学的观点注《易》。邵雍通过解释《系辞传》，发明先天之学，朱熹作《周易本义》确立了邵雍先天之学的学术地位。如前所言，易祓以先天学解释易学起源，即圣人画卦，"分一为二而成一奇一耦者，为两仪之画。两仪之画，各加一奇一耦而为二画者四，此两仪所以生四象。又两四象之画各加一奇一耦，而为三画者八，此四象所以生八卦"。

在义理上，易祓以周敦颐、朱熹观点注《易》。前面所言，以周敦颐《太极图说》"自无极而太极"和"诚"解释易道。引用朱熹《周易本义》话语解释《周易》，如注《观》初六引曰："朱文公曰：'观以观示为义，据九五为主也，爻以观瞻为义，皆观乎九五也。'"注《贲》六五引曰："朱文公《易本传》曰：'戋戋，浅小之意。'"注《无妄》引曰："朱文公《易本传》曰：'《史记》作无望，谓无所期望而有得焉者，其义亦通。'"

在义理方面，易祓除了继承周子、朱子易学外，还继承宋代"史事宗"以史解《易》方法，以历史人物事件注《易》。易祓在以象数解说义理时，往往配以历史证之。如以历史上"擅楚擅汉之说"注屯卦：

> 屯之成卦，坎在震上，动而遇险，为屯之象。卦之言"利建侯"者，实主乎初。以汉证之，方高帝在蜀汉之时，乃初九盘桓、利居贞之意。二以柔顺中正，为女子贞，不字十年乃字。四皓之徒也。三无应而即鹿，知几而舍，则为陈平、韩信。往吝而穷者，范增也。四与初为应，求婚媾，而往，吉无不利，此张良萧何之所以为明也。五本建侯之位，其膏既屯，所施未光，与西楚交争之时也。上六无应，泣血待毙，田横之徒而已。知擅楚擅汉之说，而后可以尽一卦之义。[3]

[1]《周易总义》卷12，《景印文渊阁四库全书》第17册，第519页。
[2]《周易总义》卷12，《景印文渊阁四库全书》第17册，第510页。
[3]《周易总义》卷2，《景印文渊阁四库全书》第17册，第397页。

　　易祓于此以刘邦居蜀汉之时解释屯卦初爻。按其理解，此卦以初爻为主，屯卦上坎下震，动在险中，利建侯之象。屯难建侯之世，刘邦面对劲敌项羽，对外小心翼翼，明修栈道暗度陈仓；对内"汉之高帝亦得是道，入关之始，约法三章，民始知其仁为义"，在危险中创业建侯，是初爻之义。屯难之世六二以乘初九之刚为寇，迟回不进，乘马成婚，女子不嫁，十年再嫁，似刘邦多次招"四皓"之贤未遂。然二五相应，故后四皓终归汉，以辅佐太子。三爻与上爻无应，误入歧途，可比于韩信居功自傲，自封为王，终被陈平设计而除之，展示出"知防而舍"之道。而范增在鸿门宴欲除刘邦未遂，后遭离间计而解甲归田，正彰显此爻"往吝而穷"之意。四爻与初爻呼应，可分别对应于张良、萧何，"深识乎时用之宜，不往则已，往必有济"，成为汉初之良相。五爻建侯之位，自陷于险中，可印证于"与西楚交争之时"。上六无应，此爻之义，可见于刘邦统一天下，田横不识时务不愿称臣，被迫招降自杀之事。因此，在易祓看来，从历史上的汉楚关系中，"可以尽一卦之义"。

　　又如注《革》，易祓以古帝王交替解释革卦，以殷商"汤武革命"历史解释爻辞：

　　革之成卦，离在下兑在上，泽火相变，为革之象。革者，变也。黄帝、尧、舜氏以来变通不穷，皆革之义。而《彖》言汤武革命，乃革道之大者。初爻不可以有为，故言巩用黄牛，伊尹耕莘、太公钓渭之时也。二爻中正得君，可以有为，故言己日乃革之，伊尹就商、太公归周之时也。三爻言三就，则升陑、孟津之役。四爻言改命，则南巢、牧野之举。五爻言虎变，则革夏反商之事。……上爻言贞凶、居贞吉，则都亳、都镐之后济，其革之过者也。[1]

　　革卦下离上兑，泽火相变，易祓认为革之义就展现于黄帝、尧、舜以来的变通改革举措之中。初爻"巩用黄牛"不可有为，是贤人隐藏之时，伊尹耕莘野、姜太公钓渭水可为印证。二爻阴爻居中得正位，有为之爻，可对应于伊尹辅佐商汤、太公辅佐武王之时。三爻所言"三就"，于商汤登陑山始伐夏桀、周武王观兵孟津可见其义。四爻言"改命"，是商汤流放桀于南巢、武王克纣于牧野。五爻言"虎

---

[1]《周易总义》卷14，《景印文渊阁四库全书》第17册，第534页。

变"，其义可见于夏、商、周改朝换代之事；言"贞凶、居贞吉"，是商、周定都之事。

以史证易，始于《易传》，今帛本《易传》始用史事解说《周易》卦爻辞，开启了以史治《易》的先河，成书于汉代的《易·乾凿度》保留了《易传》的这种学术风格。继而，郑玄以周礼参史事、晋干宝本之殷周史揭证《周易》，至宋代以史证易已经成为易学的一个派别，即四库全书所言义理派的"史事宗"，以李光、杨万里等人为代表。此派不是以客观揭示《周易》本义为指归的还原式解释，而是以历史人物、事件印证和阐发《周易》义理作为导向的转换式解释。[1] 这种解释是将抽象而深奥的《周易》之道转换为具体而通俗的人事之理，是通过文本解释将《周易》变成经世致用典籍的一种尝试。处于南宋后期的易袚深受"史事宗"影响，多次灵活地使用此法解释《周易》文本，丰富了其"总卦爻之义"的易学内涵。

五、易袚易学的价值

易袚身居要职，历经南宋孝宗、宁宗、理宗三朝，当此之时思想正值理学经历曲折发展之际。宁宗庆元二年（1196），韩侂胄专权，通过贬斥理学排斥异己，朱熹理学被贬为"伪学"并遭受党锢，朱熹、蔡元定、叶适、项安世、杨简等五十九位理学学者深受其害。朱熹逝世九年后，因韩侂胄被诛，在真德秀与魏了翁等人极力宣扬和举荐下，理学被帝王重新接纳，成为帝王治世之学。朱子门人、时任国子司业的建阳人氏刘爚的请求得到恩准，诏谕朱熹的《四书集注》立于学宫，成为法定的教科书。宋理宗时期，朱子学说进一步得到褒扬，并取得合法的地位。生活在此背景下的易袚，其易学承袭朱震折中汉宋易学的特色：一方面尊崇北宋初年以来崇尚王弼易学的传统，以卦爻象解说《周易》，重在凸显天地之道，贯天理于人事之中，"惟能识义理之总会"。另一方面不废汉代象数，以汉代象数注经，以

----

[1] 对于以史注《易》和以史证《易》区分，详见林忠军《易学源流与现代阐释·论以史治易方法》，上海古籍出版社 2012 年版，第 251—267 页。

象数明义理，融汉宋众家之说，总说卦爻之义，成一家之言，成为当时具有时代意义的易学。其易学以义理为指归，又多引周敦颐、程颐、邵雍、朱熹等人的观点解说义理，尤其是易祓亲历南宋理学庆元党禁与解禁，虽然庆元党禁时期，他与大兴"党禁"的韩侂胄在对金态度上有高度一致性，但在学术上仍然保留自己独立的品格。作为他晚年之作的《周易总义》，公开引用了朱熹易学观点，尊崇以朱熹为代表的易学家，从乾坤象数推出君臣之道贵中，绝非偶然，是易祓极力摆脱政治进行独立学术活动的见证，也是南宋朱熹理学解禁后盛行的真实反映。同时，易祓未完全废弃汉代易学，如前所言，与朱震等人一样，在引用《周易》固有卦爻象注经不足时，他有选择地接受了汉代卦气说、互体、卦变、卦主等思想，具有折中汉宋易学之特色。

易祓提出"扶阳抑阴"与"君臣之道贵中"的思想，应当与当时历史息息相关。南宋中后期出现君臣不协调状况。南宋孝宗赵昚在位，锐意进取，力图中兴，恢复岳飞名誉，力主抗金，虽然在恢复中原战争中失败，但在治理国家方面很有成效，南宋出现"乾淳之治"。宋宁宗赵扩作为南宋君主，软弱无能，由韩侂胄专权，后期则被史弥远与杨皇后控制，且在两次宋金战争的问题上摇摆不定。宁宗后，赵昀被权臣史弥远拥立为帝，是为理宗。赵昀继位的前十年，在权相史弥远挟制之下，不问政务，自己则尊崇理学，纵情声色。史弥远死后，赵昀才开始亲政。他亲政之初，采取罢黜史党、亲擢台谏、澄清吏治、整顿财政等改革措施，史称"端平更化"。然而，理宗晚年又沉湎于醉生梦死的荒淫生活，朝政大权相继落入丁大全、贾似道等奸相之手，国势急衰。易祓身为三朝名臣，目睹了南宋由强而弱、君主昏庸大臣专权的局面。借助注释《周易》，提出"扶阳抑阴"与"君臣之道贵中"的观点，并多以史事注《易》，显然是对当时昏暗的政治和积弱的社会所发出的感慨，并以此警诫后世，折射出他对朝纲混乱和朝廷软弱外交的厌恶及其对政治清明、民族强盛的诉求。

总之，易祓的《周易总义》是一部兼通理数、折中众论的义理学精品之作，后人对其价值多有肯定，如其门人陈章指出："先生侍经筵日，尝以是经进讲，燕居之暇，复取是而研究之，阅二十余年，优柔厌饫，涣然冰释。于是略训诂，明大义，合诸家之异而归之于一，每卦各列爻义，总为一说，标于卦首，欲其伦类贯通，而学者有所考明焉。"〔1〕 又，四库馆臣指出："其说易兼通理数，折衷众说，每卦先括为总论，复于六爻之下各为诠解，于经义实多所发明，与耿南仲之新讲义均未可以人废言也。"〔2〕 今人潘雨廷也有赞词：易祓"虽于六爻之象未能究其本，然读之而能见全卦之纲领系统整齐，此由玩辞而得者也……又有合各卦相同相似之辞论之，……义皆可取。释大过以下八卦，理亦简要。……此书之能总明六十四卦三百八十四爻之大义，已有得于《易》焉"〔3〕。因而，易祓"虽人品卑污，而于经义则颇有考据，不以韩侂胄、苏师旦故，掩其著书之功也"〔4〕。

当然，易祓易学也并非完美无缺，如潘雨廷认为："又大有初'无交害'，谓'无交而害'，则未若依虞义，'害'谓四无交于害，斯为'匪咎'也。大壮三之'用罔'，当同晋初'罔孚'之'罔'，谓君子无小人用壮之伤，若训'不直'，其义亦未是。解萃曰'无咎'为'何用咎'，尤不可，此未明位不当之必将有咎也。凡此等皆主理之通病。"〔5〕

---

〔1〕 陈章《周易总义序》，《周易总义》，《文渊阁四库全书》第 17 册，第 381 页。
〔2〕 永瑢等撰《四库全书总目》，第 152 页。
〔3〕 潘雨廷《读易提要》，上海古籍出版社 2006 年版，第 221-226 页。
〔4〕 永瑢等撰《四库全书总目》，第 152 页。
〔5〕 潘雨廷《读易提要》，第 226 页。

姚鼐《四库全书》易类提要分纂稿及其易学观

钱　寅[*]

[内容提要]

　　国图藏《惜抱轩四库馆校录书题》由姚鼐门人梅曾亮所藏稿本递相传抄，收录了姚氏所作提要拟稿，较已刊《惜抱轩书录》更近姚稿原貌。取姚氏易类提要拟稿与《总目》提要、书前提要相互比较，可见馆臣于姚氏拟稿去取之态度，从中亦可观察四库馆内崇汉学者与姚氏学术之分歧，汉宋学之门户壁垒显而易见。姚氏论学主程朱，与汉学预流不相合。宋学以《四书》《周易》为根底，姚氏既主宋学，必定于《周易》有所论。观《九经说·易说》诸篇，则知姚氏易学自有一贯之道，从易类提要拟稿至《九经说》未尝变更。

[关键词]

《惜抱轩四库馆校录书题》；《九经说》；义理；汉宋学术

　　*　钱寅，河北工业大学人文与法律学院、河北省语言文化创新发展研究基地讲师，历史学博士。本文系河北省高等学校人文社会科学研究项目"《四库全书》著录河北学者著作丛考"（BJS2024007）阶段性成果。

引　言

乾隆三十八年（1773），诏开四库馆，揽学人校书蓬莱，桐城姚鼐亦预其事。今国家图书馆（简称"国图"）馆藏《惜抱轩四库馆校录书题》，即姚氏于四库馆中所撰提要拟稿之钞本，存 92 篇提要。现存《四库全书总目》（以下简称《总目》）提要之分纂稿以翁方纲、姚鼐诸家所作最为集中，姚氏之分纂稿有《惜抱轩书录》刊行，收录 88 篇提要，郑伟章云："（姚鼐）入四库馆时，撰写书录九十一篇，荟为《惜抱轩书录》四卷。"[1] 《惜抱轩书录》初由姚莹于道光十二年（1832）刊印，后由徐宗亮于光绪年间翻刻。国图所藏稿本《惜抱轩四库馆校录书题》，据考出自姚氏门人梅曾亮所藏稿本，继由杨希闵、魏锡曾递相传抄，后为周星诒收藏。据《惜抱轩书录》卷前毛岳生序可知，是编由李兆洛编辑勘定，较之于钞本已非原貌，且钞本比《书录》多四篇提要，文献价值不容忽视。[2] 据陈伟比勘《惜抱轩四库馆校录书题》和《惜抱轩书录》，发现《书录》经过校理讹误更少，而《书题》本更接近于姚鼐原稿的真实面貌，从中不仅可以看出姚鼐拟稿的前后差异，而且以之为参照来探讨《总目》对姚鼐提要稿的损益程度也更有意义。[3]

姚氏虽以桐城辞章名世，然古人之学无不出于经。姚氏治经宗法程朱，与乾嘉考据诸儒有所不合，前辈论述颇多，然于姚氏经学似少有具体而微之探讨。姚氏经学观投射于其所撰提要拟稿，论学多与纪昀诸人不相契，提要于姚稿之所取裁亦寓门户之见。《惜抱轩四库馆校录书题》所载经部提要拟稿计十二篇，易类五篇、书类一篇、四书类五篇、孝经类一篇，与《惜抱轩书录》同。性理之学盖以《易经》《四书》为根底，所见姚氏撰经部拟稿以易类、四书类为多，或亦合其平生所学。今试取其易类提要拟稿，比较考核，观纂官去取之中所寓学术异见；复与姚氏

---

〔1〕　郑伟章《文献家通考》，中华书局 1999 年版，第 365 页。
〔2〕　刘勇《姚鼐〈惜抱轩四库馆校录书题〉的文献价值》，《安徽史学》2019 年第 1 期。
〔3〕　陈伟《〈惜抱轩书录〉校勘及辨证》，《古籍整理研究学刊》2021 年第 1 期。

《九经说》中说易诸篇，参核发明，以见姚氏易学梗概。

一、姚氏拟稿与易类提要

姚氏所拟易类提要稿，有《郭氏传家易说》《东谷易翼传》《易通》《周易旁注前图》《周易古今文全书》五篇。较之四书类诸篇提要拟稿多为纂官所不取，易类提要拟稿则有取有弃，值得观玩。下先抄录姚氏所拟提要稿，再参核《总目》提要及各书前提要，以求有所发明。

（一）《郭氏传家易说》

姚氏拟稿：

谨按：《郭氏传家易说》十一卷，宋郭雍著。雍字子和，洛阳人。父忠孝，受学程子，尝著《兼山易解》矣。靖康中，忠孝以提刑死难于关西，其书散逸。雍遭乱，后隐居陕州长杨山谷，著此书，述其父志。乾道中，守臣荐于朝。雄召不起，遣官受所欲言，乃以《传家易说》进。是书虽云原本父说，而实多出于自得者。朱子云："兼山易溺于象数之学。"今观雍书，大抵剖析义理，与程子《传》相似。雍之言曰："《易》之书，其道其辞皆由象出，未有忘象而知易者。然如（昔）首腹马牛之类，或可忘此象之末也。"其说如是，殆非溺象数者。宋人辑易说，往往摈忠孝父子，谓程子之葬也，忠孝不会，以为背师。夫士能抗节死难，宜其平生笃义矣。当葬程子之时，忠孝容有他故，不及赴耶，抑诚不免趋舍形势而卒乃晚盖者耶？然奈何遂以罪及其子哉！雍又以孔子象传为象辞，故为世所非。然自汉扬雄、刘歆之伦，谓孔子作象象，沿及魏高贵乡公之告群儒亦然，以孔子之传为象象具来久矣，岂必雍始误耶？夫汉晋以来言易之书，尤众于他经。溺象数者，其说支而近诬。宋元之间以义理言易者，率阐程子之绪余，而所见之理或非精密，果足补程传之阙而抵益为繁芜。所谓中无所得而喜著书为名者与？雍是书虽若未见大越其伦者，要其学为程子之支流，而雍之生平亦有合"履道坦坦，幽人之吉"。言易者虽多，如雍终可谓无愧立言者已。[1]

文渊阁本《郭氏传家易说》书前提要与姚氏拟稿相差无多，姚氏拟稿繁而详，书前提要简而要。相异最著者凡三：其一，姚氏详论雍父忠孝不及程子之葬事，书前提要删而不言；其二，姚氏详考雍以孔子象传为象辞其渊源久矣，书前提要用其意而略其言；其三，姚氏论定雍书为程子支流有破有立，书前提要仅用其意。余者之不同，盖字词之厘定、体例之统一故耳，不足见去取之所由。

较之文渊阁本书前提要，《总目》提要于姚氏拟稿取舍更著。《总目》提要取姚氏述雍父忠孝之生平，而必标明其史传之出处。《总目》提要取姚氏引朱子之言外，复引陆游跋《兼山易说》"程氏易学立之父子实传之"[2]之语，且以为其"近实"胜于朱子。至于姚氏论雍以孔子象传为象辞之说，《总目》提要引冯椅《厚斋易学》深斥其非，[3]以为公论。姚稿之末品论雍之无愧立言诸语，文渊阁本书前提要袭之，而《总目》提要一语未及。易之以核定《经义考》《直斋书录解题》《中兴书目》所著录卷数之差异。

（二）《东谷易翼传》

姚氏拟稿：

《易翼传》，郑汝谐撰。汝谐，字舜举，号东谷，处州人，仕至吏部侍郎，其言易奉程子之说。所谓"翼传"者，翼程《传》也。然亦时有异同，其最甚者，如程子解"艮其背，不获其身；行其处，不见其人"，以为外物不接、内欲不萌。郭忠孝得其说而守之，遂自号"兼山"，以是为儒者之至学也。朱子所解虽微异，然亦是为克己复礼之义。独汝谐以为："艮其背者，所谓不见可欲，使心不乱也。不见而后不乱，见则乱矣。故谨为无咎而已，说者或大其事，以为圣人之事，非也。"其说之不同如此。又如解困、井为性命之卦，其说颇失之凿。然汝谐寔当光宁之朝以伪学为禁，而能推明程子之说，似亦有识者。陈振孙乃谓其立朝多为善类所不可，然其不可之故未闻，未定其人为何如也。是书首有自序，及其子如冈、曾

---

[1] 姚鼐《惜抱轩四库馆校录书题》，中国国家图书馆藏钞本，第 1 页。
[2] 《文渊阁四库全书总目》，台湾商务印书馆 1986 年版，第 78 页。
[3] 《文渊阁四库全书总目》，第 78 页。

孙陶孙题语。如冈以为，是书求得真西山序，今真序已不存。陶孙题云："曾太考历仕思朝，绍熙得谢后，屡召不起，与杨诚斋同为诏旨所褒。"然则汝谐之为人或尚有可称者与。[1]

文渊阁本书前提要与《总目》提要相差无多，大抵字词之别而已。较之姚氏拟稿，差别之要点凡三。其一，考述汝谐生平处姚氏言之简略，未知何据；书前提要与《总目》提要皆考辨《直斋书录解题》《浙江通志》二书所载之异，终以《直斋书录解题》所云"仕至吏部侍郎"为是。[2] 其二，姚氏拈出汝谐于艮、困、井诸卦意见不契程子处，曲为说明汝谐亦承程子之学；《总目》提要全录姚氏所拈三卦，而书前提要仅录汝谐艮卦之说，然二者皆不以汝谐之学属程子之脉，以为"不必守一先生之言，徒为门户之见也"[3]。其三，拟稿之末姚氏鉴评汝谐之为人，书前提要及《总目》提要仅涉西山序之亡佚，不及陶孙之言与汝谐之人品数语。

（三）《易通》

姚氏拟稿：

谨按：《易通》六卷，宋赵以夫著。宋太宗弟魏王廷美生郇国公德钧，德钧之下七世至以夫，字用父，居于长乐。嘉定中仕至同知枢密院事，淳祐初解枢密。是书首题"大中大夫试礼部尚书兼修玉牒官兼侍读臣以夫进"，盖解枢密后所居职。其自序云"成于丙午之夏"，则淳祐六年也。宋宗室注《易》者，赵善誉《易说》及以夫是书最著称。《易说》今亡，独以夫书存，其所解止于未济，不及系辞传以下，与程子《易传》同。然以夫好言卦象、卦气、互体、纳甲诸事，与宋儒之言易殊不类，其中亦无一字及程朱诸贤。昔汉魏言易者至为，王弼扫除廓清，惟陈名理，后世贵之。而孙盛顾讥其六爻变化、群象所效、日时岁月、五气相摧皆摈落多所不关，以为泥夫大道。人之议论不同如此，以夫之意殆与盛略同。盖易之道广矣，无所不具。程朱之学通天人之本原，发前圣之奥蕴，举可措诸事业。如以夫之

----

[1]《惜抱轩四库馆校录书题》，第 2 页。
[2]《文渊阁四库全书总目》，第 91 页。
[3]《文渊阁四库全书总目》，第 91 页。

流著书各以所见为量，就所寻研，非无意义，所谓识其小者，取备一说焉可也。[1]

姚氏所拟稿，文渊阁本书前提要与《总目》提要皆不取，且论学间深不相契。姚氏以为以夫之作溺于六爻变化诸事，关乎大道者鲜；讨论卦象诸事，无一语涉及程子。故姚氏评价其"识小"，仅备一说。书前提要与《总目》提要考辨《经义考》所记卷数之差异，论"其书大旨在以不易、变易二义明人事动静之准"[2]，许之以"于圣人作易之旨可谓深切著明矣"[3] 之语。《总目》提要较书前提要，更详于考辨以夫著此书是否倩人代笔之事，其余评价、考证大致相同。

（四）《周易旁注前图》

姚氏拟稿：

《周易旁注》，明朱允升著。允升，休宁人，明太祖时官翰林侍读学士，于诸经皆有旁注，而《易》为最详。其书本十卷，首列河图洛书合一图第一，至三十六宫图说第八，谓之旁注，前图在十卷之外。万历中姚文蔚易其注于旁者于经之下，此本又尽佚经注而独存其全图上下二篇。下篇内载元萧汉中《读易考原》，允升记云："汉中，字景元，泰和人，书成于泰定年间。"今按，汉中为人别无可考，其书赖附允升此图已传，而允升本书反残缺矣。萧氏所解卦序实多经义，允升极推之，非妄也。[4]

是书归入存目，存目提要不用姚稿。存目提要考辨允升生平更详，自元至正时举于乡，至从明太祖军，再至洪武间官翰林学士，皆本《明史》本传。姚氏述是书概貌，肯定萧汉中《读易考原》存于下篇之内，言允升留存经义之功。存目提要亦及《读易考原》之所存，且于《读易考原》别有著录。至于允升之书所存前图，存目提要斥之为"敷衍陈抟之学，益无可取"[5]，盖徒存其目之缘由。

（五）《周易古今文全书》

姚氏拟稿：

[1] 《惜抱轩四库馆校录书题》，第3页。
[2] 《文渊阁四库全书总目》，第89页。
[3] 《文渊阁四库全书总目》，第89页。
[4] 《惜抱轩四库馆校录书题》，第4页。
[5] 《文渊阁四库全书总目》，第165页。

谨按：《周易古今文全书》，杨时乔著。时乔，上饶人，嘉靖乙丑进士，万历中仕至吏部侍郎，铨法清平，卒后甚（平）贫。时乔著此书，自序谓"程明辞，朱明著，于象尚略"，乃取自汉至今儒论著，考据阐之。论例二卷，古文二卷，今文九卷，易学启蒙五卷，传易考二卷，附龟卜考一卷，合二十一卷。其说大抵宗程朱，而辟当时心学。所谓古文易，从吕祖谦、朱子本而独列文言二篇，亦依上下经分之。如系辞传"鹤鸣在阴"章，皆入之文言，又自以古文体书之，以为能复古文。其今文九卷，则王弼本，乃以楷书书之，兹可谓好奇自信之过也。[1]

是书亦在存目。相较姚稿之简略，存目提要稍详焉。姚氏以为其说宗程朱、辟心学，惟好奇自信太过，强为《周易》古文。存目提要称时乔治易："所宗惟在程朱，虽兼称古今文，而所发明者，古文略而今文详，中多互见其义。故间有繁复，不害宏旨。"[2] 此虽亦视时乔之学宗法程朱，然以其所采古今文于宏旨无妨。存目提要所讥者，一在其篡改经文、随意杜撰，一在其门户之争，其言阳明、甘泉二家弟子"各述师承，竞分途辙，此书正以辟其非而转区分名目，是以斗解斗矣"[3]。

以上抄录姚氏易类提要拟稿，且与书前提要、《总目》提要、存目提要互为勘验。由此，可窥纂官于姚氏拟稿之去取态度，其中或用，或否，或变更褒贬，或增详考据。此皆由学术主张之差异、治学宗旨之不同所致，下详论之。

二、取舍间寄寓学术分歧

乾嘉间汉学炽盛，姚氏身为桐城宗师，论学宗法程朱，与汉学诸老相异。然学界风气所尚，好汉学者多讥诋宋学。今观《惜抱轩四库馆校录书题》书衣载周星诒跋，云：

庚午春，属稼孙借写得纪文达纂《四库全书总目》，卷帙繁重，诚不无讹舛，

〔1〕《惜抱轩四库馆校录书题》，第4页。
〔2〕《文渊阁四库全书总目》，第178页。
〔3〕《文渊阁四库全书总目》，第178页。

然识高学正，瑕不胜瑜也。惜抱拟呈书题，空言多，实征少，其学异趣，采用入《提要》者不及什四，此为流传稿本，重是先辈遗文，故属写之。若卧老跋言藉蒋府尹余唾，扬此抑彼，未可据也。书少传，见者珍之。十二月廿一日后生周星诒识。次日校勘一过，用墨笔。[1]

周氏喜纪昀纂《四库全书总目》，盖以纪氏为汉学干将，《总目》之学与汉学风尚相合，是故论其"识高学正"。于姚氏之学，周氏评语轻蔑之意毕现，讥其多空言、少征实，故《总目》所采择者寡。若非有好古之思，恐此"先辈遗文"、少传之书，不足以校勘抄写。叶昌炽跋文讥讽姚氏更甚，其云：

校理秘文，必如刘子政、曾子固，斯为称职，纪文达公庶几不愧，惜抱岂其伦耶？世传惜抱在四库馆请益于戴东原先生，先生拒之，以是反戈，并及当时诸大师。其徒方植之至以洪水猛兽为比，岂非丧心病狂邪？抑所谓其父行劫，其子必至杀人邪？今犹有刊《仪卫堂集》以扬其颓波者，蠹经害道，莫此为甚，安得有人焉起而斧斯其板，为吾道扞城哉？长洲叶昌炽。[2]

叶氏赞纪昀与刘向、曾巩足相匹，而讥同在四库馆之姚鼐则全无校雠之才。又以为姚氏因戴震之故迁怒汉学，其学生方东树《汉学商兑》《仪卫堂集》诋毁汉学尤甚，遂跋语中无一语称姚氏学术见解。平心而论，论学所尚固有不同，然未必百非而无一是。姚氏虽名于辞章，其论著亦不少见且未可尽以空言目之。姚氏南归后，历主钟山、紫阳、梅花诸书院，学识盖非浅薄。据漆永祥所考，姚氏拜师戴震事在当时学界无足轻重，无关个人恩怨，不涉汉宋门户。至于言姚氏因戴震坚拒而终身切齿，皆系夸大不实之词。[3]

自后学评语中可见，姚氏拟写提要稿似不孚众望。因汉学之风行，姚氏之学为人所轻，故视其拟稿为不足观。然由前所参核诸提要可见，纂官于姚氏易类拟稿并非弃之不取，其中可用者存之，不可用者弃之。存弃之间即学术见解之同与不同，根由或亦在汉宋门户之见也。熊伟华、张其凡尝比较《惜抱轩书录》与《总目》

---

[1]《惜抱轩四库馆校录书题》卷首。
[2]《惜抱轩四库馆校录书题》卷尾。
[3] 漆永祥《乾嘉考据学家与桐城派关系考论》，氏著《乾嘉考据学新论》，北京联合出版公司2021年版，第100页。

提要之不同，指出姚氏拟稿具有体例不规范、好品评人物、宋学倾向明显三个特征。[1] 由易类拟稿可见，此三点正为纂官删改姚稿之处，于下分别加以讨论。

（一）规范提要体例

《总目》提要荟为一册，自当体例相合、风格划一。然提要分纂稿出乎众手，各有所偏，必得经一手裁定。姚氏拟稿率性而为，体例不整。故若采择姚氏之稿，必先做规范处理。如姚氏拟《郭氏传家易说》提要，述及郭忠孝之生平，言："雍字子和，洛阳人。父忠孝，受学程子，尝著《兼山易解》矣。靖康中，忠孝以提刑死难于关西，其书散逸。"[2]《总目》提要述其生平几乎尽同，唯增"《宋史·忠义传》附载《唐重传》内"[3] 语，示其所本。又如姚氏拟《东谷易通》提要稿不及版本源流，《总目》提要考辨《经义考》所著录异说，以断定其卷数分合。《四库全书总目》经纪昀裁定，虽称不拘门户，然亦在汉学之中。乾嘉汉学最尚征实，议论、叙述必有实据。似所举增加出处、考辨著录之处，皆呈现考据之品格。故知，《总目》提要之文，必为考据学者之文，而非艺林文士之文。姚氏拟稿与考据风格不同，其文虽不乏考核，然亦必经考据之手整齐文字。

（二）删削人物品评

孟子言"知人论世"，宋学宗孟子，盖不可不论人物褒贬。姚氏拟稿多品评撰者操行，视其操行以论其著，若遇忠义正直、气节凛然者则重其文。如《郭氏传家易说》拟稿末称："雍之生平亦有合'履道坦坦，幽人之吉'。言易者虽多，如雍终可谓无愧立言者已。"[4]《总目》提要只字不用，易之以卷数考辨。又如姚氏拟《东谷易翼传》提要言："陈振孙乃谓其立朝多为善类所不可，然其不可之故未闻，未定其人为何如也。是书首有自序，及其子如冈、曾孙陶孙题语。如冈以为，是书求得真西山序，今真序已不存。陶孙题云：'曾太考历仕思朝，绍熙得谢后，屡召不起，与杨诚斋同为诏旨所褒。'然则汝谐之为人或尚有可称者与。"[5] 此数

---

〔1〕 熊伟华、张其凡《〈惜抱轩书录〉与姚鼐的学术倾向》，《史学月刊》2007 年第 5 期。

〔2〕《惜抱轩四库馆校录书题》，第 1 页。

〔3〕《文渊阁四库全书总目》，第 78 页。

〔4〕《惜抱轩四库馆校录书题》，第 1 页。

〔5〕《惜抱轩四库馆校录书题》，第 2 页。

语旨在考辨郑汝谐之为人：陈振孙以之不足称，而姚氏据题词以为其或有可称。《总目》提要于此仅采真德秀序言亡佚事，至郑汝谐之为人则片词不及。盖尚考据者言必有据、征实不诬，而品鉴人物基于主观难有依傍，遂不欲将人物品鉴掺入学术著作。言性理者则好品鉴人物，以树立身榜样。此亦可见汉宋学术之分歧也。

（三）反对宋学倾向

姚氏拟稿间，屡屡提及程朱之学，合乎程朱者则是之，不合程朱者则非之。如《郭氏传家易说》拟稿称雍之学"为程子之支流"[1]，《总目》提要完全不取。如《东谷易翼传》拟稿论汝谐说易不同于程子处为"失之凿"[2]，而赞其以辅翼《程传》为名。《总目》提要虽列其说之别于程子处，而不论其说之是非，且云："然朱子解经于程子亦多所改定，盖圣贤精义愈阐愈深，沉潜先儒之说，其有合者疏通之，其未合于心者，别抒所见以发明之，于先儒乃为有功。是固不必守一先生之言，徒为门户之见也。"[3] 其不用姚氏学术立场明矣，更视宗宋至佞宋者为拘于门户。又如《易通》拟稿不满赵以夫多言"卦象、卦气、互体、纳甲诸事，与宋儒之言易殊不类，其中亦无一字及程朱诸贤"[4]，推崇程朱之学"通天人之本原"，以夫之学仅识其小者。《总目》提要则极称以夫之书"于圣人作易之旨可谓深切著明"[5]，甚至以为其书是否为代笔诸案亦无足轻重，述而不断。由此可见，纂官删削姚氏拟稿中显见学术立场之对立，此正为学术分歧之要也。

王达敏尝论姚鼐与四库馆内汉宋之争，以为"在四库馆内汉学派占绝对优势并深得庙堂之助；傲岸的姚鼐不顾力小而孤奋起抗争。由于那时学、政两界边线不明，姚鼐逆流而动不仅被挤向学坛边缘，在仕途上也再无发展余地。因此他最终被迫选择了退居林下之路"[6]。于易学著作，姚氏明显以程朱之言为标准，显出浓厚宋学风格。然纂官统一编订，自文体语言、内容立场，无不展现汉学治学风格。

---

〔1〕《惜抱轩四库馆校录书题》，第 1 页。
〔2〕《惜抱轩四库馆校录书题》，第 2 页。
〔3〕《文渊阁四库全书总目》，第 91 页。
〔4〕《惜抱轩四库馆校录书题》，第 3 页。
〔5〕《文渊阁四库全书总目》，第 89 页。
〔6〕 王达敏《论姚鼐与四库馆内汉宋之争》，《北京大学学报（哲学社会科学版）》2006 年第 5 期。

故而，于姚氏拟稿多觉不称意，或抽换不用，或采用而改，使之统一于汉学风格之下。评价易学作品中，姚氏宗法程朱，与清代渐兴之汉易之学甚异。汉易以训诂、象数为要，宋学则以义理为先。[1] 姚氏拟稿多不以象数之学为意，是承宋儒余脉。然乾嘉以来，自三惠之学要以恢复汉学为代表，清代易学风格悄然形成。姚氏仍抱程朱传统，未能追乾嘉学术之风。

三、姚氏之易学思想发微

姚鼐论学虽与乾嘉诸老多相违戾，但仍可目之为经学家。自经学家身份论之，姚鼐奉程朱为榜样，于其心中视程朱犹如父师。[2] 姚氏《再复简斋书》云："儒者生程朱之后，得程朱而明孔孟之旨，程朱犹吾父师也。然程朱言或有失，吾岂必曲从之哉？程朱亦岂不欲后人为论而正之哉？正之可也，正之而诋毁之，讪笑之，是诋讪父师也。且其为人生平不能为程朱之行，而其意乃欲与程朱争名，安得不为天之所恶。"[3] 从中可见姚氏治学以程朱为父师，父师之误自可平心纠正，唯不可轻蔑程朱耳。此一理念，于姚氏学术一以贯之。以易类提要拟稿为例，赵以夫《易通》与宋儒论学不合，然姚氏虽以为可观，但不足与程朱之学相匹，故称其为"识其小"者。识其大者自然重要，识其小者亦有裨益，可见姚氏论学倾向虽尊程朱亦不废异说。

此种倾向置于全部提要拟稿中，则呈现显著尊宋风格，此为四库馆中汉学诸儒所不喜。故姚氏所拟《四书或问》等朱子著作提要稿，《总目》提要一概不用，[4] 其中裂隙可见一斑。此即前文所言，《总目》提要对姚氏拟稿之去取、增删，要之为学术分歧之体现。以易学论，姚氏治易自有主张，提要拟稿之评价标准盖自出其学。故论姚氏易类提要拟稿，可旁论姚氏治易之主张。

---

〔1〕 林忠军《清代易学史》，齐鲁书社 2018 年版，第 10 页。
〔2〕 李帆《清代理学史》中卷，广东教育出版社 2007 年版，第 136 页。
〔3〕 姚鼐《惜抱轩文集》卷 6，上海古籍出版社 1992 年版，第 102 页。
〔4〕 熊伟华、张其凡《〈惜抱轩书录〉与姚鼐的学术倾向》，《史学月刊》2007 年第 5 期。

姚氏经学，集中在《九经说》《春秋三传补注》等，其易学则主要荟于《九经说·易说》中。《九经说》之写作，以漆永祥所论："在当时戴震及考据学氛围之中，不甘示弱，无论从'预流'角度，还是从争胜角力的考量出发，姚氏也未能免俗地从事一些考据，如著《九经说》诸书，以示自己的考证功夫不弱于考证诸家。"[1] 以《九经说》文本看，则未必尽为考据，张舜徽言："今观鼐说经之书，但题曰《九经说》，故不以明故训自任矣。加之以鼐之治经，主于融会众说，不为墨守之学。所规不同，义各有当，又何必持当时经师偏重故训之习，厚相诘难乎。善夫陈澧之言曰：'姚姬传《九经说》，实有家法，过望溪甚，虽《学海堂经解》不收，要自可传。'（语见文廷式《纯常子枝语》卷二）惟澧邃于经学，故能窥其深处。乾嘉经生，但斤斤于门户之争，而不论是非之公者，固无以解此。"[2] 姚氏治经虽有考据，但与汉学诸儒不尽同。观《九经说》中《易说》诸条，可知姚氏经学风格。

前论《总目》提要于去取间表达对姚氏拟稿所持观点之态度，如郑汝谐《东谷易翼传》所论或与程传相悖，姚氏曰"失之凿"，《总目》提要言"不必守一先生之言，徒为门户之见"，是完全针对姚氏以程朱为父师之态度而发。又如赵以夫《易通》聚焦卦象、卦气、互体、纳甲诸事不及义理，姚氏目之为"识小"，《总目》提要则赞其于"圣人作易之旨可谓深切著明"，显然以不奉程朱之作可直接圣人大义，彻底推翻姚氏之论。汉学诸儒善用考据、训诂及象数之学治易，摆落程朱，故可轻忽姚氏之论。姚氏于《九经说》中即回应汉学诸儒，其就《东谷易翼传》提要中所举"艮其背"之异见而论，云："余窃谓程子之解艮象，亦程子之易也。其言外物不接、内欲不萌，盖定之以仁义中正而主静。圣贤终身所守而非占于一卦之事也。且以之说经颇迂曲费辞，圣人使人居则玩其辞者，亦必不然。虽然余之说所谓训诂之学也，孔子及程子之传，其所以教于天下者大矣，训诂何足以难之。"[3] 此语盖回应汉学诸儒于姚氏易学评论所有否定。其一，姚氏讨论"艮其

---

〔1〕 漆永祥《乾嘉考据学家与桐城派关系考论》，第 101 页。

〔2〕 张舜徽《清人文集别录》，华中师范大学出版社 2004 年版，第 192 页。

〔3〕 姚鼐《惜抱轩九经说》卷 2《易说二》，《续修四库全书》第 172 册，上海古籍出版社 2002 年版，第 610 页。

背"先考辨文王之易、孔子之易及程朱之易，是其所谓训诂者也，此则表明姚氏自己亦能训诂考据，其所不用非不能也，实不为也。其二，姚氏论文王之易、孔子之易，乃至程子、朱子之易皆不尽同，而程子之解盖程子一家之言，是表明姚氏自己非溺于门户而不容异见者也。其三，姚氏言程子之说非就经文而言经文、就一卦而解一卦，其发挥人伦大义超越卦辞本身，是形而上之义理哲学，非形而下之经文解释，是识其大者而非识其小者。其四，姚氏言训诂考据之学，可以解经，而不可以明圣人之道，故程朱大儒非钻营于训诂考据诸儒可以伦匹。足见姚氏治易宗旨凡三，即宗法程朱而不泥于程朱之门户，追求大义而非卦变爻辞之"小道"，训诂考据可采而不以之诋毁程朱、陷没义理。

（一）宗程朱亦指其误

姚氏宗法程朱而不泥于程朱之门户，在其易学出自程朱亦能言程朱之误。如说"立心勿恒"，姚氏云："立心勿恒，犹言不恒其德也。如《系辞传》'安其身、易其心、定其交者，恒也，危以动、惧以语、无交而求者，勿恒也'。《程传》求益之极，众人所共恶。于理无失，而以勿恒为戒辞，则于辞似失之。《朱子语类》有云'勿字止是不字'，非禁止之辞，而《本义》尚依《程传》未及改。"[1] 观玩此条可见姚氏易学出于《程传》《本义》，但不盲从程朱之说，能指程朱之不足。又如《革说》言："程子以革言三就与巳日革之为一类解，失之矣。夫文王、周公之系辞亦各有取焉耳。"[2] 又如解睽卦九二爻辞"遇主于巷无咎"云："王弼谓出门同趣不期而遇也，程子则谓臣委曲以求遇君，二说不同，盖弼之言是也。"[3] 是其虽宗程朱，亦有所取择。于程朱说经未必尽合圣经本旨处，姚氏为之弥缝言："凡古人之说经也，以明理教人而已，不必与所说经拘拘附合，若孟子、荀子及诸传记引经而义不同者多矣。"[4] 是程朱于经义未必尽合，间或有误，然程朱所说大旨仍不可易。

---

〔1〕《惜抱轩九经说》卷1《易说一》，《续修四库全书》第 172 册，第 606 页。
〔2〕《惜抱轩九经说》卷2《易说二》，《续修四库全书》第 172 册，第 608 页。
〔3〕《惜抱轩九经说》卷1《易说一》，《续修四库全书》第 172 册，第 605 页。
〔4〕《惜抱轩九经说》卷1《易说一》，《续修四库全书》第 172 册，第 607 页。

（二）详大义而疏小道

姚氏追求大义而非卦变爻辞之"小道"，在其易学论象不论数，以义理论象且以人事阐明之。姚氏说易诸篇，未见说旁通、互卦、错综、消息诸事，唯有义理解象者，如解说旅卦六五爻辞云："田猎以火，春搜火敝，献禽祭社，昆虫未蛰，不以火田，山上有火，田猎之象也。六五尊位，非羁旅之义，君子狩猎在野，亦近于旅矣，故取射雉之象。"[1] 姚氏解象又要切之人事，如解升卦九三升虚邑云："升而有可居之位，则六五之升阶也。升而无可居之位，则九三之升虚邑也。古者亡国故虚，必有坛社之址。若晋文登有莘之虚，梓慎登大庭之库是也。是其处位虽高，临望虽广，而不可据以为安。以人事言之，大则若周公之摄政，小则若孔子之摄相夹谷，以及人臣入庙而为尸，公享卿而大夫为宾，皆其象也。九三重刚处上而不中，故其象若是，虽非凶而亦不可以为吉也。"[2] 姚氏以人事说卦象，足见其治学切人事之意。

（三）知训诂而归义理

姚氏采训诂考据而不以之诋毁程朱、陷没大义，故其说易象、爻辞亦考察文字、征诸典制而终归乎义理。汉学诸儒用功于文字典制，故能以训诂考据解经。姚氏说易亦有从文字、典制二途入者，如鼎卦之上九曰"鼎玉铉"，姚氏解此云："陆德明《释文》载徐邈音'铉，古玄反，又古冥反，又古荧反'。按，《士昏礼》'设扃鼏'，注'扃，今文作铉'。然则铉即扃字异体，当以古冥反为正矣。盖宗庙尚文，鼎扃以木为之，而其端或饰有金玉焉，故曰金扃、玉扃。又按，《说文》金部铉字注云'举鼎具也，易谓之铉，礼谓之鼏，从金玄声'。鼏谓此字自古传写多误。鼏，从鼎一声而书之与鼏同，既已失矣。铉字，窃谓本象形字，上〇象鼎耳，下〇象鼎腹，而以一贯耳上。从金而非玄声，篆书玄当垂覆，此横自当取平如木也。然则铉与鼏皆正字，而扃乃假借字也。不然，若读古冥反，而偏旁从玄，此何义哉？"[3] 姚氏解文字之法亦如崇汉学者，不乏可观之见。然其所谓考据者非泥

---

[1]《惜抱轩九经说》卷2《易说二》，《续修四库全书》第172册，第610页。
[2]《惜抱轩九经说》卷1《易说一》，《续修四库全书》第172册，第607页。
[3]《惜抱轩九经说》卷2《易说二》，《续修四库全书》第172册，第609页。

于字句之诠释，仍以切人事、谈义理为归。如解坤卦"黄裳元吉"云："礼用币以元纁，而《顾命》载诸侯见康王以黄朱，然则黄朱贵于纁矣。黄以表中，裳有黼绣之文，故曰文在中。黄裳必用于礼服，礼服之裳正幅，故曰正位居体。夫易之爻固夫人而可占也。如专以人君之德言之，其聪明睿知临照万物者，乾德也，以比人身其犹衮冕之居上体也与。其宽裕谦恭灵承于旅者，坤德也，以比人身其犹黄裳之居下体也与。"[1] 可见姚氏虽以礼制解爻辞，而终归于以人事解易，此正其所谓"易之爻固夫人而可占也"。论人事，姚氏又善征诸史，如解困卦九二爻辞，用唐末杨涉为宰相而与家人相对涕泣至梁篡夺之日抗节而死事，明其既知自危而以朱绂之来为困矣。又如解益卦九五爻辞，用盘庚迁殷、周公伐武庚诸事。此皆考史以解易者，其要义不离人事之实践也。

总结而言，姚氏治易不预清人汉易之流，不以数学、训诂之得为务。其躧步程朱，言义理、切人事，考据或可为其工具而不可为其目的。姚氏宗程朱，实宗程朱所谈大义，而非拘泥于程朱于一爻一辞之诠释。程朱有诠释未安未尽处，姚氏或为之纠正，或明指其谬误。盖其以程朱言大道而不必拘于字句小节，此正合其于提要拟稿中之态度。以姚氏论易之言，参照易类提要拟稿，可见其一贯之道。

结　语

王培峰言《四库全书总目》之易学观，象数、义理各有所取，非可以"扬汉抑宋"概括。[2] 胡林飞言《四库全书总目》划易学派别为"易之根本"与"易之一端"。[3] 然揆诸《总目》于分纂稿之裁剪取舍，则更显四库馆易学之偏好。汉易为清代乾嘉易学之预流，馆阁内外一时风起。四库馆素为汉学家之主阵，故于宋儒之学多有微词。姚鼐主程朱之学，其治易亦由程朱开源导流，故程朱之易为其评价易学著作之标准。《惜抱轩四库馆校录书题》收五篇易类提要拟稿，姚氏学术

----

〔1〕《惜抱轩九经说》卷1《易说一》，《续修四库全书》第 172 册，第 603 页。
〔2〕 王培峰《〈四库全书总目〉易学观及其成因》，《周易研究》2017 年第 6 期。
〔3〕 胡林飞《〈四库全书总目〉所建构的易学诠释边界》，《周易研究》2022 年第 3 期。

风格寓于其中。馆臣于姚氏拟稿去取之间，亦寄寓学术见解之裂隙。《总目》经部小序倡言不应守门户壁垒，而宗汉学者摒宗宋学者，门户之隔依然坚固。姚氏于四库馆为校雠事，或非实有其才，或非汉儒之匹，终是郁郁，故退而述其说经之论。《九经说》说经非诂经，用考据训诂而不拘于考据训诂，终归于义理。细按《九经说》中说易诸篇，其间于馆臣对拟稿之去取多所回应。姚氏说易要点凡三：一、宗主程朱而能言程朱之误，非溺之者也；二、以义理说象，切人事以明理，不务卦变爻辞之"小道"；三、训诂考据可以明道，而不足以诋毁程朱。明此，则可知姚氏治易一贯之道，亦可知其拟易类提要稿之思想基础。姚氏之拟稿自有其学为根底，《总目》提要之不取者，不过学问异端之相隔耳。

文质迭用，各是其是

——孔子改制视域下的《公》《穀》妾母地位之争

李　新*

[内容提要]

关于是否得尊妾母为夫人的问题，《公》《穀》二传立场完全相反。《公羊》持"母以子贵"说，主张妾子为君，母得称夫人；《穀梁》重嫡庶之分，明确反对妾母为夫人。二家之说各有所据，争论不休。本文在具体梳理《公羊》与《穀梁》对待妾母的态度，以及分析二说背后各自依据的基础上，将《公》《穀》妾母之说的区别视作文质之别。通过对孔子改制中的三统循环与文质再复之义的考察，认为二说当是文质迭用、各救前弊。《公羊》"母以子贵"之说既是孔子救周之时弊而用质家法，《穀梁》"妾母不得为夫人"亦当可为后世救质家之弊的文家法。《公》《穀》妾母地位之争，在孔子改制视域之下可得消解。

[关键词]

母以子贵；妾母不得为夫人；损文益质；三统循环；文质再复

---

* 李新，同济大学人文学院哲学系博士研究生，本文系国家社科基金重大项目"中国经典诠释学基本文献整理与基本问题研究"（21&ZD055）阶段性成果。

　　自汉以来，妾母的地位问题就呈现出人情与现实政治的矛盾性。一方面，出于孝道，妾子往往在继承君位后选择对其生母进行一系列的加尊，后世尊妾母为太后几乎成为一种定制。另一方面，君王鉴于尊崇妾母所导致的嫡庶尊卑不分、后宫争宠之风盛行、外戚坐大等问题，又对妾母进行各种防范，如：立继承人时选择母家良善者；[1] 明令妾子为君，不宜称本生母为后；[2] 更有甚者，汉武帝选择杀母立子。

　　追溯经典，尊妾母为太后的依据主要源于《公羊》。《公羊》持"母以子贵"说，主张妾子为君，母得称夫人。然而，《穀梁》的主张完全相反，《穀梁》以鲁隐公"考仲子之宫"、鲁僖公立妾母成风为夫人为非，明确反对"妾母得为夫人"。考察《仪礼》《礼记》，其中关于妾母的讨论与《穀梁》的主张更为相符。但随着西汉以来《公羊》学见尊于世，汉人以《春秋》为汉制法，乃至为万世立法。"母以子贵"之说既合于孔子作《春秋》尚质的倾向，又合于世人重视血缘亲情的情感，故"母以子贵"之说盛行于世。历代朝廷议礼时亦多以"母以子贵"为据主张尊崇妾母，《穀梁》之说可谓式微。

　　后世学者在反对《穀梁》之说时，多以《穀梁》不受孔子改制大义，不通孔子变文从质之义为据；质疑《公羊》之说时，多以其诸多弊端及不合于礼为说。目前学界关于此问题的讨论亦主要沿袭了古人这两条路线，前者代表作有高瑞杰《〈春秋传〉"母以子贵"说辨正》（《中华文史论丛》2018 年第 4 期）；后者代表作有邹远志《经典诠释与制度重建——〈公羊传〉"母以子贵"传文的制度渊源及其经典化意义》（《社会科学》2017 年第 3 期）。本文在考察《公》《穀》妾母之说分歧及其背后依据的基础上，以孔子改制中的三统循环、文质再复之义重新审视《穀梁》"妾母不得为夫人"之说。或可为如何看待经学史上妾母地位问题的争论，以及如何看待《公》《穀》二传的差异提供一个新视角。

----

[1] 西汉吕氏之乱平定后，朝廷议立君王人选时，因为母家恶而舍弃齐王、淮南王，而之所以看中代王的其中一个理由便是"太后家薄氏谨良"。（参见《史记》卷9《吕太后本纪》，中华书局1982年版，第411页。）

[2] 晋武帝泰始十年曾下诏曰："嫡庶之别，所以辨上下，明贵贱。而近世以来，多皆内宠，登妃后之职，乱尊卑之序。自今以后，皆不得登用妾媵以为嫡正。"（参见《晋书》卷3《武帝纪》，中华书局1974年版，第63页。）

一、《公》《穀》二传在尊崇妾母上的分歧

自周代以来，嫡长子继承制可谓是中国古代最为基础的继统原则。然而，现实操作当中，往往面临诸多问题，如嫡夫人无子、嫡子去世、君王废嫡立庶等等。因此，妾子为君的情况在中国历史上可谓屡见不鲜。《春秋》十二公中，以《穀梁》观之，妾子为君者有八：隐公、桓公、闵公、僖公、宣公、襄公、昭公、哀公。子居至尊之位，而母为卑贱之身，此时君王如何对待其妾母，《公》《穀》二传各有主张，而其分歧主要在于是否可以尊妾母为夫人。许慎在《五经异义》中就曾对二传观点总结曰：

> 妾母之子为君，得尊其母为夫人不？《春秋公羊》说：妾子立为君，母得称夫人。故上堂称妾，屈于嫡；下堂称夫人，尊行国家。父母者，子之天也。子不得爵命父母，则士庶起为人君，母亦不得称夫人。至于妾子为君爵其母者，以妾本接事尊者，有所因也。《穀梁》说：鲁僖公立妾母成风为夫人，入宗庙，是子而爵母也。以妾为妻，非礼也。[1]

考察《公羊》，"妾子立为君，母得称夫人"主要源自"母以子贵"说。此说出自隐公元年传文："立嫡以长不以贤，立子以贵不以长。桓何以贵？母贵也。母贵则子何以贵？子以母贵，母以子贵。"何休注曰："礼，妾子立，则母得为夫人。夫人成风是也。"[2] 既得尊之为夫人，则其享有一系列夫人之礼。因此，在《公羊》中，妾母有谥，得称夫人、小君；卒、葬得以夫人之礼书之；丧事得以夫人之名赴告天子诸侯。但在《穀梁》中，皆为非礼。《穀梁》由于反对立妾母为夫人，因此对于《春秋》中一些经文有着与《公羊》截然不同的解释。并且《穀梁》对于妾母有着相较于《公羊》更为详细的主张，今分析如下。

其一，妾母不得为夫人。《春秋》僖公六年："秋，七月，禘于太庙，用致夫人。"《穀梁》曰：

〔1〕 陈寿祺《五经异义疏证》卷下，《五经异义疏证》《驳五经异义疏证》合刊本，中华书局2014年版，第222页。

〔2〕 《春秋公羊传注疏》卷1，北京大学出版社2000年版，第16页。

用者，不宜用者也；致者，不宜致者也。言夫人必以其氏姓，言夫人而不以氏姓，非夫人也。立妾之辞也，非正也。夫人之，我可以不夫人之乎？夫人卒葬之，我可以不卒葬之乎？一则以宗庙临之而后贬焉，一则以外之弗夫人而见正焉。

此条经文中夫人指代不明，三传对此有着不同的解释。《公羊》以为夫人指齐女，《左氏》以为夫人指哀姜，而《穀梁》以为夫人指成风。范宁引刘向云："夫人，成风也。致之于大庙，立之以为夫人。"[1] 钟文烝曰："言致，知不宜致，宜致者则曰至自某，不曰致之，犹立与即位之异。……谓用致者，始立妾母为夫人而见于庙，用此禘礼以致之亦若夫人始嫁而告至，又若三月庙见之礼也。"[2] 按照《穀梁》书法，夫人至于国告庙，当书"夫人某氏至自某"，以此表明其夫人的身份以及其为夫人的正当性。成风作为妾母，即便其子僖公为君，亦不可以被奉为夫人。而僖公借禘祭之机，为其母成风行夫人始嫁于国之告庙礼和三月庙见礼，使其妾母成为夫人。《穀梁》在此认为，《春秋》通过书"用""致"，以及只书"夫人"、不称氏姓，表明此处乃是立妾为夫人，非正也。此后，成风卒葬皆以夫人礼。《春秋》文公四年曰："冬，十有一月，壬寅，夫人风氏薨。"文公五年曰："三月，辛亥，葬我小君成风。"对于成风以夫人之名书卒葬，《公羊》以为合礼，而《穀梁》却以此为无奈之举。[3]

其二，母以子氏，别于正嫡。《春秋》隐公元年："秋，七月，天王使宰咺来归惠公仲子之赗。"《穀梁》曰：

> 母以子氏，仲子者何？惠公之母，孝公之妾也。礼，赗人之母则可，赗人之妾则不可。君子以其可辞受之。其志，不及事也。赗者何也？乘马曰赗，衣衾曰襚，贝玉曰含，钱财曰赙。

历来对此条经文的理解，核心都在于对仲子身份的界定。《公羊》认为此是兼赗惠公、仲子二人，仲子为桓公之母，因隐公有让国之心，故"隐以桓母成为夫

---

〔1〕《春秋穀梁传注疏》卷8，北京大学出版社2000年版，第142页。

〔2〕钟文烝《春秋穀梁经传补注》卷4，中华书局1996年版，第278页。

〔3〕《穀梁传》僖公八年曰："夫人之，我可以不夫人之乎？夫人卒葬之，我可以不卒葬之乎？"表明僖公已尊成风为夫人，且以夫人礼卒葬成风，则主书者也不得不以夫人书成风之卒葬。可见《穀梁》认为以夫人之名书成风卒葬，实属无奈之举。

人，告天子、诸侯"。[1] 然而，《穀梁》在此的解释与《公羊》截然不同，其以"惠公仲子"为一人。对此，《穀梁》提出了一个重要的说法，即母以子氏，这是一种对妾母的特殊称法。一般而言，夫人以姓配谥，如文姜、哀姜。妾身份卑贱，不得体君，便可以子为氏。此处"惠公仲子"，"仲子"是以姓配字，"惠公"是以其子为氏，"惠公仲子"的书法表明了仲子是惠公妾母。按照礼的规定，天子可以赗诸侯之母，但不可以赗诸侯之妾。此处天王使人来归赗，《穀梁》曰："未知天王为是赗人母邪？赗人妾邪？君子受之，谓是赗我惠公之仲子，从其可辞也。"即此处仲子要以惠公之母的名义接受天王所归之赗才是合礼可行的。其后《春秋》文公九年冬："秦人来归僖公成风之襚。"《穀梁》曰："秦人弗夫人也，即外之弗夫人而见正也。""僖公成风"也是母以子氏的妾母之称。若以成风为夫人，此处归襚当直言成风，如"文姜""哀姜"之类。但此处系僖公言之，则为弗夫人之辞。即秦人不以成风为夫人，此归襚乃是归"僖公之母"之襚，非归"夫人"之襚，与前文"天王使宰咺来归惠公仲子之赗"相同。

"母以子氏"，一方面在称呼书写上将妾母与嫡夫人区别开来，另一方面还明确体现出妾母之尊，以及其所享受的特殊待遇皆源于其子，表明妾母只有以国君之母的身份接受天子、诸侯的助葬才是合礼的。

其三，妾母筑宫：于子祭，于孙止。关于女子的入庙受祭问题，礼书当中并没有具体的论述。一般认为：天子之元后、诸侯之元妃，即便无子也必得配食于庙。至于妾母，《礼记·丧服小记》曰"慈母与妾母，不世祭也"，并未有更为清楚的说法。[2] 而郑玄与孔颖达在此都是借助《穀梁》来解释。《穀梁》中关于对妾母的祭祀，描述得最清楚。

《春秋》经文隐公五年记载："九月，考仲子之宫。"《穀梁》传文曰：

考者何也？考者成之也，成之为夫人也。礼，庶子为君，为其母筑宫，使公子

----

[1]《春秋公羊传注疏》卷1，第25页。

[2] 祔祭，当指虞祭后立主祔庙，排列昭穆之位，祭毕主反于寝，大祥后才迁于庙。至于祔食，则是无庙者祔于他人，祭祀时得以随同受食。《礼记·丧服小记》曰："慈母与妾母，不世祭。"后人多以"妾祔于妾祖姑"之说来解释慈母与妾母在毁庙后应当祔食于妾祖姑。但是"妾祔于妾祖姑"指的应当是祔祭，而非祔食。

主其祭也。于子祭，于孙止。仲子者，惠公之母，隐孙而修之，非隐也。

《穀梁》在此明确地规定了妾子为君，祭祀妾母的方案。首先，妾不得体君，所以仲子作为孝公之妾不得入孝公庙，不得与孝公同享祭祀，只能别筑宫立庙祭祀。其次，庶子为君，其作为先君之后当与尊者一体，以奉宗庙为重，不能私其私亲。所以，庶子为君，虽可为其妾母立庙祭祀，但不得主祭，而应该派自己的其他兄弟为其主祭，即"使公子主其祭也"。最后，妾母之庙只能存在于其子为君之时，子死则庙废，不再受到专门祭祀，只能祔食，[1] 即"于子祭，于孙止"。于是，在《穀梁》看来，隐公有两处违礼。第一，仲子作为惠公妾母，只能在惠公一世享受立庙祭祀。隐公作为仲子的孙辈，不应该再为其修庙祭祀。第二，隐公考仲子之宫，意为"立其庙，世祭之，成夫人之礼"，[2] 使其能世代享受特祭，是以妾僭嫡之举。可见，虽然在妾子之世，妾母之私恩稍得申，可以短暂地受到特祭，但是不论从主祭之人还是祭祀时间来说，都有严格的规定，是绝对远别于嫡夫人的。《公羊》此条虽以仲子为桓母，但对于妾母之立庙，何休完全采纳了《穀梁》之说。

从以上《穀梁》关于妾母的讨论可以看出，作为君之母，《穀梁》在一定程度上对其享有的一些"殊礼"给予了理解与肯定。但是，在维护嫡庶之别的前提下，妾母所享有的"殊礼"不过在于区别其他"父妾"而已。在尊尊重嫡的思想下，"妾母不得为夫人"是《穀梁》不可动摇的原则。但是，《公羊》"母以子贵"说直接指向的是可尊妾母为夫人，这是《公》《穀》二传在尊崇妾母上不可调和的分歧。

---

〔1〕 关于妾祔食，主要有两种观点。一种是认为妾母庙毁后祔食于女君。如廖平便认为："止后迎主于庙，附食于女君。"（参见廖平《穀梁古义疏》卷1，中华书局2012年版，第38页。）另一种观点认为应当是祔食于妾祖姑。如钟文烝就引《礼记·丧服小记》："妾祔於妾祖姑，亡则中一以上而祔，祔必以其昭穆"来说明。（参见《春秋穀梁经传补注》卷2，第43页。）但是《丧服小记》中这句话是针对虞祭之后的祔祭，而非祔食。正是因为将祔祭误作祔食，才会产生妾祖姑亦不世祭，妾如何祔之的疑问。

〔2〕 《春秋穀梁传注疏》卷1，第23页。

二、妾母地位问题背后的经学理据

关于妾母是否得为夫人的争论，早在许慎、郑玄处就极为激烈。许慎认为：

《尚书》舜为天子，瞽瞍为士，明起于匹庶者，子不得爵父母也。至于鲁僖公本妾子，尊母成风为小君，经无讥文。《公羊》、《左氏》义是也。[1]

郑玄驳曰：

《礼·丧服》："父为长子三年，以将传重故也。众子则为之周。明无二嫡也。"女君卒，贵妾继室摄其事耳，不得复立为夫人。鲁僖公妾母为夫人者，乃缘庄公夫人哀姜有杀子般、闵公之罪，应贬故也。近汉吕后杀戚夫人及庶子赵王，不仁，废不得配食，文帝更尊其母薄后，非其比耶？妾子立者，得尊其母，礼未之有也。[2]

许、郑之争，各有所据。许慎的主张，主要依据是《公羊》《左传》传义本身对"妾母为夫人"的支持。从《公羊》传义出发，妾子为君，得尊妾母为夫人在《公羊》当中确实是一条得到认可的原则。《公羊》当中，隐公妾母书"夫人子氏"；僖公妾母书"夫人风氏""小君成风"；文公妾母书"夫人姜氏""小君圣姜"；宣公妾母书"夫人熊氏""小君顷熊"……《公羊》对此并无讥文，且传文于此皆发问解释此为君之妾母。至于郑玄，则是从礼学的角度对此提出反驳，根据《仪礼》《礼记》中所记载的关于妾母的主张，支持《穀梁》"妾母不得为夫人"。[3] 后世学者对于"妾母是否得为夫人"的争论，也大抵沿袭了许慎与郑玄之路，主要是《公羊》传义与礼制之争。

从礼制来看，《穀梁》不得立妾母为夫人更合于礼。郑玄对此就提供了两点礼制上的依据。其一，礼无二嫡，妾不得升为夫人。《礼记·杂记》曰：

---

[1] 《五经异义疏证》卷下，第 222 页。
[2] 《五经异义疏证》卷下，第 222 页。
[3] 郑玄认为：鲁僖公妾母为夫人者，是因为庄公夫人哀姜有杀子般、闵公之罪应贬；宣公所以得尊其母为夫人者，因文公夫人姜氏归齐不返。然而，哀姜杀子，《春秋》并未绝之，僖公不得以子废母。文公夫人姜氏大归于齐，《穀梁》文公十八年直书"恶宣公也"，恶其不奉姜氏，则可见宣公以其妾母顷熊为夫人，《穀梁》亦以其为非正。至于其所举废吕后、以薄后配食高祖等事，并非文帝所为，而是至光武帝时候才开始。郑玄此类权宜之说，非但不能为"妾母不得为夫人"之证，反受后人诟病。

主妾之丧，则自袝，至于练、祥，皆使其子主之，其殡、祭不于正室。

女君死，则妾为女君之党服。摄女君，则不为先女君之党服。

《白虎通·嫁娶》曰：

嫡死不复更立，明嫡无二，防篡煞也。祭宗庙，摄而已。以礼不聘为妾，明不升。

妾虽贤，不得为嫡。

周代嫡长子继承制的确立，使得君位继承有一套严格的顺序，[1] 以此达到"防爱争"的目的。儿子的继承顺序，完全由其母的尊卑来决定，此即《公羊》所言"子以母贵"。因此，若要达到止乱息争的目的，必须保证嫡夫人与诸妾的地位从出嫁开始便已确定，绝无动摇的可能性。《白虎通》此处即针对"防篡煞"的目的提出了两点要求：一方面，嫡死不复更立，确保嫡夫人唯一，嫡长子唯一。如果嫡夫人死，国君再娶更立夫人，此夫人所生之子，则有嫡出名分。此时，原本的嫡长子地位便会被动摇。另一方面，诸妾地位无上升之可能。因为如果妾之地位可升降，则会破坏原有的继承顺序，使得妾母可通过争宠上位，并由此提高己子地位。但是，女君死，宗庙祭祀不可废，此时便可使贵妾摄其事。此"摄事贵妾"虽较其余妾尊贵，并享有一些特殊待遇，如《杂记》中所言，君可为其主丧，其可不为女君之党服，但其位仍是妾，不可与女君同。可见妾于礼无"扶正"之可能，父既不得升妾为妻，子更不得以亲亲而害尊尊，尊其母为夫人。

其二，《仪礼·丧服》当中所展现的妾母与其子的关系。从亲亲之恩来看，母对子有生养之恩，是骨血之属。但从尊尊之道出发，妾母非配父之尊，妾与君的关系更多是一种君臣关系，妾虽为君服斩衰，但君至多仅为其服缌麻三月。从父子一体的原则来看，妾子与尊者一体，因此其对妾母的亲亲之情往往要受制于父。《仪礼·丧服》大功九月章：

公之庶昆弟、大夫之庶子为母、妻、昆弟。传曰：何以大功也？先君余尊之所

---

[1] 《公羊传》隐公元年对君位继承顺序论述最为详细缜密："嫡，谓嫡夫人之子，尊无与敌，故以齿。子，谓左右媵及侄娣之子，位有贵贱，又防其同时而生，故以贵也。礼，嫡夫人无子，立右媵；右媵无子，立左媵；左媵无子，立嫡侄娣；嫡侄娣无子，立右媵侄娣；右媵侄娣无子，立左媵侄娣。质家亲亲，先立娣；文家尊尊，先立侄。嫡子有孙而死，质家亲亲，先立弟；文家尊尊，先立孙。其双生也，质家据见立先生，文家据本意立后生：皆所以防爱争。"

厌，不得过大功也。大夫之庶子，则从乎大夫而降也。父之所不降，子亦不敢降也。

《仪礼·丧服·记》曰：

公子为其母，练冠、麻，麻衣縓缘；为其妻，縓冠、葛绖带、麻衣縓缘。皆既葬除之。传曰：何以不在五服之中也？君之所不服，子亦不敢服也。君之所为服，子亦不敢不服也。

《仪礼·丧服》缌麻三月章郑玄注云：

君卒，庶子为母大功。大夫卒，庶子为母三年也。士虽在，庶子为母皆如众人。

综合以上几条文献来看，庶子为其妾母服丧根据阶层和父在与否有所不同。父在的情况下，士之庶子为母服齐衰杖期，大夫之庶子为母服大功，君之庶子为母不在五服之中；父没以后，士之庶子为母服齐衰三年，大夫之庶子亦得为母服齐衰三年，唯公之庶子为余尊所压，为母仅服大功。父之身份地位越高，妾子为其妾母服丧受到其父的压降越大，妾子与其母的亲亲之恩愈发要受到压制。[1]

以上仅仅是正常情况下，妾子为其妾母服丧的服制。如果妾子为父后，妾子与其妾母之间的亲亲之恩更不得申，可谓是完全被宗族传承、宗庙祭祀所压制。《仪礼·丧服》缌麻三月章：

庶子为父后者为其母。传曰：何以缌也？《传》曰："与尊者为一体，不敢服其私亲也。"然则何以服缌也？有死于宫中者，则为之三月不举祭，因是以服缌也。

为父后者，一方面由于承重继承尊者，与尊者一体决定其与妾母的身份地位更加悬隔；另一方面，由于继承了家族宗庙祭祀的重任，不能因为私亲妾母妨碍祭祀，所以此时妾子仅能为妾母服缌麻之丧。至于天子、诸侯，为妾母服丧皆因此两项原因受到限制。《礼记·曾子问》：

古者天子练冠以燕居。

---

[1] 甚至对于国君来说，其妾子从出生开始就要和妾母保持一定的距离。《礼记·内则》中就记载："公庶子生，就侧室。三月之末，其母沐浴，朝服见于君，摈者以其子见"。郑玄注曰："人君尊，虽妻不抱子。"（参见《礼记正义》卷28，北京大学出版社2000年版，第1010页。）

郑注曰：谓庶子王为其母。[1]

《礼记·服问》：

君之母非夫人，则群臣无服，唯近臣及仆骖乘从服，唯君所服服也。

郑注曰：妾先君所不服也。礼庶子为后，为其母缌。言唯君所服，申君也。《春秋》之义，有以小君服之者，时若小君在，则益不可。[2]

天子为其妾母无服，诸侯以下至庶人则同之，服缌麻三月之丧。可见，在礼书当中，妾子为后，妾母的地位并没有随之变得尊贵。相反，随着妾母与其子地位的悬殊，二者关系反而较没有为父后的情况更加疏远，亲亲之恩所受到的压制更大。

比较《公》《穀》二传关于妾母的主张，《穀梁》之说在礼制上的依据更为充分。然而，持《公羊》立场的学者却对《穀梁》之说提出了批评，其最核心的立场便是认为《穀梁》不受孔子改制之义。如：

龚自珍：穀梁氏不受《春秋》改制大义，故习于周而为之说。《春秋》，质家也。公羊氏受《春秋》改制大义，故习于《春秋》而为之说。[3]

皮锡瑞：《穀梁》之说虽正，而《公羊春秋》之义，变文从质，母以子贵，不必同于《穀梁》。[4]

《公羊》改制之义，见于桓公十一年传文。案《春秋》桓十一年，经文曰："郑忽出奔卫。"传曰："忽何以名？《春秋》伯子男一也，辞无所贬。"郑国国君本是伯爵，所以郑忽以爵位而言本当称郑伯。但是当时忽的父亲郑庄公去世尚不满一年。按照《公羊》"君薨称子某，既葬称子"的名例，郑忽此时应该称"郑子"，以此体现一年不二君，孝子不忍当父之位。这种贬损之法在周代公、侯、伯、子、男五等爵的体系下是没有问题的。但是《春秋》没有书"郑子出奔卫"，而是书"郑忽"，是因为《春秋》改制，将周代的"伯子男"三等爵合为一等。所以称"郑伯"与称"郑子"，在《春秋》三等爵的体系下是没有区别的，这就会导致

---

[1] 《礼记正义》卷18，第689页。
[2] 《礼记正义》卷57，第1799页。
[3] 龚自珍《春秋决事比》，《续修四库全书》第129册，上海古籍出版社2002年版，第661页。
[4] 皮锡瑞《驳五经异义疏证》卷8，《五经异义疏证》《驳五经异义疏证》合刊本，中华书局2014年版，第506页。

"既葬称子"的名例在此体现不出贬损之义。于是《春秋》只好通过称名，书"郑忽"的办法来体现嗣君居丧不忍当父位之义。所以，《公羊》此条正是改制思想的体现。何休更以亲亲尊尊、殷周质文来解释改制：

> 《春秋》改周之文，从殷之质，合伯子男为一。……王者起，所以必改质文者，为承衰乱救人之失也。天道本下，亲亲而质省；地道敬上，尊尊而文烦。故王者始起，先本天道以治天下，质而亲亲。及其衰敝，其失也亲亲而不尊。故后王起，法地道以治天下，文而尊尊。及其衰敝，其失也尊尊而不亲，故复反之于质也。质家爵三等者，法天之有三光也。文家爵五等者，法地之有五行也。合三从子者，制由中也。[1]

何休直接将孔子改制与损文益质相联系，并且将文质之别以尊尊、亲亲相对应。孔子见周道衰弛，周礼过于追求尊尊之道，以至于礼文流于表面、人心流于虚伪，于是提倡代表质家的亲亲之道，以救周之衰敝。

在《春秋》中，孔子损文益质，重视亲亲之道的体现很多。如《春秋》隐七年："齐侯使其弟年来聘。"《公羊》云："母弟称弟，母兄称兄。"何休注曰："分别同母者，《春秋》变周之文，从殷之质。质家亲亲，明当亲厚，异于群公子也。"[2] 再如《春秋》隐十一年："春，滕侯、薛侯来朝。"何休云："滕序上者，《春秋》变周之文从殷之质，质家亲亲，先封同姓。"[3] 若以周道而言，除继承君位的嫡长子外，其他众子都不过是与君统隔绝的群公子而已，身份并无差别。而《春秋》损文益质，提倡亲亲之道，君王同母弟不称公子，直书其弟，以示别于群公子，彰显亲厚母弟之义。至于滕侯、薛侯同来朝鲁，而将滕侯序于薛侯之上，是因为滕侯与鲁侯皆是姬姓，在重视亲亲的原则下，鲁国当先亲厚同姓诸侯，先序滕侯。以上二例，皆是孔子作《春秋》变文从质的明例。

其实，不仅《春秋》，孔子变文从质之义于《论语》中亦可窥见。《论语·八佾》篇云："子曰：'人而不仁，如礼何？人而不仁，如乐何？'林放问礼之本。子曰：'大哉问！礼，与其奢也，宁俭；丧，与其易也，宁戚。'"孔子与子夏论

---

〔1〕《春秋公羊传注疏》卷5，第116-117页。
〔2〕《春秋公羊传注疏》卷3，第67页。
〔3〕《春秋公羊传注疏》卷3，第75页。

《诗》，许子夏"绘事后素""礼后"之义。又孔子论"先进""后进"，而从"先进"……皆是孔子相较于礼文，更重视礼背后所代表的道德与人情。

国君尊崇妾母，其用心可谓完全是出于孝道与人情的。《通典·诸侯崇所生母议》引袁准曰："夫身为国君而母为妾庶，子孙所不忍，臣下所不安，故私称于国中，不加境外，此人子之情，国人之私，而亡于礼法之正也。"[1] 此话虽是否定国君尊崇生母，但却道出了国君继位尊妾母为夫人的背后是个人的孝子之心，是试图申母子私情。这完全符合《春秋》变文从质、重亲亲之道的原则。

《公羊》虽确有变文从质，妾母得为夫人之义。然而，正如前文所论，这种"母以子贵"的做法实际上会破坏嫡长子继承制设计之初止乱息争的效果。在中国后世两千多年的现实政治操作中，这种弊端体现得尤为明显。故后世亦有儒者批评"母以子贵"，而善《穀梁》之说。宋儒吕大圭曰：

《公羊》论隐、桓之贵贱，而曰："子以母贵，母以子贵。"夫谓子以母贵可也，谓母以子贵可乎？推此言也，所以长后世妾母陵僭之祸者，皆此言基之也。[2]

更有如刘逢禄直接断言"母以子贵"为汉儒伪造：

汉世妃匹不正，建储、立后皆以爱争，堕其礼防，因僭称号，且配庙食。公羊经师欲其说之行，则于传文"子以母贵"之下，增之曰"母以子贵"。夫子既可以贵其母，何必云"子以母贵"乎？……公羊经师曲学阿世，而犹存正谊以示其说之不得已，故其羼入之传灼然，其为说亦必以嫡母在即称夫人，纡谲其辞；又以士庶为人君，母亦不得称夫人，子不得爵命父母，自破其例，意微而显也。[3]

三、孔子改制说对《公》《穀》妾母地位之争的消解

关于妾母是否得为夫人，围绕《公》《穀》二说进行的争论在后世可谓持续不

〔1〕 杜佑《通典》卷72《诸侯崇所生母议》，中华书局1988年版，第1976页。
〔2〕 吕大圭《春秋论·五》，曾枣庄、刘琳主编《全宋文》第356册，上海辞书出版社、安徽教育出版社2006年版，第49页。
〔3〕 刘逢禄《春秋公羊释例后录》卷1《公羊申墨守》，《春秋公羊经何氏释例》《春秋公羊释例后录》合刊本，上海古籍出版社2013年版，第296-297页。

休。正如上文所论，持《公羊》立场者，以孔子变文从质为据，批评《穀梁》之说为周之旧礼，不通孔子改制之义；持《穀梁》立场者，以礼制为依，批评《公羊》之说启后世祸端。《公》《穀》二传，以师承而言，同传自子夏，可谓皆得孔子之学。那么，为何二传在同一问题上，立场却截然相反呢？对此，康有为认为：

> 三代民敝，皆过也。必忠质文，循环用之，斟酌施之，而后寡过。盖孔子之道，其制作甚繁，故子贡譬为宫墙美富，得门或寡。《公羊》、《穀梁》争妾母以子贵，子服景伯、子游争立子立孙，曾子、子夏争殡之东西，皆各尊所闻，而不明三统故也。若尽通三统，则时措其宜，而无争矣。[1]

在康有为看来，孔子改制并非仅损文益质为一代之法，而是兼有三统之说，存忠、质、文三法，为后世提供改制之方。正如其曰："孔子创义，皆有三数，以待变通。医者制方，犹能预制数方，以待病之变，圣人是大医王，而不能乎？三统三世，皆孔子绝大之义。"[2] 今文经学内部经义之所以存在诸多差别，根本原因在于这些说法各为一统，为不同朝代为救前朝之弊所当采用的"药方"。如：《穀梁》妾不以子贵之说代表的就是崇尚尊尊的文家法，《公羊》母以子贵代表的就是为救周文疲敝而推崇亲亲的质家法。孔子之说甚繁甚广兼有三统，而门人不能得孔子全体大用，只能各得一统之说，导致后世互生歧义。如果能明孔子改制通三统之义，则可以依时而变，采用最适宜的一套礼制，而这些争论自然也能消解。康有为此说，为如何看待《公》《穀》妾母地位之争提供了新的思路，其说皆本自《公羊》学中的孔子改制之义。

孔子改制的思想，集中展现于《公羊》中，其中主要包括两个层面上的内容：其一，表示新王朝受命应天的改制，包括对正朔、服色、居处、徽号等一系列王朝象征性东西的改变；其二，出于补衰救弊的目的，对前朝的一些礼制和法度进行改变。前者为三统，后者即为三教。

三统之说，出自"三正"。《春秋》隐公"元年，春，王正月"一条中，对于"王正月"，何休曰：

> 以上系于王，知王者受命，布政施教所制月也。王者受命，必徙居处，改正

---

[1]　康有为《孟子微》卷4《仁政第九》，中华书局1987年版，第86页。

[2]　康有为《春秋董氏学》卷5《改制三统》，中华书局1990年版，第120页。

朔，易服色，殊徽号，变牺牲，异器械，明受之于天，不受之于人。夏以斗建寅之月为正，平旦为朔，法物见，色尚黑；殷以斗建丑之月为正，鸡鸣为朔，法物牙，色尚白；周以斗建子之月为正，夜半为朔，法物萌，色尚赤。[1]

又《春秋》隐公"三年，春，王二月"一条中，对于"王二月"，何休曰：

二月、三月皆有王者，二月，殷之正月也；三月，夏之正月也。王者存二王之后，使统其正朔，服其服色，行其礼乐，所以尊先圣，通三统，师法之义，恭让之礼，于是可得而观之。[2]

何休之说，表明王者受命，需要对旧王朝一些象征性的东西，如正朔、服色、居处、称号等进行改变。这种改制的目的在于借此表明新政权的合法性来自天，并且以这些变化"新民耳目"，将新王朝与旧王朝区别开来。"三正"其实就是三种不同的历法。分别以建寅之月（夏历一月）、建丑之月（夏历十二月）、建子之月（夏历十一月）为正月；以平明、鸣晨、夜半为一日之始。之所以以建子、建丑、建寅三月为正月，是因为此三月为万物开始生长的阶段。从"物萌"，到"物芽"，到"物见"，颜色也经历了赤、白、黑三个阶段，所以三王所尚有黑、白、赤的不同。徐彦曰："统者，始也。谓各使以其当代之正朔为始也。"[3]《春秋》书"王正月"，以正月系于王，表明正月乃王者布政施教之始。而三正即三王之始，则三统即三正也。

但是，"三统"之说所包含的改制之义，仅仅是外在形式上的改制，解决的只是王朝更替的合法性问题。对于刚结束乱世而建立的新朝而言，改制还需要救前朝之弊。所以，《公羊》家在"三统"的基础上，又有"三教"说。以"三统"而言，夏尚黑，殷尚白，周尚赤，三统循环如此。至于三代制度，又有不同，其或文或质，这就是"三教"之不同。

三教之说，可追溯至孔子，《论语·为政》曰："子张问：'十世可知也？'子曰：'殷因于夏礼，所损益可知也；周因于殷礼，所损益可知也；其或继周者，虽

---

[1]《春秋公羊传注疏》卷1，第10页。
[2]《春秋公羊传注疏》卷2，第42页。
[3]《春秋公羊传注疏》卷2，第42页。

百世可知也。'"孔子认为夏、殷、周三代礼制不同，有所损益，而其后继周的王朝，也不过就前朝之礼进行损益。至于损益的目的，不过是补救前朝的弊病。《白虎通·三教》云：

> 王者设三教者何？承衰救弊，欲民反正道也。三正之有失，故立三教，以相指受。夏人之王教以忠，其失野，救野之失莫如敬。殷人之王教以敬，其失鬼，救鬼之失莫如文。周人之王教以文，其失薄，救薄之失莫如忠。继周尚黑，制与夏同。三者如顺连环，周而复始，穷则反本。

此以夏尚忠、殷尚敬、周尚文为三教。忠、敬、文在政教衰失之时，分别会产生野、鬼、薄等弊病，而忠、敬、文的循环，又能够相互补救弊病。此为"三教循环"之义。

礼制方面，《公羊》家又有"文质再复"说。"三教循环"说虽然能够较好地对应"三正"说，但是从礼制原则来看，无非"尊尊""亲亲"二义，因此相较于"三教"，"文质"更加能体现三代礼制之异。"三正"与"文质"解决的是改制的不同问题，因此并不一定非要在数上相对应。故《白虎通》曰："质文再而复，正朔三而改。三微质文，数不相配，故正不随质文也。"

文质之说，亦可追溯至孔子。

> 子曰："质胜文则野，文胜质则史。文质彬彬，然后君子。"（《论语·雍也》）

> 子曰："周监于二代，郁郁乎文哉！吾从周。"（《论语·八佾》）

孔子用"文"和"质"分别形容野人和史官，野人直情径行，质朴有余而过于鄙陋，史官则多闻习事，质朴不足，又以周礼之完备表示从周。文质之别在此尚且只是一种内在感情与外在礼仪之别。但到了《公羊》家处，文质之分进一步成为一种礼的内在价值之别，即"亲亲"与"尊尊"。关于文质的具体区别，董仲舒《春秋繁露·三代改制质文》云：

> 主天法质而王，其道佚阳，亲亲而多质爱。故立嗣予子，笃母弟，妾以子贵。昏冠之礼，字子以父。别眇夫妇，对坐而食，丧礼别葬，祭礼先嘉疏，夫妇昭穆别位。制爵三等，禄士二品。制郊宫明堂内员外椭，其屋如倚靡员椭，祭器椭。玉厚七分，白藻三丝，衣长前衽，首服员转。鸾舆尊盖，备天列象，垂四鸾。乐程鼓，

用羽籥舞，舞溢槠。先用玉声而后烹，正刑多隐，亲戚多赦。封坛于左位。

主地法文而王，其道进阴，尊尊而多礼文。故立嗣予孙，笃世子，妾不以子称贵号。昏冠之礼，字子以母。别眇夫妻，同坐而食，丧礼合葬，祭礼先祖爸，妇从夫为昭穆。制爵五等，禄士三品。制郊宫明堂内方外衡，其屋习而衡，祭器衡同，作秩机。玉厚六分，白藻三丝，衣长后衽，首服习而垂流。鸾舆卑，备地周象载，垂二鸾。乐县鼓，用万舞，舞溢衡。先烹而后用乐，正刑天法，封坛于左位。

在董仲舒看来，文质取法天地阴阳，具体到礼制而言，则是质家以"亲亲"作为制礼的主导原则，文家以"尊尊"作为制礼的主导原则。因此，质家与文家在继位顺序、母子关系、夫妻尊卑、刑罚原则等方面皆有不同。一朝礼制，必有所偏，或主亲亲，或重尊尊。到了王朝末年，都会产生一系列弊端，所以王者改制必然以文质循环的原则来改除弊端。三统循环，文质迭用，这就是《公羊》家论改制时的"文质再复"原则。

本文所探讨的是否尊妾母为夫人问题，就能将其视作文质之别，纳入孔子改制的讨论中。《公羊》所主张的"母以子贵"，"妾子立，母得称夫人"，代表的是崇尚亲亲的质家法。《穀梁》所主张的"妾母不得为夫人"，代表的是推崇尊尊的文家法。从三统循环与文质再复的角度来看，孔子改制并非仅仅为后世立一不变的质家法，而是一套随朝代更迭、时弊不同而变换制度的改制思想。孔子在目睹周室衰敝的情况下，新周故宋，作《春秋》以当一朝新法，在《春秋》当中损文益质提倡亲亲之情。因此，以《春秋》为一统来看，《春秋》确有尚质之义，妾母得称夫人可作为《春秋》新王之礼。但是由前文所论可知，随着王朝更迭，三统循环，文质也将再而复，尚质并非为万世不变之法。后世随着质家"母以子贵"之说在现实政治实践中出现越来越多的弊端，便当重新提倡文家"不以妾母为夫人"的主张。"母以子贵"与"妾母不得为夫人"当随朝代更替、弊端不同而文质迭用，时措其宜。也正如康有为所言，若将《公》《穀》此二说置于三统说下，矛盾便可消解。可惜后世学者对于孔子改制，大多仅明其损文益质之义，却不明"三教循环""文质再复"之义。因此，虽然"母以子贵"说在后世的现实政治实践中导致了如妾母僭越、携子争宠、外戚专政等一系列问题，但在重视亲亲之情、崇尚孝道的原则下，尊妾母为太后几乎成为一种定制。后世虽有学者以《穀梁》之说为据，试图强调嫡庶尊卑，重申"妾母不得为夫人"之义，却未能以《穀梁》之说为文家法，从孔子改制的角度为"妾母不得为夫人"之说正名。

余　论

亲亲与尊尊是儒家礼秩的两大基石。周代宗法制的核心在于能在血缘之上建立起尊卑等级秩序，以此构建家国。嫡庶之别、后妃的等级秩序对于君位继承的稳定有着极其重要的意义。周礼当中尊尊的精神是压倒亲亲的，《丧服》《礼记》以及《穀梁》中对嫡庶之别的重视，对妾母地位的压制是完全符合周礼精神的。然而，春秋以降，宗法社会逐渐遭到破坏，小家庭逐渐成为社会的基本单位。周礼过分强调尊尊之道，抑制个人的亲亲之情，已然不合时宜。孔子眼见周文疲敝，于是损文益质，重视亲亲之情，提倡孝道。《公羊》"母以子贵"之说，对君王抒发对妾母的孝敬之心给予了肯定与支持，这是孔子基于社会变化所做出的礼法上的重大转变。

《公羊》学见尊于两汉，汉儒深谙孔子改制之义，以《春秋》为孔子为汉制法，乃至为万世制法，《公羊》"母以子贵"之说亦由此盛行于世。西汉文帝尊生母薄姬为皇太后，昭帝追尊生母赵婕妤为皇太后，哀帝尊祖母傅昭仪为皇太太后；东汉和帝追尊生母梁贵人为恭怀皇后，顺帝追尊李氏为恭愍皇后，安帝追尊祖母宋贵人为敬隐皇后。在整个两汉期间，尊（追尊）妾母为太后（皇后）可谓成为一种定制。这种对妾母的加尊，一方面在礼制上造成了嫡庶之制的破坏，使妾母与嫡母有并尊之嫌，甚至在合葬、配食先君等问题上产生妾母凌驾于嫡母之上的情况。如汉哀帝在位时便尊其祖母傅昭仪为皇太太后，且逾制与汉元帝合葬于渭陵。另一方面，在现实政治中，"母以子贵"之说，助长了后世废嫡立庶、妾母以内宠登后妃之职的风气，破坏了嫡长子继承制设计之初止乱息争的目的。同时，对妾母的尊崇还时常伴随着对外戚的加尊和重用。两汉之时，以太后、皇后之戚身份封公侯者屡见不鲜，由此导致外戚、女祸肆虐不断。《穀梁》之说，精于尊尊之义，本可为后世王朝纠正前朝之弊提供经义依据。但由于《穀梁》之说与孔子作《春秋》尚质之义相违，且不符合汉以来王朝对孝道的提倡，虽有学者议礼时试图借《穀梁》之说重申嫡庶尊卑之别，[1] 但《穀梁》"妾母不得为夫人"的主张终未能在现实实践中真正对抗《公羊》"母以子贵"说。

---

[1] 范宁曾与徐邈进行过一场关于晋孝武帝如何尊其生母李氏的讨论。范宁以《穀梁》为据，极力主张嫡庶有别，反对晋孝武帝尊其母李氏为皇太后、皇太妃，认为应当采用低一等的称号"皇太夫人"。范宁曰："礼有君之母非夫人者，以此推之，王者之母亦何必皆后乎？所为尊母，非便极尊号也。并后匹嫡，讥存《春秋》。谓议称皇太夫人，下皇后一等，位比三公，此君母之极号也。称夫人，则先后之臣也。加皇太，则至尊之母也。皇，君之谓也。君太夫人，岂不允乎！"（参见杜佑《通典》卷72《诸侯崇所生母议》，中华书局1988年版，第1973页。）

九旨说与三临言：柯劭忞与"穀梁学"体系之建构

许超杰　赵　明[*]

[内容提要]

历代"穀梁学"著作似乎未能提出具有提纲挈领意义的"穀梁"义法。柯劭忞重论"三科九旨"之于"公羊学""穀梁学"的意义，提出"九旨"为"穀梁学"、"三科"为"公羊学"，从而为"穀梁学"之体系化建构了第一个支点。在此基础上，柯劭忞发掘《穀梁传》"三临之言"之于《春秋》的统摄意义，从而提出了"穀梁学"的第二个支点，即"三临之言"的不同批判视域意义。通过将"九旨"与"三临之言"建构为"穀梁学"的两大核心，柯劭忞最终完成"穀梁学"体系之建构。这可以说是到目前为止最为合理也最为精练的"穀梁学"纲维，亦体现了"穀梁学"之价值与意义。

[关键词]

柯劭忞；九旨；三临之言；"穀梁学"体系

---

* 许超杰，湖南大学岳麓书院副教授，中国古典文献学博士；赵明，湖南大学岳麓书院博士研究生。本文系国家社科基金冷门绝学研究专项"《穀梁》经传汇校集注疏证"（23VJXG008）阶段性成果。

《汉书·艺文志》曰："昔仲尼没而微言绝，七十子丧而大义乖。故《春秋》分为五，《诗》分为四，《易》有数家之传。"[1] 所谓"《春秋》分为五"者，即左氏、公羊、穀梁、邹氏、夹氏之学也。然邹氏、夹氏或无书或无师，其学不传，后世传《春秋》者唯左氏、公羊、穀梁三家而已。但《穀梁》除汉宣帝晚年煊赫一时外，多不为世人所重。其之所以不被世人所重，颇为重要的一点就是缺乏完备、严密的解经条例，难于把握《穀梁》传义、传例。民国年间，柯劭忞为《穀梁》作新注，以"九旨"说与"三临之言"重构《穀梁》传例，无疑为"穀梁学"注入了一股新生力量，也为重建《穀梁》传例体系、释经体系提供了可能。

一、重论三科九旨："九旨"说与《穀梁传》关系之建构

"三科九旨"一般都被视为"公羊学"之核心概念。徐彦《公羊疏》载：

问曰：《春秋说》云：《春秋》设三科九旨，其义如何？答曰：何氏之意以为三科九旨正是一物。若揔言之，谓之三科，科者，段也；若析而言之，谓之九旨，旨者，意也。言三个科段之内，有此九种之意。故何氏作《文谥例》云"三科九旨者，新周、故宋、以《春秋》当新王，此一科三旨也"。又云"所见异辞、所闻异辞、所传闻异辞，二科六旨也"。又"内其国而外诸夏、内诸夏而外夷狄，是三科九旨也"。[2]

自何休已还，"三科九旨"成为《公羊》家说，《穀梁》《左氏》不与焉。然察其实，则徐疏此条所论"三科九旨"，似不单为《公羊》家说。其续曰：

问曰：案宋氏之注《春秋说》：三科者，一曰张三世，二曰存三统，三曰异外内，是三科也；九旨者，一曰时，二曰月，三曰日，四曰王，五曰天王，六曰天子，七曰讥，八曰贬，九曰绝。时与日、月，详略之旨也；王与天王、天子，是录远近亲疏之旨也；讥与贬绝，则轻重之旨也。如是，三科、九旨聊不相干，何故然乎？答曰：《春秋》之内具斯二种理，故宋氏又有此说，贤者择之。[3]

---

[1]《汉书》卷30《艺文志第十》，中华书局1962年版，第1701页。
[2]《春秋公羊传注疏》卷1，《十三经注疏》第7册，艺文印书馆1973年版，第7页。
[3]《春秋公羊传注疏》卷1，第7页。

就此条而言，首先需要发问的是，何谓《春秋说》？安居香山、中村璋八之辑《纬书集成》，于《春秋演孔图》下录文曰："《春秋》设三科九旨。"[1] 则徐彦疏所引之《春秋说》当以《春秋演孔图》最为可能。谶纬之勃兴，要在哀平之际。[2]《后汉书·方术列传》曰：

> 汉自武帝颇好方术，天下怀协道艺之士，莫不负策抵掌，顺风而届焉。后王莽矫用符命，及光武尤信谶言，士之赴趣时宜者，皆骋驰穿凿，争谈之也。故王梁、孙咸名应图篆，越登槐鼎之任，郑兴、贾逵以附同称显，桓谭、尹敏以乖忤沦败，自是习为内学，尚奇文，贵异数，不乏于时矣。[3]

王莽代汉、光武中兴皆以符谶为号，故光武之后，愈加崇信谶纬。儒者从风，言六经之合乎谶纬，郑兴、贾逵诸大儒所不能免也。职是之故，"终东汉之世，以通七纬者为内学，通《五经》者为外学，盖自桓谭、张衡而外，鲜不为所惑焉"[4]。七纬、五经内外之分，亦可见是时经、纬之关系与地位。《春秋》传之兴废亦以能否合乎纬书为之征，故贾逵曰：

> 臣以永平中上言《左氏》与图谶合者，先帝不遗刍荛，省纳臣言，写其传诂，藏之秘书。……至光武皇帝，奋独见之明，兴立《左氏》《穀梁》，会二家先师不晓图谶，故令中道而废。……五经家皆无以证图谶明刘氏为尧后者，而《左氏》独有明文。五经家皆言颛顼代黄帝，而尧不得为火德。《左氏》以为少昊代黄帝，即图谶所谓帝宣也。如令尧不得为火，则汉不得为赤。其所发明，补益实多。[5]

光武立《左氏》学，然因《左传》先师不晓图谶，故"中道而废"。贾逵之争立《左传》，亦以其合乎谶纬之论以为说。故"汉时，又诏东平王苍，正五经章句，皆命从谶。俗儒趋时，益为其学，篇卷第目，转加增广。言五经者，皆凭谶为说"[6]。是亦可见，历后汉之世，五经必援引谶纬之局。"三科九旨"作为《春秋

[1] 安居香山、中村璋八辑《纬书集成》，河北人民出版社1994年版，第579页。
[2] 参见张学谦《东汉图谶的成立及其观念史变迁》，《文史》2019年第4辑。
[3] 《后汉书》卷82上《方术列传上》，中华书局1965年版，第2705页。
[4] 朱彝尊撰，侯美珍等点校，林庆彰等编审《（点校补正）经义考》卷298《通说四》，台湾地区"中央研究院"中国文哲所筹备处1999年版，第885页。
[5] 《后汉书》卷36《郑范陈贾张列传》，第1237页。
[6] 《隋书》卷32《经籍志》，中华书局1973年版，第941页。

演孔图》所提出的一个概念，必然受到春秋家关注，故而在其注《春秋》之时予以援引、阐发。是以，何休作为公羊家可据以为说，《左氏》《穀梁》亦可引以说经。虽然何休"三科九旨"说深入人心，但后世所谓公羊家之"三科九旨"说并非何休独创，而是传承有自。就何氏"三科九旨"而言，亦可自董仲舒、司马迁文内寻其脉络。苏舆注《春秋繁露》曰：

钱云："何氏三科九旨之说，实本仲舒。此已得二科六指，尚有一科三指，见《王道篇》，或宜在此。"舆案：何氏九科三旨，所谓"张三世"见此篇，"通三统"见《三代改制篇》，"异外内"见《王道篇》。然董自有六科十指，何自言用胡毋生条例，或不必尽同。[1]

《史记·孔子世家》言孔子之作《春秋》，"据鲁，亲周，故殷，运之三代"[2]云云。就此看来，何休所谓"三科九旨"虽不必一定自董仲舒、司马迁来，然其渊源有自则无疑。也就是说，董仲舒、司马迁，抑或是胡毋生等《公羊》先师，前此已提出孔子撰《春秋》之原则，而何休见诸《春秋演孔图》等纬书之《春秋》"三科九旨"说，故以《公羊》先师之说附丽之，以成一完整之体系。故何休之言"三科九旨"，实整合《公羊》先师之说与纬书之概念而成，并非其独创。

既然"三科九旨"面对的是《春秋》而不是《公羊》，是为《春秋》制订的解读体系而不是为《公羊》特制的解释系统；同时，由于此一概念出自纬书，则后世春秋家引此为说，自难有确凿无疑的标准答案，而可以按照自己的理解来解读此说。何休亦只凭借《公羊》先师之说而附言"三科九旨"，则其说虽深入人心，但不必定以之为确解。故公羊家之不同于何休者，自可提出自己的"三科九旨"说。而左氏家、穀梁家亦自可从《左氏》《穀梁》之学统出发，援引"三科九旨"之概念，构建其"三科九旨"说。

故何休以"新周、故宋、以《春秋》当新王"为一科三旨，以"所见异辞、所闻异辞、所传闻异辞"为二科六旨，以"内其国而外诸夏、内诸夏而外夷狄"为三科九旨；宋氏以张三世、存三统、异外内为三科，时、月、日、王、天王、天

---

[1] 苏舆撰，钟哲点校《春秋繁露义证》卷1《楚庄王第一》，中华书局1992年版，第23页。

[2] 《史记》卷47《孔子世家》，中华书局2013年版，第1943页。

子、讥、贬、绝为九旨。徐彦虽疏何休之《公羊》注，然其于何、宋"三科九旨"之不同，亦曰"《春秋》之内具斯二种理，故宋氏又有此说，贤者择之"。易言之，即使就以疏解何休为职志的徐彦看来，"三科九旨"也不必定以何说为是。

那么，"穀梁学"是否可以援引"三科九旨"之说呢？如前所述，"三科九旨"说本就是为《春秋》而发，并不是公羊家专利，那么，《穀梁》为何不能谈"三科九旨"在《穀梁传》中成立之可能呢？或许是囿于何休说之深入人心，两千余年的穀梁学史中，《穀梁》先师似乎并无论"三科九旨"在《穀梁传》中如何成立之课题者。但及至两千余年后的民国初年，柯劭忞[1]终于回答了"三科九旨"如何在《穀梁传》中成立的问题，其言曰：

> 何邵公治《公羊》，智虑深长，为经师之冠。其说三科九旨，不用古说，而别为条例者。按《公羊》徐疏引宋君《春秋注》："三科者，一曰张三世，二曰存三统，三曰风内外。九旨者，一曰时，二曰月，三曰日，四曰天王，五曰天子，六曰王，七曰讥，八曰贬，九曰绝。"何氏则就三科分为九旨，摈古说之九旨不用。盖以三科为《公羊》学，九旨则《穀梁》学。故取其三科，而不取其九旨也。今以《穀梁传》证之日月时之例，传义较《公羊》详数倍；天王、天子、王之三称，传义备矣，《公羊》未之及也；讥、贬、绝之例，亦较《公羊》为密。用是知宋君所谓九旨者，诚哉为《穀梁》之义例矣。何氏崇治《公羊》，故舍之不取，奈何治《穀梁》者熟视无睹，而自弃纲领之大者乎？师说久湮，传义恒疑其无条理，若统之以九旨，则如网在纲，有条不紊矣。[2]

柯氏首先以宋氏注为"三科九旨"之古说，认为何休所提的"三科九旨"说为蔑弃古说而别为条例者，从而将"三科九旨"的定义从何休拉到了古义。同时，不取何休合九旨于三科之中的理论，坚持三科、九旨为两个不同部分的提法。就宋氏所提出的九旨而言，"以《穀梁传》证之日月时之例，传义较《公羊》详数倍；

---

[1] 柯劭忞（1848—1933），字凤孙，号蓼园，近代大儒，曾任京师大学堂经科监督，与修《清史稿》，撰有《春秋穀梁传注》《新元史》《蓼园诗钞》等著作。

[2] 柯劭忞《春秋穀梁传注·序》，台湾力行书局，第1—2页。柯劭忞《春秋穀梁传注》有初版与修订版（修订版本由广西师范大学出版社2018年6月影印出版，点校本见中华书局2020年7月张鸿鸣整理本）二本，初版、修订版此序略有不同，笔者此处用柯氏初版，以初版较修订版更能体现柯氏对于《穀梁》与九旨说关系之强调。

天王、天子、王之三称，传义备矣，《公羊》未之及也；讥、贬、绝之例，亦较《公羊》为密"，故而"三科"为"公羊学"、"九旨"为"穀梁学"，从而使《公羊》《穀梁》各对应"三科九旨"的一部分，形成双峰对峙的格局，使"九旨"学说在"穀梁学"中成为可能。[1] 如果说何邵公是使"三科九旨"说从属于《公羊》的奠基人，那么，柯劭忞就是重新将"三科九旨"理论拉回到《春秋》层面并为《穀梁》取得"九旨"解释权的人。柯氏之注《穀梁》，以"九旨"为纲，实为真正以"九旨"说《穀梁》之第一人。故而，欲论"三科九旨"在"穀梁学"中之成立，必当以柯氏《春秋穀梁传注》为第一书。[2]

二、君子与修辞：柯劭忞诠释体系中的"君子"与《春秋》

要理解柯劭忞之"穀梁学"体系，自当以"九旨"说为中心；但《春秋》书写中的日、月、时、天王、天子、王、讥、贬、绝等九旨，也就是以辞展现《春秋》之褒贬，则当回到《春秋》之书写。柯劭忞言："孔子疑以传疑、信以传信，但就其辞以明笔削之义而已。"[3] 历来研读《春秋》者皆关注夫子之笔削，而《穀梁》传文称"君子"以论夫子之书写与褒贬，柯劭忞亦赓续《穀梁》"君子"之说，对君子对《春秋》之笔削、大义予以探讨。

《穀梁》明言"君子"以展现《春秋》之义者共十一条，[4] 就此十一条传文之称"君子"，略可分为三类：一是对《春秋》何以书此条的探讨，如"秋，筑台于秦"，《穀梁》曰"不正罢民三时，虞山林薮泽之利，且财尽则怨、力尽则怼，君子危之，故谨而志之也"，即指出"筑台于秦"之书写是出于对"罢民三时"以

---

[1] 但必须承认的是，柯劭忞之所以要区分"三科""九旨"的不同属性，并不是要继续《公羊》《穀梁》的千年之争，而是在面对千年未有之大变局时，希望为经典开出一条新路，从而叩问中国如何面向世界的问题。是以，他提出"窃谓世乱方亟，拨乱反正莫尚于《春秋》，非兼通三传，不足以治《春秋》之学"。（《春秋穀梁传注·序》）

[2] 关于柯劭忞及其《春秋穀梁传注》之介绍，参见文廷海《春秋穀梁学史研究》，中国社会科学出版社2019年版，第363-376页。

[3] 柯劭忞《国立历史博物馆讲演会讲演录·春秋学（穀梁）》，柯劭忞撰，张鸿鸣点校《春秋穀梁传注》附录，中华书局2020年版，第492页。

[4] 此十一条外，《穀梁》复有称"君子"者，然此"君子"非指修《春秋》之"君子"。

“虞山林薮泽之利”的批评；二为《春秋》何以如此书写，如“秋七月，天王使宰咺来归惠公、仲子之赗”条，《穀梁》曰“礼，赗人之母则可，赗人之妾则不可，君子以其可辞受之”，即释《春秋》所以书“惠公、仲子”之义；而更多的则是对《春秋》书写背后之褒贬的诠释，如“臧孙辰告籴于齐”条，《穀梁》曰“一年不艾而百姓饥，君子非之”，对鲁国一年不艾就要导致百姓饥的情况予以贬斥，即体现夫子的褒贬大义。由此可见，“君子”一词是《穀梁传》的重要概念，《穀梁》传文中的“君子”实指向孔子修《春秋》之书写与褒贬大义。尤其是“九月，纪履緰来逆女”条曰，“以国氏者，为其来交接于我，故君子进之”，使“君子”得以进退诸侯、大夫，甚至是褒贬天子，则使“君子”之《春秋》成为“天子之事”。但对于《穀梁》的“君子”概念，历代注家似乎并未予以足够重视，如范宁言“君子”，其指向孔子之书写者唯二条。但在柯劭忞的《穀梁》体系中，“君子”真正成为重要的概念，成为其建构“穀梁学”体系之起点。

柯劭忞《穀梁注》以书写《春秋》之“君子”释经传者共计85条，就此可见，“君子”之说确实是柯劭忞“穀梁学”体系的重要概念。[1] 对于《穀梁传》中的“君子”之说，柯劭忞首先明确指出，《穀梁》所谓“君子”，即“修《春秋》之君子也”[2]。同时指出，“传所言皆师说得之于君子者”[3]，即将《穀梁》与《春秋》及其“作”者联系起来。如是，则《穀梁》之说即成为孔子的《春秋》之义。这就使《春秋》的性质从“鲁国旧史”转变为孔子个人性的“经”，而《穀梁》则成为孔子欲借《春秋》以表达之义得以彰显的重要途径。而“新经”与“旧史”得以转换的连接点就是作为“作者”的“君子”，也就是孔子。柯劭忞在《穀梁注》中有颇多“君子”与“旧史”对称之说，柯氏借此彰显孔子之“作意”。

孔子以鲁史为底本而“修/作”《春秋》，其文当多据鲁史旧文。故柯劭忞亦将鲁史旧文作为研读《春秋》的一个重要切入点。如《春秋》首条不书“公即位”，

---

[1] 柯劭忞《穀梁注》言及“君子”者非仅85条，此85条皆以“君子”指向书写《春秋》之作者。
[2] 柯劭忞撰，张鸿鸣点校《春秋穀梁传注》卷1，中华书局2020年版，第5页。如无特殊说明，柯劭忞《春秋穀梁传注》皆用张鸿鸣点校整理版，标点据本人理解有所修改，不再出注说明。
[3] 《春秋穀梁传注》卷3，第101页。

柯劭忞即曰："隐自居于摄，旧史宜不书即位，君子因之。"〔1〕"冬，齐人来归卫宝"，柯劭忞曰："曰取于宋卫之赂，曰齐人来归，君子据实书之。"〔2〕《穀梁》"梁亡"条曰："自亡也。……梁亡，郑弃其师，我无加损焉，正名而已矣。"柯劭忞曰："我者，代君子言之，言因史之旧文，修《春秋》之君子无所加损。"〔3〕可见，《春秋》据鲁史旧文而成书，虽经"君子"修作，但亦多据旧史之文。之所以仍旧史之文而不改，是因为旧史之书符合君子《春秋》之标准。如"五年春正月甲戌、己丑，陈侯鲍卒"，柯劭忞曰："鲍死不知其日，所谓疑以传疑，此言旧史之例如此，君子从之。"〔4〕即符合《春秋》"疑以传疑，信以传信"之标准。但更多的情况，则是君子要对旧史予以修订，使旧史成为新经。

　　君子之所以要对旧史予以修订，是要将其义赋予《春秋》书写之中。如《春秋》元年或书公即位，或不书公即位，以继正、继故为别。《穀梁》曰："继故不言即位，正也。继故不言即位之为正，何也？曰：先君不以其道终，则子弟不忍即位也。继故而言即位，则是与闻乎弑也。继故而言即位是为与闻乎弑，何也？曰：先君不以其道终，己正即位之道而即位，是无恩于先君也。"《穀梁》即以即位与否阐明是否与闻乎弑君。柯劭忞则在《穀梁传》的基础上，进一步阐明这种书写与否是出于君子之手。柯劭忞曰："诸侯岁首必有礼于庙，遭丧继立者元年正月亦必有礼于庙，然后改元正位，故国史书'公即位'，无继正、继故，一也。君子之笔削则继故不书即位，以见臣子不忍其先君之义；弑而代之者则仍依国史之文书即位，以见其无恩于君父。所谓就其意而言之。"〔5〕盖就国史而言，无论继正继故，皆当于元年书"公即位"，但《春秋》或书或否，则是出于君子以《春秋》立法，展现其褒贬之义。也就是说，通过对旧史的改造，君子意图借以展现其褒贬予夺。正如"筑王姬之馆于外"条，《穀梁》曰"其不言齐侯之来逆，何也？不使齐侯得与吾为礼也"，柯劭忞即就"不使"发论曰："君子不使之也。凡曰不使，皆笔削

---

〔1〕《春秋穀梁传注》卷1，第1页。
〔2〕《春秋穀梁传注》卷3，第83页。
〔3〕《春秋穀梁传注》卷7，第182页。
〔4〕《春秋穀梁传注》卷2，第47-48页。
〔5〕《春秋穀梁传注》卷2，第36页。

之大义，盖旧史所有，君子削之。"〔1〕即将"不使"指向"君子不使"。"君子不使"亦可进一步推衍，即凡与旧史不同处，也就是君子"笔削之大义"所在。这种与旧史不同的修辞，即君子笔削大义之所赋。就此点而言，其于"冬，齐仲孙来"言之颇详。《穀梁》曰："其曰齐仲孙，外之也。其不目而曰仲孙，疏之也。"柯劭忞释曰：

> 宣八年仲遂卒，传"此公子也，其曰仲，疏之也"。仲、仲孙皆氏也，不曰公子遂、曰仲遂，不曰庆父、曰仲孙，皆以其弑君疏之。疏之言绝，不为亲也。齐仲孙来，《左氏传》所载者其事也，其人为齐仲孙湫，书曰仲孙，嘉之。公羊子所言者其文也，据经文则鲁有仲孙、齐无仲孙，引女子之言曰"以《春秋》为《春秋》，其诸吾仲孙"，是女子固知仲孙为齐大夫湫，特以经证经，与经不合。穀梁子所言者其义也。若曰其人为齐仲孙湫，据经文宜为庆父，此皆非吾所宜言者。《春秋》之义，庆父弑二君，经无诛绝之义，何以为《春秋》？仲遂弑赤，其卒也书仲遂、不书公子，绝不为亲也。庆父奔莒，宜书仲孙庆父，今明书公子庆父，是必于他事已见诛绝。然则，齐仲孙来非诛绝庆父而何？庆父弑般，鲁不能讨，如齐，齐桓又不讨之，传曰疏之外之，所以见鲁宜讨贼。曰以累桓，所以见桓宜讨贼，此《春秋》之大义也，穀梁子不言而谁言之？是故经书齐仲孙，其人实为齐大夫，而君子笔削之义固为鲁公子庆父也。《春秋》者，褒贬善恶之书，非记事之书也。〔2〕

柯劭忞曰："郑君《论语注》'正名谓正书字'，言依旧史文字书之，微言大义皆本于名，名既正而是非予夺自见也。"〔3〕即将正名修辞指向微言大义。柯氏此条注语不但指出君子对旧史之予夺是《春秋》大义之所赋，更彰显《穀梁》相较于《左传》《公羊》的独特价值与地位，即所谓"此《春秋》之大义也，穀梁子不言而谁言之"。如果将柯氏"传所言皆师说得之于君子者"之论与此联系起来，那么，柯劭忞拈出"君子"之说，可谓是把握住了"春秋学""穀梁学"的一个关键点。

---

〔1〕《春秋穀梁传注》卷3，第73页。
〔2〕《春秋穀梁传注》卷5，第130-131页。
〔3〕《春秋穀梁传注》卷7，第182页。

三、发凡与辞例：三科九旨与柯劭忞"穀梁学"体系

"君子"之说之所以重要，就是因为柯劭忞将"君子"与《春秋》之"修辞"联系起来，辞之正变代表了义之予夺，辞背后隐藏着作为作/修者的"君子"。而辞之正变亦即《春秋》学所谓的"例"。柯劭忞释《穀梁》"卫人者，众辞也"曰："众辞，犹言众之例称，今谓之例，传谓之辞。"[1] 即将《穀梁》所谓"辞"指向后世所谓"例"。《春秋》之义，必当自其辞、例观之。柯劭忞曾在国立历史博物馆讲演会讲演中言道：

孟子引孔子之言："其事则齐桓、晋文，其文则史，其义则某窃取之。"《穀梁》引作："其事则齐桓、晋文，其会则主会者为之，其辞则某窃取之。""其事则文"，《左氏传》也；"其义"，《公》《穀》两传也。《穀梁》作"辞"者，今人谓之例，古人谓之辞，所谓"石无知故日之，鹢微有知故月之"，"石、鹢犹尽其辞"，可证辞之为例矣。是故治三传必先明三传之例。五十三凡，《左氏》旧史之例也；三科九旨（当用旧三科为正），《公羊》之例也；以日月例为纲，天人三命为纬，《穀梁》之例也（天命施之三称，君命父命施之讥、贬、绝），实亦三科九旨也。此殆治三传入手之门也。[2]

柯氏将《春秋》三传分为事与义两类，《左氏》言其事，《公》《穀》言其义，而无论其事其义，皆当由三传之例而入。如其《穀梁注序》所言，柯氏将三科九旨拆散为三科与九旨两大系统，将三科属之于《公羊》，以九旨属之于《穀梁》。在此讲演中，柯氏更将九旨转化为"以日月为纲，天人三命为纬"，对《穀梁》之例作了进一步的诠释。通《穀梁》之例，或者说以例说《穀梁》，亦柯劭忞《穀梁注》最为重要的内容。其于《穀梁注序》言曰：

今就子政、康成之遗文坠义而推阐之，以九旨为全书纲领，复取本传之文旁参互证，以究其未备，庶几穀梁一家之学得其门而入乎？至于疏通疑滞，其事有三：

---

〔1〕《春秋穀梁传注》卷1，第19页。
〔2〕柯劭忞《国立历史博物馆讲演会讲演录·春秋学（穀梁）》，《春秋穀梁传注》附录，第491页。

一曰正文字之讹。……一曰正说解之讹。……一曰通传文之义例。传文有二事相比之例。……有比事则发其义于一传之例。……有因一事而通释数事之例。……至于同一事有发传不发传之别，有前后发传之别，又有处处发传、不嫌重复者日月时之例。如内外之会盟、内大夫之卒、外诸侯之卒葬，参差错互，皆精义之所在。吾友郑东父有言："《穀梁》之复传，其文省而理密。"呜呼，可谓知言矣。[1]

就此可见，柯劭忞将其注《穀梁》主要指向了正文字之讹、正说解之讹与通传文之义例三方面。就此三方面而言，自以通传文之义例最为重要。但如其引郑杲之言所示，"《穀梁》之复传，其文省而理密"，非此寥寥数语可以宣馨。《左传》有"五十凡"，《公羊》有"三科九旨"之说，皆所以条例二传而使二传有其统理者，可谓使二传可读易解之管钥。历代《穀梁》学家亦有见于《春秋》条例之重要，欲建立《穀梁》之例学，但终究没有形成严密而精练之体系如"三科九旨""五十凡"者，此亦《穀梁》不显之一大要因。柯劭忞既欲以义例之学通《穀梁》，则必当以建立《穀梁》例学为指归。柯氏所欲建立之《穀梁》义例学，就其核心而言，自是借自"三科九旨"的"九旨"说，即其所谓"以九旨为全书纲领"。但"《穀梁》之复传，其文省而理密"，故需要"复取本传之文旁参互证"，以究"九旨"之未备。故就柯氏之《穀梁》义例学而言，粗看起来似乎是借"九旨"为核心，而析论之则实以《左氏》"五十凡"为指针。柯劭忞《穀梁注》颇言"凡"某某云云，实即概括《穀梁》经传之"凡例"，究其实，即欲建构其《穀梁》义例体系。

据笔者统计，柯注言"凡"者共62条，文繁不赘。就此六十二凡而言，虽分散于各条各类，但究其实，则皆是对《穀梁》传例之析论。而这些条目亦可以再作整合，以见《穀梁》之义例。如柯劭忞于《春秋》书"救"之条目发"凡"三条，即"凡书救，虽不及事之辞，公善之""凡言救皆不周乎救者""凡救不发传者皆不以为善"，即可见《穀梁》于《春秋》书"救"所阐发之义例。而就"善之""不周乎救""不以为善"之义而言，即是对《春秋》"救"之书法所蕴的褒贬义例予以阐释。易言之，在不同的"救"字书法背后，即蕴含着"九旨"之

---

[1] 柯劭忞《春秋穀梁传注序》，《春秋穀梁传注》卷首，第2-4页。

"讥贬绝"义。而像"城"例,《穀梁》曰"凡城之志皆讥也",柯劭忞就此概括了四条"凡例",即"内城二十有三,皆讥,所以重民力","凡书城某邑皆讥,以其民不足以满城而自守也",此所谓传例,亦即"城"之通例;进而言"凡城之志皆讥,曰可城,非谓无讥",即在"凡城之志皆讥"的前提下,即使是"可城",实亦蕴含讥义;而更进一步由讥而非,曰"不曰讥,曰非者,凡城皆讥,其民不众而益城中城,则梁伯沟其宫比也,是外民也,故非之重于讥"。讥贬绝作为"九旨"之三旨,可以说是《春秋》学绝对的核心内容。盖唯有明晰夫子《春秋》之讥贬绝,亦即夫子之褒贬,我们才能理解《春秋》之书写及其背后的微言大义。

柯劭忞认为,《穀梁》讥贬绝之例较《公羊》为密,其论《穀梁》讥贬绝例,散布全传,自非六十二凡所能囊括。限于篇幅,不再缕举。前文已述,《春秋》微言大义之彰显,在于君子之"修辞",即通过辞/例之不同,彰显夫子之义。而就辞例而言,最为典型的就是时月日例,亦"九旨"之三旨。柯劭忞概括凡例曰:"凡《春秋》大义皆在日月之辞,传释例犹详。"又曰:"今以《穀梁传》证之日月时之例,传义较《公羊》详数倍。"柯劭忞在前人研究的基础上,透过《穀梁》,对《春秋》之时月日例作了详晰的论述。[1] 要言之,可用其二凡予以概括,即"凡君子所谨,例时则月之,例月则日之","凡外事不以日决者皆以时,谨其事则月之,此外事时月日之通例"。易言之,凡以时为正者,讥贬绝则书月、日;凡以日为正者,则以时、月为讥贬绝。虽然这两句话就可以概括《春秋》时月日书写之体例,但在这体例背后,却蕴含着时月日书写的千变万化。但无论如何变化,其核心则是夫子的褒贬之义。柯劭忞言:

要知《春秋》是说义理之书,不是考据事迹之书,所见异辞、所闻异辞、所传闻异辞,奈何执此而疑彼乎?"纳北燕伯于阳",孔子曰:"我乃知之矣,公子阳生也。"门人曰:"夫子既知之,曷不改之?"子曰:"其如不知者何?"据此知孔子疑以传疑、信以传信,但就其辞以明笔削之义而已。吾人治经,宜精研笔削之义,

---

[1] 如上文所述,时月日例是晚清以降"穀梁学"研究的核心内容,无论是许桂林、柳兴恩对《穀梁》时月日例的专门研究,还是钟文烝《补注》,都对《穀梁》时月日例做了深入的诠释。但许桂林、柳兴恩重在释例,钟文烝《补注》似又不够详尽恰切,然柯劭忞之《穀梁》时月日研究虽是建立在前人研究的基础上,但亦有其独到的推进,具有重要价值。

以求有裨实用，他非所急也。[1]

无论是时月日例，还是讥贬绝，最为重要的，仍是这些例背后的义，而最终则是要"精研笔削之义，以求有裨实用"。而就《穀梁》所阐释之君子笔削之义而言，尤以君臣父子、尊尊亲亲为要。《穀梁》曰："为天下主者天也，继天者君也，君之所存者命也。为人君而失其命，是不君也。君不君、臣不臣，此天下所以倾也。"柯劭忞曰：

人于天，以道受命是也；人于君，以言受命，臣受命于君是也。不若于言者，人当绝之。不若于道者，天当绝之。此通释经之大义，可以隅反。[2]

柯劭忞认为，《穀梁》以君君臣臣为《春秋》之大义，而此可谓释经之通论。柯劭忞释"楚杀其大夫公子追舒"条曰：

城濮之战楚称人，传"子玉得臣其称人，大夫不敌君也"，是楚有大夫。楚有大夫者，屈完为之也。然杀得臣、宜辛不书族，褒夷狄不一而足。至书楚子旅卒之后，杀公子侧始称公子，有君而后有臣，经之大义。[3]

这是对君臣大义的进一步阐释，君受命于天，臣受命于君，无君故无臣，有君而后可以有臣。柯劭忞以之为《春秋》君臣大义之所赋，而君臣先后又关乎尊亲先后。而柯劭忞尊亲先后亦以《穀梁》为本，《穀梁》于"八月丁卯，大事于太庙，跻僖公"条发传曰：

大事者何？大是事也，著祫尝。祫祭者，毁庙之主陈于大祖，未毁庙之主皆升，合祭于大祖。跻，升也，先亲而后祖也，逆祀也。逆祀则是无昭穆也，无昭穆则是无祖也，无祖则是无天也，故曰文无天，无天者是无天而行也。君子不以亲亲害尊尊，此《春秋》之大义也。

柯劭忞释曰：

由祖而上溯之，人本乎天也。文之逆祀，知亲亲而不知害于尊尊者，《春秋》之大义不仅在宗庙昭穆之次，举此事以括全经之义。[4]

---

〔1〕 柯劭忞《国立历史博物馆讲演会讲演录·春秋学（穀梁）》，《春秋穀梁传注》附录，第492页。
〔2〕《春秋穀梁传注》卷9，第283—284页。
〔3〕《春秋穀梁传注》卷12，第365页。
〔4〕《春秋穀梁传注》卷8，第220—221页。

《穀梁》由文公逆祀而跻僖公，论及尊祖敬天之义，进而推及尊尊先于亲亲之义，并以之为全经大义。由是而论，君臣尊亲之义，究其极则在尊君以尊天。庄公元年"三月，夫人孙于齐"，《穀梁》曰："孙之为言犹孙也，讳奔也。接练时录母之变，始人之也。不言氏姓，贬之也。人之于天也，以道受命；于人也，以言受命。不若于道者天绝之也，不若于言者人绝之也，臣子大受命。"柯劭忞注曰：

受天之命为君，以道命之；受君父之命为臣，以言命之。《表记》曰："惟天子受命于天，士受命于君。"释《春秋》之义也。凡未受命之诸侯、大夫皆士也。若，顺也。不若于天之道，故天王不称天；不若于人之言，故大夫去氏、夫人去氏。臣不臣、子不子、妇不妇，皆不若于言者。臣子大受命，受君父之命，始为臣子也。[1]

天子受命于天，臣子受命于君父，如是乃为君为臣，如否则君不君、臣不臣、子不子、妇不妇矣，实即君臣尊亲之义以尊君尊天为本。[2] 此亦柯劭忞所谓"天命施之三称，君命父命施之讥、贬、绝"也。君父之命谓之人道，即以时月日与名字号之书写予以体现，以讥贬绝刺之；天命施之三称者，则所谓天王、天子、王也，所谓"天王、天子、王之三称，传义备矣，《公羊》未之及也"。柯劭忞续论曰：

《春秋》三科九旨旧说王、天子、天王为二科六旨，此《穀梁传》之义例也，故何休《公羊》说不用之。人之于天，以道受命，天王是也。受命于天而命于人，则为言天王之命是也。经书来锡命三：文元年称天王，文公正也。庄元年称王锡桓公，桓篡弑之贼，不称天者，以不若于道也。此称天子，成宣公之子。宣篡弑，其子不应立者，然视桓公则有别矣，虽不若于道，而尚若于言。何则？子继父之位其言顺，故不称天王而称天子也。义皆灼然易晓。传曰"见一称"者，天子之称始见于此。[3]

此即柯氏所谓以"九旨"属之于《穀梁》之义也。柯劭忞虽为《穀梁》发六

---

[1] 《春秋穀梁传注》卷3，第72页。
[2] 宣公四年"夏六月乙酉，郑公子归生弑其君夷"条亦有相似之论，柯劭忞注曰："《说苑》：'公子宋与子家谋弑灵公，子夏曰："《春秋》记君不君、臣不臣、父不父、子不子者也，此非一日之事也。"'按：子政引子夏之言明归生之弑不由于公子宋食鼋一日之事，可谓得经之大义矣。"
[3] 《春秋穀梁传注》卷10，第311页。

十二“凡”，注中所概括之“例”更是不胜枚举，但要言之，则仍以时、月、日、天王、天子、王、讥、贬、绝之所谓“九旨”为指归。

事实上，柯劭忞之注《穀梁》并不止于“九旨”，如何休以“内其国而外诸夏、内诸夏而外夷狄”为三科九旨，但此亦非《公羊》之义而是《春秋》之凡例，故柯劭忞亦多以之注《穀梁》。如其言“凡危之皆内辞”“凡言外，皆谓中国宜先自治，由内及外，不宜从事夷狄”，亦即“内其国而外诸夏、内诸夏而外夷狄”之义。柯劭忞注《穀梁》“内大夫可以会外诸侯”条曰：“接上文言之，以见尊内卑外之义。”[1] 上文即《穀梁》前曰“公不会大夫”[2]。鲁公不会外大夫，内大夫得会外诸侯，则是异内外之义，亦即内其国而外诸夏之义。而对于“内诸夏而外夷狄”，柯劭忞注曰：“君子以正不正治诸夏，不以治夷狄。有所受命之谓正，夷狄不受命于天子，无正不正之可言，故略之。”[3]《穀梁》夷狄由不卒而卒、由卒不日而日，皆有以进之。而相较于诸夏，即使日其卒，亦不言正不正，则较诸夏为略。柯劭忞由此《穀梁》夷狄卒书之凡例概括言曰，“君子以正不正治诸夏，不以治夷狄”，即所谓内诸夏而外夷狄者也。而其所以然者，仍在天子之命。柯劭忞于“公子鲔、邾人会吴于钟离”条注曰：

> 《春秋》之义，内其国而外诸夏，内诸夏而外夷狄，率列国之大夫而会远人，君子所不与，故书又会外之。《说苑》：“内治未得不可以正外，本惠未袭不可以制末，是以《春秋》先京师而后诸夏、先诸夏而后夷狄。”[4]

是所谓《穀梁》义下的“内其国而外诸夏，内诸夏而外夷狄”，与何休《公羊》说稍有其异。就柯劭忞《穀梁注》之注释体系而言，此亦可与“九旨”说相绾合，即将其置于尊天尊君之义下予以理解。

要言之，柯劭忞以“九旨”为中心，以天王、天子、王为敬天尊君之核心，以时月日、讥贬绝为《春秋》书写之辞例与义例之所赋，兼及“内其国而外诸夏，内诸夏而外夷狄”等“春秋学”诠释原则，为《穀梁传》建构了一套严密的诠释体系。

[1]《春秋穀梁传注》卷8，第218页。
[2]《春秋穀梁传注》卷7，第193页。
[3]《春秋穀梁传注》卷9，第290页。
[4]《春秋穀梁注疏》卷20，《十三经注疏》第7册，第202页。

四、三临之言：柯劭忞对"穀梁学"批评视域之建构

柯劭忞对《穀梁》诠释体系的建构，可以说是今见"穀梁学"著作中最为详尽严密的，为系统研究《穀梁》经传义例与微言大义提供了一套完整的体系。但与借自"公羊学"传统的"九旨"说相比，笔者认为，柯劭忞更大的贡献是掘发"三临之言"，以之为《穀梁》释经学的核心切入点。如果说柯劭忞所建构的"穀梁学"体系仍是重在继承的话，那么，以"三临之言"为中心的诠释视域的引入，则完全可谓是"穀梁学"乃至"春秋学"的全新起点。哀公七年，"八月己酉，入邾，以邾子益来"，《穀梁》发传曰：

> 以者，不以者也。益之名，恶也。《春秋》有临天下之言焉，有临一国之言焉，有临一家之言焉。其言来者，有外鲁之辞焉。

笔者将此"临天下之言焉，有临一国之言焉，有临一家之言焉"简称为"三临之言"。范宁释此条曰：

> 徐乾曰："临者，抚有之也。王者无外，以天下为家，尽其有也。"诸侯之临国，亦得有之，如王于天下。大夫临家犹诸侯临国。

杨士勋疏"《春秋》有临天下之言焉"曰：

> 此下三者，皆以内外辞别之。王者则以海内之辞言之，即僖二十八年"天王狩于河阳"，传曰"全天王之行也"是也。王者微弱，则以外辞言之，即僖二十四年"天王出居于郑"，传曰"失天下也"是也。

其释"有临一国之言焉"曰：

> 此亦据内外言之，若宣九年"辛酉，晋侯卒于扈"，传曰"其地，于外也；其日，未逾竟也"。既以内外显地及日，是以一国言之。

又释"有临一家之言焉"曰：

> 家谓采地，若文元年"毛伯来锡公命"，定四年"刘卷卒"，其毛、刘皆采邑名，大夫氏采为家。大夫称家，是以一家言之也。

无论是范宁还是杨士勋，其对天下、国、家的解读，似乎都指向了作为地域的地理概念。在这样的解读下，天下、一国、一家似乎并没有特殊的意义，是以范

宁、杨士勋未关注此三概念。钟文烝《穀梁补注》于范注、杨疏虽稍有补充，然仍只是在范、杨的诠释下的小修补，并无实质性的异同。但柯劭忞对"三临之言"的解释完全换了一个全然不同的解释。柯劭忞释"《春秋》有临天下之言焉，有临一国之言焉，有临一家之言焉"曰：

> 临天下之言不为天王讳也，临一国之言不为鲁讳也，临一家之言不为鲁大夫讳也，此《春秋》之微言大义。[1]

柯劭忞以"临天下之言不为天王讳"，不为天王讳，故更不必为诸侯、大夫讳；"临一国之言不为鲁讳"，不为鲁讳，故更不必为其他诸侯国及诸侯讳；"临一家之言不为鲁大夫讳"，不为鲁大夫讳，故更不必为其他诸侯国之大夫讳。由是而论，临天下之言、临一国之言、临一家之言就成为三种批评视域，临天下之言即以天下为评骘之标准，临一国之言即以一国为批评之准的，临一家之言则以家为褒贬之取予。在柯劭忞的诠释下，"三临之言"就从地域改变转换为批评视域，这一转变也使得"三临之言"成为评判《春秋》书写的重要概念与标准。在这一新的天下、一国、一家等三级评判标准下，《春秋》经文就可以有新的解读视角。如隐公二年，"无侅帅师入极"，《穀梁》曰：

> 入者，内弗受也。极，国也。苟焉以入人为志者，人亦入之矣。不称氏者，灭同姓贬也。

柯劭忞注"极，国也"曰：

> 《公羊传》："此灭也，其言入何？内大恶讳。"按：内灭国皆讳言取，此独言入，钟文烝说："盖欲与入向连文，我欲入极，则人亦入我之邑，此属辞比事之旨。"钟说得之。[2]

按照《穀梁》所诠释的《春秋》灭国之例，鲁灭国书取，而此书入者，钟文烝认为是与"入向"为比例之辞。但更为重要的是，柯劭忞认为这是从"临天下之言"的角度对鲁国入极的贬斥。其言曰："再发传者，明内外义同。内极、外无侅，《春秋》有临天下之辞。"[3] 即从鲁国的角度说，鲁灭人之国以利于己，固无

---

[1]《春秋穀梁传注》卷10，第323页。
[2]《春秋穀梁传注》卷15，第479页。
[3]《春秋穀梁传注》卷1，第9页。

不可；但就天下视域言之，诸侯灭人之国固不可也。是以，就天下视域言之，鲁之灭极当有所贬斥，故"内极而外无侅"。这就是在临天下之言的视域下，对"无侅帅师入极"予以诠释。相比于历代《穀梁》注释，柯劭忞抉发"临天下之言"的视域，在《春秋》与《穀梁》的解读中，具有颇为重要的方法论意义。与此相仿，庄公"二十有四年春王三月，刻桓宫桷"，《穀梁》曰：

> 礼，天子之桷，斫之砻之，加密石焉；诸侯之桷，斫之砻之；大夫斫之；士斫本。刻桷，非正也。夫人所以崇宗庙也，取非礼与非正而加之于宗庙以饰夫人，非正也。刻桓丹桷、丹桓宫楹，斥言桓宫，以恶庄也。

中国古代对于礼仪之等级具有严格的规定，《穀梁》认为，"刻桷，非正也"，即僭越天子之礼。故柯劭忞曰："得罪于天子与得罪于宗庙，虽鲁先君可言恶，所谓临一国之辞。"[1] 即认为"临一国之言不为鲁讳"，庄公"刻桓宫桷"是为"得罪于天子与得罪于宗庙"，故以"临一国之言"以贬之。[2] 而在"三临之言"的角度下，三传异同也有了新的解读角度。襄公三十年，"晋人、齐人、宋人、卫人、郑人、曹人、莒人、邾人、滕人、薛人、杞人、小邾人会于澶渊，宋灾故"，《穀梁》曰：

> 会不言其所为，其曰宋灾故，何也？不言灾故则无以见其善也。其曰人，何也？救灾以众。何救焉？更宋之所丧财也。澶渊之会，中国不侵伐夷狄，夷狄不入中国，无侵伐八年，善之也，晋赵武、楚屈建之力也。

柯劭忞释曰：

> 大夫会以谋归宋财，既而无归，故《左氏传》曰"尤之"。其事非大夫所当擅，大夫不得忧诸侯也，故《公羊传》曰"贬之"。澶渊之会虽大夫专擅，然诸侯辑睦，八年无侵伐，是亦彼善于此，故穀梁子善之。《左》义临一家之辞，《公羊》义临一国之辞，《穀梁》义临天下之辞也。屈建已卒于二十八年，此由澶渊之会追溯其功尔。郑比部杲说："弭兵之事在二十七年而称之于三十年者，弭兵不在盟诅而在礼让也，礼让莫如澶渊之会，是以于此著之。"[3]

---

〔1〕《春秋穀梁传注》卷4，第109页。
〔2〕笔者认为，此条似当以"临天下之言"贬庄公之行，此就柯劭忞之文而论，不再细为区分。
〔3〕《春秋穀梁传注》卷12，第383页。

澶渊之会书"人"而不书诸侯，故知其为卑者之会，即大夫之会。大夫会澶渊，实僭诸侯之事，故左氏、公羊皆贬之。但对于赈济宋灾而言，大夫之行虽为僭越，但其事实当褒之。是以，虽然《左传》《公羊》贬之，《穀梁》褒之，但并非存在差错，而是不同视域之下的不同考量，即柯劭忞所谓"《左》义临一家之辞，《公羊》义临一国之辞，《穀梁》义临天下之辞也"。

就此而论，"三临之言"的提出不但为解读《穀梁》提供了新的视角，更为诠释三传异同提供了新的可能。而在"三临之言"的新模式下，或许真能体现"《穀梁》善于经"的意涵，也可以看到《穀梁》的价值所在。如昭公"五年春王正月，舍中军"，《穀梁》曰"贵复正也"，柯劭忞注曰：

季孙舍中军，弱二家以自强。然其事固若于言矣，君子不诛其攘夺之心而贵其复正，以为治国家莫亟于复正而已，复正则诸侯不僭天子、大夫不僭诸侯，何患乎政在大夫。后儒以传为非，陋甚矣。[1]

对于"舍中军"之义，三传及各家之注多有异议，柯劭忞则以《穀梁》"贵复正也"为中心，对何以贵其复正予以诠释。事实上，柯劭忞此注已经逸出《穀梁》"贵复正也"四字，已由"季孙舍中军"之事而论及古往今来之史与事，认为复正是第一要紧之事，"以为治国家莫亟于复正而已，复正则诸侯不僭天子、大夫不僭诸侯，何患乎政在大夫"。柯劭忞言："君子祖述尧舜、宪章文武，自三王而进于五帝，即不用盟诅，犹非君子所乐道也。穀梁子最峻之义往往如此。"[2] 柯劭忞之注自是有为而发，盖有见于晚清民初之事，有以言之者也。但如果将"舍中军"置于"三临之言"的角度下，那么，从临一国之言的角度来说，就鲁国之政局而言，季孙之舍中军虽为复正，但却是"弱二家以自强"，并不利于公室，是以并不值得赞扬，故当贬之，《左氏》所谓"卑公室也"；但从临天下之言而论，舍中军则是复于正，故当褒之，《穀梁》所谓"贵复正也"。是以，视域不同导致褒贬殊致，三传对《春秋》也产生了不一样的解读取向。但无论是《左传》的"卑公室"还是《穀梁》的"贵复正"，都可以置于"三临之言"的角度下给出合理的解释。柯劭忞能重新抉发《穀梁》"三临之言"的价值与意义，让我们看到了更为系统地

---

[1]《春秋穀梁传注》卷13，第391页。
[2]《春秋穀梁传注》卷1，第28页。

解读《穀梁》的可能性。

如果说"九旨"说是柯劭忞借自《春秋》学史的旧概念，那么，对于"三临之言"的抉发则是柯劭忞的独家新见，亦可谓柯氏《穀梁注》最有价值与意义的概念。

结 语

《穀梁》在两千余年的经学历史中一直处于暗弱不彰的状态，其中最为重要的一个原因，并不是"废兴由于好恶"，也不是"盛衰继之辩讪"，而是缺乏一套像《左传》"五十凡"、《公羊》"三科九旨"那样系统而精练的体系，从而使学者难以把握《穀梁》之义。事实上，无论是两汉穀梁家，还是范宁、杨士勋、钟文烝，抑或是许桂林、柳兴恩，都试图去诠释"穀梁学"条例，但最终并未形成一套简洁明了的体系。柯劭忞虽然并未专门提出"穀梁学"体系，但其以"九旨"与"三临之言"为核心的诠释脉络，却给"穀梁学"提出了一条全新的也更为体系化的进路。事实上，无论是"九旨"还是"三临之言"，都可称为或成为《春秋》诠释的核心脉络。柯劭忞提出"九旨"与"三临之言"说，使"穀梁学"之体系化成为可能，也必然是未来"穀梁学"研究得以深入的新起点。借由"九旨说"和"三临之言"，或许我们可以重新诠释"穀梁学"，乃至重构"春秋学"。

儒学研究

社会治理共同体构建：基于荀子"群学"的理论启发

张继超*

[内容提要]

党的二十大报告在十九大报告提出的"人与自然生命共同体""人类命运共同体""中华民族共同体"基础上，增补了"社会治理共同体"的表述。构建社会治理共同体，具有鲜明的社会主义属性和中国属性，亦兼具实践与学术价值。以儒家为代表的中华优秀传统文化，无疑是推进社会治理共同体建设的重要理论资源，其中，荀子群学思想以其强烈的社会关切尤为令人瞩目。本文试图分析荀子"群学"的政治哲学意蕴，阐明荀子由个体到群体再到形成有效社会的逻辑，即由"能群"到"成群"再到"善群"的演进理路。在此基础上，探赜群学对于当下建设人人有责、人人尽责、人人享有的社会治理共同体的具体价值，主要体现在"明分使群"对应的"各安其职，各尽其责"，"化性起伪"对应的"感化引导，启发新知"和"隆礼重法"对应的"党员示范，礼法兼治"三个方面。

[关键词]

荀子；群学；社会治理共同体

* 张继超，山东大学政治学与公共管理学院博士研究生，国家留学基金委公派耶路撒冷希伯来大学访问博士生。本文系山东大学政管学院 2022 年度研究生科研基金项目"荀子德性政治思想研究"（2022020114）阶段性成果。

党的二十大报告明确指出："发展壮大群防群治力量，营造见义勇为社会氛围，建设人人有责、人人尽责、人人享有的社会治理共同体。"[1] 社会治理共同体作为与"人与自然生命共同体""中华民族共同体""人类命运共同体"同样重要的"第四个共同体"，是马列主义与中华文明相结合的产物，亦兼具实践与学术价值。一方面，建设"人人有责、人人尽责、人人享有"的社会治理共同体是推进社会治理体系和治理能力现代化的必由之路。另一方面，中华优秀传统文化作为中国特色社会主义植根的沃土，能帮助我们理解当今社会治理中诸多问题"从何来"以及"向哪去"，进而为现代化社会治理提供丰富的学理支撑。

《荀子》文本共出现 51 个"群"字，[2] 群学是荀子关于社会治理的核心主张，是其达成"圣王善治"理想之基石。对于荀子"群"的内涵，尤其是荀子群学对中国社会学发展所起到的开榛辟莽作用，国内外研究者们已展开丰富讨论，[3] 使中国社会学得以接续拥有几千年历史的中华学术传统。而从政治学视角来看，群学本身就具有鲜明的政治哲学意蕴，在我们构建"社会治理共同体"进程中理应汲取其中智慧。本文试图深入分析荀子"群学"的政治哲学意蕴，阐明荀子由个体到群体再到形成有效社会的逻辑，即由"能群"到"成群"再到"善群"的演进理路。在此基础上探赜群学对于当下构建社会治理共同体的显要价值，借助先贤之思寻求化解现代化社会治理诸弊之钥，希冀为目前社会治理理论中尚存的薄弱之处尽补苴罅漏之力。

一、荀子群学的理论背景

佐藤将之（Masayuki Sato）将自周朝灭亡（公元前 256 年，同年楚国灭鲁）至

〔1〕 习近平《高举中国特色社会主义伟大旗帜 为全面建设社会主义现代化国家而团结奋斗——在中国共产党第二十次全国代表大会上的报告》，人民出版社 2022 年版，第 60 页。

〔2〕 版本据王先谦《荀子集解》，中华书局 2016 年版。下同。

〔3〕 参见黄玉顺《儒学的"社会"观念——荀子"群学"的解读》，《中州学刊》2015 年第 11 期；宋国恺《群学：荀子的开创性贡献及对其精义的阐释》，《北京工业大学学报（社会科学版）》2017 年第 4 期；景天魁、魏厚宾《群学的创立及其对中国社会学实现崛起的意义》，《人文杂志》2022 年第 9 期。

秦王政统一六国（前 221 年）的 35 年定义为"后周鲁时代"（Post-*Zhou-Lu* Era），并指出秦王此时已成为"实际上"（de facto）的"天子"，正致力于成为名正言顺的新天子。[1] 依照佐藤将之的考证，荀子生卒时间约为公元前 316 年—前 235 年。不难推断，"后周鲁时代"这段历史恰是荀子思想形成的关键时期，此时的秦国已在诸侯国竞争中拔得头筹，正致力于将原先四分五裂的社会合为一体，逐渐展现出一统天下的潜力。若《史记》所载荀子"年五十始来游学于齐"属实，[2] 根据《史记》的记载："田骈之属皆已死齐襄王时，而荀卿最为老师。齐尚修列大夫之缺，而荀卿三为祭酒焉。"[3] 作为"后周鲁时代"最知名的思想家，荀子的理论学说恰是立基于当时的社会现实，折射出在乱世中重建有效政治秩序的迫切需要。

公元前 4 世纪中叶，秦孝公启用商鞅来主持变法，秦国逐渐兵强政举，在诸侯国中占据"领头羊"位置。在秦国独强的形势下，秦昭襄王于公元前 256 年起兵攻周，[4] 秦昭襄王以西周欲带头合纵攻秦为由发难，拥戴周赧王的西周武公战败降秦。不久之后，周赧王驾崩，秦昭襄王直接把周室九鼎搬移到秦国。同年，拥有"郁郁乎"周初遗制之鲁国被楚国征服，"后周鲁时代"正式开启。[5] 此时，各诸侯国均已认识到秦国的综合实力在己之上。虽然诸侯间战乱频仍，但其余六国国君已对秦王"天下共主"的现实地位心照不宣。自公元前 256 年周室灭亡，至公元前 230 年秦国攻灭韩国，秦国在治理手段上，采取的还是"间接支配周边诸侯以治理天下人民"的模式。[6] 在这种模式下，具有象征性权威的权力核心近乎消失，统一有效的社会秩序亟待形成。

---

[1] 佐藤将之《后周鲁时代的天下秩序：〈荀子〉和〈吕氏春秋〉政治哲学之比较研究》，台湾大学出版中心 2021 年版，第 3-4 页。

[2] 佐藤将之认为此处"五十"应作"十五"，参见佐藤将之《荀子生平事迹新考》，《临沂大学学报》2015 年第 3 期。也有不少学者认为《史记》所载"五十"应为史实，参见廖名春《荀子新探》，中国人民大学出版社 2013 年版，第 17 页。又见梁涛《荀子行年新考》，《陕西师范大学学报〔哲学社会科学版〕》2000 年第 4 期。笔者经过文献梳理，倾向于"五十"版本。

[3] 《史记》卷 74《孟子荀卿列传》，中华书局 1959 年版，第 2348 页。

[4] 《史记》卷 4《周本纪》（第 168-169 页）载："五十九年，秦取韩阳城负黍，西周恐，倍秦，与诸侯约从，将天下锐师出伊阙攻秦，令秦无得通阳城。秦昭王怒，使将军摎攻西周。西周君奔秦，顿首受罪，尽献其邑三十六。口三万。秦受其献，归其君于周。"

[5] 佐藤将之《后周鲁时代的天下秩序：〈荀子〉和〈吕氏春秋〉政治哲学之比较研究》，第 3 页。

[6] 佐藤将之《"周鲁时代"的终结与〈吕氏春秋〉的登场》，《科学·经济·社会》2021 年第 1 期。

荀子思想的核心是礼，守礼是对统治者的基本要求。"后周鲁时代"是秦国统一天下的前夜，此时的秦王似乎已意识到自己成为"实际上"的天子，借此势位开始与周边诸侯互动。但在礼制方面，秦王依然将自己置于周王之下，以表明周王作为最高祭司（pontifex maximus）——沟通神明和人类的中介——这一至高无上的地位，在周朝八百年间都保持不变，甚至在王朝灭亡后余威尚在。[1] 秦王此时依然能够做到不越礼，符合荀子对礼的观点，但荀子并不认为秦国具有"一统天下"的潜力，《强国》篇记录了荀子对秦政之弊的简约概括："是何也？则其殆无儒邪？故曰：粹而王，驳而霸，无一焉而亡。此亦秦之所短也。"[2] 在荀子看来，无论一个诸侯国多么强大，若无法依靠统治者以德治手段施仁政，哪怕能取得短暂的强盛也迟早会瓦解溃败。现实与理想的巨大落差，促使荀子不断对人类社会秩序研精覃思，亦构成其群学思想独特的历史背景。

二、社会善治的天下秩序：荀子群学的政治哲学意蕴

关于政治哲学，列奥·施特劳斯（Leo Strauss）有过经典论断："政治哲学是一种尝试，旨在真正了解政治事物的本性及正当的或好的社会秩序。"[3] 陈来认为："政治哲学是用哲学的方法论述政治价值及其基础、根源。"[4] 任剑涛则指出："政治哲学跟一切部门哲学（如法哲学、社会哲学、经济哲学）一样，它不针对事实世界发言，而针对价值世界讲话。"[5] 概言之，政治哲学是对构建理想社会秩序的一种哲学思考。寻求理想途径与方法，以便建立"正理平治"的政治秩序恰是荀子念兹在兹的目标。

严复曾如此解读荀子的群学："荀卿曰：'民生有群。'群也者，人道所不能外也。群有数等，社会者，有法之群也。社会、商工政学莫不有之，而最重之义，极

〔1〕 尤锐《展望永恒帝国：战国时代的中国政治思想》，孙英刚译，上海古籍出版社2013年版，第27页。
〔2〕 《荀子集解》卷10《强国》，第359页。
〔3〕 施特劳斯《什么是政治哲学》，李世祥等译，华夏出版社2019年版，第3页。
〔4〕 陈来《论"道德的政治"——儒家政治哲学的特质》，《天津社会科学》2010年第1期。
〔5〕 任剑涛《政治哲学讲演录》，广西师范大学出版社2008年版，第21-22页。

于成国。"[1] 显然，严复已将荀子的"群"视为近代西方语境中"国家"的概念，以此为时人理解西方"社会"观念提供借鉴。[2] 当代著名中国学家史华兹指出，荀子的学说在先秦儒家学派中"最富于'社会学色彩'"[3]，其论断基于荀子对"群"的多维阐释。纵览《荀子》文本，"群"的含义及影响不局限于社会学的范畴，因为在古代中国，区别于欧洲封建社会的基层"自治"状态，国家权力是渗透于社会治理之中的。荀子对于理想秩序的哲学思考，由"天人之分"与"定分止争"开始，透过"明分使群"与"群居和一"的理论周延，进而以其独有的"化性起伪"辅之以"隆礼重法"的方式，勾勒出一整套由个体到群体再到共同体治理的接洽逻辑。

（一）"天人之分"与"定分止争"：人类社会的"能群"条件

人类对于社会的理解，往往从对天地宇宙万物的认识开始。在古代，中国社会形成了多样的宇宙结构说，但都遵循"天人合一"这一总思路。[4] 商周时"天"被赋予道德色彩，荀子则认为天是没有意识的自然界，天有自己的运行规律，"天行有常，不为尧存，不为桀亡。……故明于天地之分，则可谓至人矣"[5]。人不能废弛其职分而妄求于天，天亦不能夺人所应负之职。荀子倡导天人之分的主张并非否定儒家天人合一的传统，而是确保天有其职、人有其分，故应各尽其责。因此，《天论》篇又言："从天而颂之，孰与制天命而用之？"[6] 倘若只求顺颂天意，易废弛人事之所当务，故应主动制天命而用之。在荀子看来，天只是自然，道德则是人道的本质，[7]"天人之分"使人跳出了天命决定论的传统思维模式，主张在尊重自然规律的同时，发挥人的主观能动性，制之所命于万物以备我用，避免了片面强调天与人分离可能产生的消极后果。

在天人之分的基础上，统治者倘若施行"天政"，便顺应了"天德"。如何实

[1] 王栻主编《严复集》，中华书局 1986 年版，第 125 页。
[2] 方达《涂人何以为离——诸子学视域下荀子"群"思想的再考察》，《人文杂志》2019 年第 4 期。
[3] 史华兹《古代中国的思想世界》，程钢译，江苏人民出版社 2008 年版，第 405 页。
[4] 刘泽华《王权思想论》，天津人民出版社 2006 年版，第 23 页。
[5] 《荀子集解》卷 11《天论》，第 362—364 页。
[6] 《荀子集解》卷 11《天论》，第 375 页。
[7] 陈庆坤主编《中国哲学史通》，吉林大学出版社 1999 年版，第 154 页。

现呢？答曰："人之命在天，国之命在礼。"〔1〕荀子从人类社会生活需要节制与满足的视角寻求"礼"的终极根源，认为礼缘起于调和"人欲"与"物赡"之间的矛盾。相对于人难以满足的"欲"，世上"物"的存量是相对有限的，但"今人之性，生而有好利焉，顺是，故争夺生而辞让亡焉"〔2〕，当"物"难以满足人"欲"时，人就会相互争夺，从而招致混乱。《富国》篇云："而人君者，所以管分之枢要也。"〔3〕圣王为止争防乱，制定礼以实现"分"，如此方可养人欲而非禁欲。统治者依靠礼确定不同人的名分，进而依靠合理的差别维护社会秩序，使不同人能够协调一致地生活在共同体之中，即"维齐非齐"。荀子充分意识到人的特殊性："人能群，彼不能群也。人何以能群？曰：分。分何以能行？曰：义。"〔4〕荀子解释"义"作："少事长，贱事贵，不肖事贤，是天下之通义也。"〔5〕义代表着"以下事上"的差等秩序。荀子的"分"突破了个体范畴，"群"则指向具有"公义"的差等社会。简言之，荀子认为，正视人的差异性即"分"，并通过人的道德理性即"义"将此种差异性限于可控范围内，才能凝聚成公共力量来促进"群"中人的共同生活。〔6〕

人类之"群"明显区别于大自然其余万物之"群"。人不仅是独立的个体，又要跨越自我限制，趋于社会性。"天人之分"使人具有以个体推动社会分工的创造力，同时以"义"为利的"明分使群"又赋予人区别于其他生物的社会属性，为创建有序的人类文明社会提供了义利条件。人之"群"，不是个体的简单聚合，而是在交往互动中形成的具有独特凝聚力、黏合力的共同体。人类依靠"群"成为大自然的主宰，也需要"群而善分"以团结同类，进而制天命而用之，否则会出现"群而无分则争，争则乱，乱则离，离则弱"〔7〕的弊病。"能群"成为人类区别于其他动物的根本标志，人类也借此推动形成共生存、共发展、共享有的理想社

〔1〕《荀子集解》卷11《天论》，第374页。
〔2〕《荀子集解》卷17《性恶》，第513页。
〔3〕《荀子集解》卷6《富国》，第212页。
〔4〕《荀子集解》卷5《王制》，第194页。
〔5〕《荀子集解》卷3《仲尼》，第133页。
〔6〕朱承《以群观之：荀子的公共性思想》，《孔子研究》2022年第4期。
〔7〕《荀子集解》卷5《王制》，第194页。

会。然而，荀子目睹了战国后期因"欲"而"争"致"乱"的社会现实，切望倡导发挥礼"定分止争"的作用，即"上取象于天，下取象于地，中取则于人，人所以群居和一之理尽矣"[1]。圣王通过制定符合天、地、人的礼，使人们自觉按照礼的要求生活，"群居和一"的社会状态就顺理成章了。在荀子看来，圣人治礼，不仅能养人之"欲"，还可以成就君子之"别"，即所谓："贵贱有等，长幼有差，贫富轻重皆有称者也。"[2] 特定的差别成为儒家维护等级制度的必要手段，进而规定了不同人的权利和义务，明确了各自的社会分工。牟宗三归结道："荀子重群、重分，重义……以义道之分，统而一之，类而应之，则群体阒然而凝定。"[3] "阒然而凝定"的状态具体该如何实现呢？荀子指出，应由代表最高德行的圣王以"化性起伪"的主要方式让人类社会"成群"。

（二）"化性起伪"：人类社会的"成群"途径

"化性起伪"由荀子正式提出，但早在孔子思想中已有类似表述。春秋末期，目睹天下四分五裂的孔子，希冀构建上下有序的"有道"秩序，即统治者在具体实践中做到"德"与"礼"并重，实现"道之以德，齐之以礼，有耻且格"[4]的效果。这实际上要求把"德"与"礼"的具体原则渗透到全社会，推动"守礼"与"敬德"方能匹配对应地位的观念深入人心，产生了"每个成员都可达到的一种可分享的共同性"[5]。美国汉学家狄百瑞（William，Theodore de Bary）归纳道："'德'（nobility）与'礼'（civility）概括了一种有利于民众自愿遵从治理的道德文化。"[6] 君子作为儒家完美人格的代表，是精神上的贵族，追求真理、好学不倦、克己修身等品质是其立足于政治社会生活的根基。[7]

由一般性之礼（civility）上升至尊显性之德（nobility）的过程，彰显了儒家对

---

[1] 《荀子集解》卷13《礼论》，第442页。

[2] 《荀子集解》卷13《礼论》，第410页。

[3] 牟宗三《名家与荀子》，台湾学生书局1979年版，第218页。

[4] 杨伯峻译注《论语译注》，中华书局1980年版，第11页。

[5] 杜维明《儒家思想新论：创造性转换的自我》，江苏人民出版社1996年版，第22页。

[6] Wm. Theodore de Bary, *Nobility and Civility*：*Asian Ideals of Leadership and the Common Good*，Cambridge：Harvard University Press，2004，pp. 3.

[7] 曾筱琪、荆雨《儒家的困境与君子的责任——以狄百瑞论君子为线索》，《现代哲学》2020年第3期。

个人孜孜以求的伦理内涵与理想境界，同时突出了礼对构建社会秩序的重要性。《礼记》载："王为群姓立社，曰大社。"[1] 社是一种代表土地的、具有神性的祭祀物，不仅具有一般"田土"的意义，还具有"疆土"的意义。[2] 王为天下百姓所立的社，叫作"大社"，一方面表明了在群体中王的权力源自祖先，另一方面也昭示着王肩负开拓疆土、维护统一的职责。实际上，荀子早已认识到王所担负的重任，并认识到对于社会治理而言，做到"定分止争"还不够，社会的进步还需圣人"化性起伪"。冯友兰指出："盖人有聪明才知，知人无群不能生存，又知人无道德制度不能为群，故知者制为道德制度，而人亦受之。"[3] 冯氏从"知道德"与"制道德"两个方面解释了荀子之圣人"化性起伪"何以可能。《性恶》篇谓："问者曰：'人之性恶，则礼义恶生？'应之曰：凡礼义者，是生于圣人之伪，非故生于人之性也。"[4] "圣人之伪"造就了礼义，荀子论及人性实则突出圣人制礼的作用，故《荀子》中关于"性恶"文本的讨论在其整体思想中非但不存扞格，还成为"化性起伪"的重要起点。《性恶》篇进一步指出："故圣人之所以同于众，其不异于众者，性也；所以异而过众者，伪也。"[5] 圣人与众人的区别在于后天的作为，圣人以礼养欲、以礼御恶。有学者从汉字构字角度观察，将荀子"伪"之概念解释为"人之所以为人"。[6] 此言恰如其分地揭示了荀子"化性起伪"之义：虽然"伪"是圣人与众人最大的差别，但所有人都应该维护礼的威严并发挥礼的作用。只有这样，人才能真正有别于牛、马，实现群体中的社会价值，进而达成《礼论》篇所构想的"性伪合而天下治"的善治功业。

定位清晰之后，《性恶》篇提出了"涂之人可以为禹"[7] 的内修外炼之术：修身与教化。儒家引导人的行为向善，不是凭借严刑酷法，而是依靠人的本性的自

---

〔1〕《礼记正义》卷46《祭法》，北京大学出版社1999年版，第1304页。

〔2〕赵世瑜《明清华北的社与社火——关于地缘组织、仪式表演以及二者的关系》，《中国史研究》1999年第3期。

〔3〕冯友兰《中国哲学史》，中华书局1961年版，第365页。

〔4〕《荀子集解》卷17《性恶》，第516-517页。

〔5〕《荀子集解》卷17《性恶》，第518页。

〔6〕王庆光《论晚周"因性法治"说的兴起及荀子"化性起伪"说回应》，《兴大中文学报》1989年第13期。

〔7〕《荀子集解》卷17《性恶》，第523页。

觉，改善教育和努力修身是两项根本方法。[1] 一方面，人要静心修身，充分体悟"道"，方能做到《解蔽》篇由"虚壹而静"致"大清明"，即认识上全面透彻而无偏蔽的境界。荀子的"虚静"，不在去欲、无臧，而在以礼义"一"之，[2] 这是一个"心择能动""虑积能习"的过程，通向孟子所谓"反身而诚，乐莫大焉"[3] 的境界。儒家认为成功的道德生活赋予人反思理解的能力，而这又要求一种强调思考、反思、延伸和想象，以及积极讨论的道德学习。[4] 但"反身而诚"，并非西方概念中的 reflection，因 reflection 是对镜画像般"折射回来"，儒家则以"自修"实现自我完善与丰富。[5] 相较于孟子，荀子更希望君子能"内外兼修"，做到博学而日参省乎己。为了使人遵循礼法，荀子还强调"亲师"与"隆礼"的重要性："夫治气养心之术，莫径由礼，莫要得师，莫神一好。"[6] 故牟宗三认为，孟子之心乃"道德的天心"，而荀子于心则只认识其思辨之用，其心是"认识的心"。[7] 正如克莱恩（T. C. Kline）所说："与其说荀子的教化是由内而外的发展，毋宁说是一个由外到内的过程。"[8] 这种修身论，从自学、他学及社会的角度为人指明方向，在社会治理中发挥了实际导向功能。另一方面，荀子之化性，必经由德操，并非纯粹诉诸外力。荀子认为，应当采取礼乐教化的方式，因为这些制度和原则均由道德完备和智慧甚明的圣王制作，其本身就体现出规范性，蕴含了道德。[9] 荀子通过习与性成的方法，为不同阶层的人设置了更高的行为标准。《王制》篇指出："虽王公士大夫之子孙，不能属于礼义，则归之庶人。虽庶人之子孙

〔1〕 陈来《儒学美德论》，生活·读书·新知三联书店 2019 年版，第 312–313 页。
〔2〕 洪涛《心术与治道》，上海人民出版社 2013 年版，第 43 页。
〔3〕 杨伯峻译注《孟子译注》，中华书局 1960 年版，第 302 页。
〔4〕 陈祖为《儒家致善主义——现代政治哲学重构》，周昭德等译，香港商务印书馆 2016 年版，第 185 页。
〔5〕 蔡锦昌《拿捏分寸的思考：荀子与古代思想新论》，唐山出版社 1996 年版，第 21 页。
〔6〕 《荀子集解》卷 1《修身》，第 31 页。
〔7〕 牟宗三《名家与荀子》，第 224 页。
〔8〕 T. C. Kline, "Moral Agency and Motivation in the Xunzi", in T. C. Kline and Philip J. Ivanhoe, eds. *Virtue, Nature, and Moral Agency in the Xunzi*. Indianapolis: Hackett Publishing Company, 2000, p. 157.
〔9〕 东方朔《权威与秩序：荀子政治哲学研究》，生活·读书·新知三联书店 2023 年版，第 392 页。

也，积文学，正身行，能属于礼义，则归之卿相士大夫。"[1] 萧公权先生一语中的地指出："陈义至高，于理甚当，于不平之中暗寓平等。上承孔子以德致位之理想，下开秦汉布衣卿相之风气。"[2]

人无礼难以生存，社会无礼则不能安定。礼是荀子心目中治国、治天下的根本途径，是儒家道德价值的外现，以更加直观且具体的方式诠释儒家的理想社会。近代英国思想家霍布斯（Thomas Hobbes）同样意识到了"治乱"的重要性，通过对"自然状态"下一切人反对一切人的战争的描述，霍布斯佐证了国家所以存在的理由。远早于霍布斯的荀子，从人的德行出发，依靠圣王以礼"化性起伪"的方式治理天下："欲近四旁，莫如中央，故王者必居天下之中，礼也。"[3] 这体现了儒家思想中一项重要的方位意识，最高权力拥有者应当处于最尊贵的中央位置。同时，荀子以"礼"解释方位，并统摄处于不同方位的人。《王制》曰："全道德，致隆高，綦文理，一天下，振毫末，使天下莫不顺比从服，天王之事也。"[4] 具有至德的圣王为了保证秩序的稳定，应当积极完善道德，推行礼仪，使天下归服。概言之，荀子"化性起伪"之指归乃是由圣王制式下的"成群"理想。

（三）"隆礼重法"：人类社会的"善群"手段

荀子高度关注理论的现实性及在政治实践中的可操作性。人类"成群"后，必须由圣王礼法兼施才能达成"序四时，裁万物，兼利天下"[5] 的"善群"局面。以往研究中，儒家之所以经常被称作"儒教"，盖因其理论体系中具有明显对人的约束成分，尤其是以孔子、荀子为代表的儒者对"礼"的严格界定与论述，使儒家的一些理论要素如"修身""忠""孝""和合"等经久不衰传承至今。然而，我们仔细审度便会发现，这些约束成分都涉及人进一步自由发展的基本要求，其落脚点也都在人类社会的有效治理上。其中，"君子人格"在激励个人修为的同时，也增进了整个群体的凝聚力。《说文解字》中解释"群"字："群，辈

---

[1]《荀子集解》卷5《王制》，第175—176页。
[2] 萧公权《中国政治思想史》，辽宁教育出版社1998年版，第102页。
[3]《荀子集解》卷19《大略》，第573页。
[4]《荀子集解》卷5《王制》，第202页。
[5]《荀子集解》卷5《王制》，第194页。

也。"[1]"独"字则是："独，犬相得而斗也。羊为群，犬为独也。"[2] 与犬习性不同，羊喜欢群体生活，因此"群"反映出团结、统一、和谐的景象。从"群"的字形上看，"群"的形成与发展并非茫无涯际，而应遵从"君"的指引，此"君"指代能够"行其义，兴天下同利，除天下同害，天下归之"[3]的圣王，亦被荀子称作"大儒"。《王制》篇云："君者，善群也。"[4] 圣王在"化性起伪"的基础上，借助"隆礼重法"的路径达到"群居和一"的和谐之境。

"善群之君"如果仅仅依靠伦理教化则很难达成卓有成效的政治秩序，遑论实现荀子寤寐求之的善治理想，因而荀子主张隆礼而又重法。《大略》篇指出，"君人者，隆礼尊贤而王，重法爱民则霸"[5]。荀子赞许隆礼重法的王霸之道，故礼、法并称。"礼义生而制法度。然则礼义法度者，是圣人之所生也"[6]，圣人制定礼义，并结合实际需要进一步完善法度，有了礼义法度而后才有秩序，才能真正让人因时而变、因地而变。人类社会实乃"有法之群"，"法"就是社会规范，属于儒家广义的"礼"。[7]"礼"的形成系出自社会公共文化，突出社会力量对人的钳制，偏重"自律"；"法"由圣王维护秩序而定，突出国家权力对人的钳制，偏重"他律"。荀子"隆礼"与"重法"相结合的思想，是顺应战国末期时代趋势而对儒家思想的实质性改造。诚如陈弱水所说："先秦儒家对于社会规范问题发展出最精致、最复杂的论说的思想家是荀子。荀子的思想奠定了儒家法律思想的基础。"[8]

然而，荀子之法与法家大有不同。法家的"法治"主张以刑罚为主，遵从君权至上的理念，"尊君"是其"尚法"的根本目的。但荀子主张的"法治"乃是服

[1] 许慎撰，臧克和等校订《说文解字新订》，中华书局 2002 年版，第 238 页。
[2] 许慎撰，臧克和等校订《说文解字新订》，第 656 页。
[3] 《荀子集解》卷 7《王霸》，第 266 页。
[4] 《荀子集解》卷 5《王制》，第 195 页。
[5] 《荀子集解》卷 19《大略》，第 573 页。
[6] 《荀子集解》卷 17《性恶》，第 518 页。
[7] 郭萍、徐岳峰《群己权界：儒家现代群治之方——兼论严复自由理论的儒学根基》，《东岳论丛》2020 年第 12 期。
[8] 陈弱水《立法之道——荀、墨、韩三家法律思想要论》，黄俊杰主编《中国文化新论：天道与人道 思想篇1》，联经出版事业公司 1982 年版，第 82 页。

务于其"德位相称"的指归，在君权之上又设置了更高的"无上者"，即"德"。德位一体的圣王治理社会，不能忽视"法"的功用，"法"与"礼"应相辅相成，共同构成德治之道必然畅行天下的坚实基础。[1] 在《荀子》中，"法"字很少单独出现，而往往出现在"礼"之后，"法"不可脱离"礼"而独行，不受"礼"统辖的"法"，必然沦为权力和私欲的附庸及工具。所以，礼高于法，礼为法之大本，为立法的原则。

荀子"隆礼重法"思想匡谬了"礼"与"法"之间的片面对立，让儒家理想与现实制度结合起来，兼具外在约束的匡正作用与孔孟的道德教化，引导人们走向君子人格，走向善治的社会。在荀子对有序秩序的讨论中，君主的"无为"是一个不断出现的话题。荀子提醒君主，"人主不可以独也。卿相辅佐，人主之基、杖也，不可不早具也"[2]。信任贤臣良相是君主突破自身能力局限的唯一方法。荀子的最终理想是维持一个象征性的君主，达成"君主无为，贤相代理，群贤参与"的治理模式，这实际上接续了孔子"为政以德，譬如北辰"的"无为"德治思想。诚如黄俊杰所言："先秦儒家一贯强调道德与政治之绝对相关性"，且此种"道德政治"的理想由孔子提出，由孟子发挥充实，"至荀子而经历一大转折，政治之力量凌驾于道德之上"[3]。荀子于现实中为儒家社会治理思想寻求新的解释与论据，其"隆礼重法"的思想直接或间接影响了后世王朝的政治制度。以此观之，荀子无愧于"中华帝国缔造者（architect）"之誉。[4]

三、荀子群学思想对于构建社会治理共同体的启示

在哲学概念中，"共同体"（community）通常是基于地缘、血缘、信仰等形成

---

[1] 赵新《德与法：荀子的德治思想及其对孔孟的发展》，《东岳论丛》2008 年第 1 期。

[2] 《荀子集解》卷 8《君道》，第 288 页。

[3] 黄俊杰《儒学传统中道德政治观念的形成与发展》，黄俊杰主编《儒学传统与文化创新》，东大图书公司 1986 年版，第 7-8 页。

[4] 尤锐《新旧的融合：荀子对春秋思想传统的重新诠释》，《"国立"政治大学哲学学报》2003 年第 11 期。

的群体。[1] 党的十八大以来，随着我国社会治理实践不断推进，使用共同体话语分析中国当下的国家治理与社会治理的方法逐渐兴起。党的十八届三中全会提出"推进国家治理体系和治理能力现代化"的全面深化改革总目标，正式开启了由"管理"方式向国家与社会良性互动以达成"治理"功效的转变。"治理体系现代化的国家逻辑进路并非单一，而是由社会、国家等多元治理主体之间要素分层和功能重叠的协同系统"，[2] 这就要求我们必须处理好社会治理与国家治理的互动关系。党的十九届四中全会提出了"建设人人有责、人人尽责、人人享有的社会治理共同体"，党的二十大更是首次在全国党代会报告中体现"社会治理共同体"的提法。在"两个一百年"奋斗目标的历史交汇点，我国社会正处于剧烈的转型期，基层社会治理面临不少挑战。深刻把握新时代我国发展新的历史方位，必须认识到构建社会治理共同体对于应对社会主要矛盾、完善社会治理制度及推进国家治理体系和治理能力现代化的重要价值。以政治哲学视角观之，荀子群学蕴含了丰富的社会治理智慧，值得深入挖掘。通过创造性转化与创新性发展，推动中华优秀传统文化同当代社会相适应、同现代化进程相协调，必须在吸收古代先贤思想智慧过程中积极"求同"又灵活"求异"，方能萃取其中精华，做到与时俱进。实践中，我们至少可以从荀子群学思想中汲取三个方面的治理启示。

（一）明分使群：各安其职，各尽其责

荀子认为，"明分使群"需要"维齐非齐"，遵循不同个体的差异性以实现整体和谐。《王制》曰："以类行杂，以一行万，始则终，终则始，若环之无端也，舍是而天下以衰矣。"[3] 荀子坚持用统括一切的法则处理各类事物，从始到终，周而复始，统筹治理的多样性与统一性。此种理念契合了现代治理的实践逻辑：治理是一个相互合作的协同网络，不同主体要根据各自的功能参与到治理的不同环节中，才能实现"善治"。[4] 社会治理作为一项系统工程，需要多元主体协同配合，

[1] 张国芳《滕尼斯"共同体/社会"分类的类型学意义》，《学术月刊》2019 年第 2 期。
[2] 陈进华《治理体系现代化的国家逻辑》，《中国社会科学》2019 年第 5 期。
[3] 《荀子集解》卷 5《王制》，第 192 页。
[4] 张贤明、张力伟《社会治理共同体：理论逻辑、价值目标与实践路径》，《理论月刊》2021 年第 1 期。

要充分注重人的个体差异性，让每个人都能通过自己的行动匹配相应的社会角色需要。关键在于实现"各安其职"，确保人们在共同体内寻求与获得适合自身特点的角色，促进人人做到"各尽其职"，强化人们于共同体中发挥所属角色的功能。

1. 结构之维："一核多元"式治理结构。改革开放以来，中国国家治理经历了由"党的一元化领导"体制下的一元化治理，再到党政适度分离的治理方式，最终形成由各级党组织、各级政府、各类企事业单位和各种民间组织为主体的多元治理格局。[1] 目前，我国社会治理共同体的治理结构并非多元主体并列式参与的类型，而是党委领导、政府负责、社会协同、公众参与的"一核多元"式。面对当前社会治理中治理对象、治理手段与治理问题相互交织的复杂局面，我们应在建设社会治理共同体进程中积极完善多元主体间的相互关系、权责关系与协调机制。[2] 其中，要充分发挥"一核"的主导作用，形成多方联动机制，协调参与社会治理的多元主体，针对共同目标展开系统性、全面性工作，从而有效提高治理效率。

不同于身处帝制中国时期的荀子所描绘的"君主无为，贤相代理，群贤参与"路径，在当下"一核多元"模式中，中国共产党是"中心"与"核心"，社会治理的主导力量是各级党委，其他主体则作为联动、协同或补充性力量参与到治理过程。各级党委能否有效落实党中央的各项决策，直接决定了社会治理的成败得失，正如习近平总书记 2018 年 7 月在全国组织工作会议上强调的："党的全面领导、党的全部工作要靠党的坚强组织体系去实现。"[3] 具体而言，一方面，城市党建不能停留在社区层面，应向更加基础的居民小区延伸；另一方面，农村党支部不能只满足于传统治理方式，应锐意创新，增强基层党组织的向心力、凝聚力、感召力。

作为社会治理主体的社会组织与公众，处于社会不同领域与行业，具备社会治理过程所需的各类信息，也对社会治理中尚存的问题及动向最为敏感，因此可以通过充分的信息寻找到最为合意的治理方式，利用多维渠道将自己的诉求整合到治理过程中以寻求解决之策。其中，社会组织作为社会治理专业化的彰显，

---

[1] 俞可平《论国家治理现代化》，社会科学文献出版社 2015 年版，第 84-86 页。
[2] 刘伟、翁俊芳《"社会治理共同体"话语的生成脉络与演化逻辑》，《浙江学刊》2022 年第 2 期。
[3] 习近平《在全国组织工作会议上的讲话》，人民出版社 2018 年版，第 11 页。

理应发挥其在特定专业领域的特长，利用政社合作的优势做到"专业的机构处理专业的事"。

2. 实践之维：推动多元主体合作治理。党的二十大报告强调要"健全共建共治共享的社会治理制度，提升社会治理效能"[1]。"共建共治共享"突显了多元主体合作治理的必要性与重要性。各级党委、政府部门、社会组织及公众作为不同的治理主体在参与治理时显现出各自不同的特点与侧重，各级党委、政府部门具有参与社会治理的高度自觉与公共意识，而社会组织及公众参与治理的欲望与渠道往往有一定局限性，因此必须依靠各级党委与政府部门的牵头动员与组织协调，推动多元主体合作治理，寻求社会治理的"最大公约数"，推进多元社会治理主体互嵌。

具体实践中，一方面，可以采取策略性手段有效动员社会组织和公众。比如，进一步推进基层民主协商，让社会治理的各方主体充分调查、对话与沟通。通过设立联席审议制度、细化协助议事方案、简化协商流程等方式，充分赋予民众对基层公共事务的参与权，并以政策激励、包容差异等方法，促进多元主体间资源互补，达到以点带面、标本兼治的效果。另一方面，还应广泛运用科技手段在社会治理中查找问题、分析问题、解决问题。随着网络技术日新月异，当今社会治理的内容和行为被不同程度地数字化，原本难以切割的社会治理责任或可实现细分，更易明确责任主体。进言之，必须借助大数据、云计算、人工智能等技术手段，聚焦以往大量有效信息"碎片化"严重、社情民意反映渠道不畅、矛盾纠纷无法及时解决等棘手问题，推进制度化和精细化的民意表达与多方参与，以技术赋能实现政府治理与社会调节、居民自治良性互动。

（二）化性起伪：感化引导，启发新知

德国社会学家滕尼斯（Ferdinand Tonnies）归纳了三种共同体类型，即血缘共同体、地缘共同体和精神共同体，并指出精神共同体可以被理解为真正的人的和最高形式的共同体。[2] 美国社会学家魏尔斯（Louis Wirth）指出："滕尼斯最重要的贡献包括基本的二分法：共同体和社会。前者指的是自然的、有机团结；后者是人

---

[1] 习近平《高举中国特色社会主义伟大旗帜 为全面建设社会主义现代化国家而团结奋斗——在中国共产党第二十次全国代表大会上的报告》，第60页。

[2] 滕尼斯《共同体与社会：纯粹社会学的基本概念》，林荣远译，商务印书馆1999年版，第65页。

为的、有意识的分组。"[1] 此种观点突出了社会的文化属性。荀子认为,"礼有三本:天地者,生之本也;先祖者,类之本也;君师者,治之本也"[2]。"三本"分别对应着自然共同体、血缘共同体、文化共同体,作为"治之本"的圣王之治是维护社会秩序的关键,"化性起伪"的善治手段强调群体中的人必须不断认知自我与他人,不断积累新知,成为自由之主体。《劝学》篇曰:"使目非是无欲见也,使耳非是无欲闻也,使口非是无欲言也,使心非是无欲虑也。"[3] 荀子所言"化性起伪"尤其强调"知"与"识"二者敦化社会、凝聚合力的作用。构建社会治理共同体,同样需要不断提高多元主体的理论素养,激发全体公民参与社会治理的积极性,即培养阿伦特(Hannah Arendt)所言推崇积极行动、关注公共生活的"积极公民"。[4] 在构建社会治理共同体的语境中,这些积极公民应当热爱并参与公共生活,主动承担个人和社会责任。理性地看,让所有公民直接参与社会治理并不现实也不高效,理想化的状态是培育更多的积极公民并作用于社会公共生活。

1. 要引导提升公众的辨识能力与主动学习能力。社会治理共同体倡导人人尽责和协商互动,呼吁社会治理中制度优先向行动优先的转向,但这并非价值与知识缺位下的盲目行动。要加大政务公开力度,确保公众对于重大事项与突发事件的知情权,增强公众独立思考与判断的能力;还要将社会主义核心价值观融入社会治理全领域与各环节,加强行业伦理和集体主义的教育,强化公民对社会主义核心价值观这一"最大道德公约数"的总体性认同,在潜移默化中形成"我是社会治理主人翁"的意识,增强参与多元协同治理的自觉。

2. 要以实现共同体的互动性学习与整体性进步为导向。与荀子主张的圣王自上而下"化性起伪"的单一向度模式不同,社会治理共同体需要多方互动式的交流与提升。马克思主义认为,人民群众是历史的创造者。中国共产党领导下的国家

---

[1] Louis Wirth, "The Sociology of Ferdinand Tönnies," *American Journal of Sociology*, Vol. 32, No. 3, 1926, pp. 412-422.

[2] 《荀子集解》卷 13《礼论》,第 413 页。

[3] 《荀子集解》卷 1《劝学》,第 22 页。

[4] 陈海平《公共领域与人的自由——汉娜·阿伦特的积极公民观及其启示》,《河北学刊》2006 年第 3 期。

治理与社会治理，都必须为人民服务，依靠人民进行，在本质上也必须是人民的。[1] 因此，在培育积极公民的同时，要充分发挥人民群众的智慧。面对群众普遍关心的社会问题，领导干部要"让群众看到自己敢于正视并解决问题的决心，看到自己拜群众为师、向群众求教的襟怀，看到自己以身作则、发挥示范带头作用的行动"[2]。

（三）隆礼重法：党员示范，礼法兼治

作为先秦儒家思想的集大成者，荀子将"君者，善群"作为君道的核心要义，寄托希望于圣王礼法并施于天下，并由富有德行的士大夫群体带头践行。荀子虽援法入礼，但他深刻认识到"有良法而乱者有之矣"[3]，法律完备并不一定带来文明社会，法的作用总是有限的。与之相对，"君子者，法之原也"[4]。具有德行的"君子"在彼时是理想的政治实践主体，荀子礼法并重的治世思想归根到底要由君子实现。荀子曾一语中的地指出，秦国治国之弊在于缺乏儒家倡导的德治手段。纵观历史，圣王的经常性缺席与君子人格的隐而不彰是帝制社会无法有效凝聚的重要原因之一。虽然难以在帝制时代变为现实，荀子"群"的理论构想却启发后人，必须由具有君子人格的角色引领社会，这种"文化自觉"与"身份自豪"在中国历史上从未间断过。在构建社会治理共同体的过程中，礼治与法治也应当并驾齐驱，起到引领作用的则是具有"君子人格"的党员干部。

1. 要将现代化"礼"的引领涵摄入公民教育常规议程。荀子尝言："致明而约，甚顺而体，请归之礼。"[5] 荀子高度重视礼的教育意义。当下推进公民教育进程中，可优先从社会的基本单位家庭入手，重塑家风文明，从而塑造良好的社会风气。在社会领域则要充分借助礼仪潜移默化地感染效用，如同王国维所言，"制度典礼者，道德之器也"[6]。应发挥"生活化的隐性教育"之力量，如利用城乡文化中心、智慧社区平台、特色旅游景点等，积极主动传播和践行各领域公约和礼

〔1〕 杨立华《人民治理：国家治理、社会治理和政府治理的共同本质》，《学海》2021 年第 2 期。

〔2〕 中共中央文献研究室编《论群众路线——重要论述摘编》，中央文献出版社 2013 年版，第 126 页。

〔3〕 《荀子集解》卷 9《致士》，第 307 页。

〔4〕 《荀子集解》卷 8《君道》，第 272 页。

〔5〕 《荀子集解》卷 18《赋》，第 558-559 页。

〔6〕 王国维《殷周制度论》，周锡山编校《王国维集》，中国社会科学出版社 2008 年版，第 135 页。

仪规范，借助地方性的文化活动，以可视化、情景式、生活化的方式激发公众的情感共鸣和共同体认同。

2. 以法治方式推动社会治理共同体建设。较于礼治，法治旨在让社会治理共同体有温度的同时，不失理性。法治意味着"社会生活的一切都必须有规则可循和依规则而行"[1]，这就要求整个国家以及社会生活均依法而治。二十大报告要求："弘扬社会主义法治精神，传承中华优秀传统法律文化，引导全体人民做社会主义法治的忠实崇尚者、自觉遵守者、坚定捍卫者。"[2] 必须把人民群众的利益和愿望落实到基层治理法治化的全过程，深入挖掘现代法治对于社会治理共同体的时代价值，充分考虑社会治理共同体内部的实际情况，积极主动探索各地区的法治模式，使现代法治融入基层社会治理的各个环节中，维护法律的权威。

3. 建设社会治理共同体，党员干部要涵养"君子人格"，带头明大德、守公德、严私德。当今中国，中国共产党是不可替代的领导力量，党的领导是社会治理取得新成果的根本保证。基层社会治理工作中，必须坚持党的群众路线，把提升服务水平作为党组织和党员干部引领基层社会治理的切入点。具体而言，党员干部的"君子人格"可以从两方面理解：一是作为普通社会治理的个体所需的个人道德，如诚实守信、爱国敬业等；二是作为规范从政者在行使公共权力、管理公共事务中的道德准则，即党性修为。党性是一名党员的理想信念和道德追求的集中体现，是能否在社会治理共同体中树立精神旗帜的关键。要以共产党人的崇高理想、道德感召、引领、整合党员行为，发挥标杆的示范驱动作用，加强党性修养，固本培元，提高党员干部的精神境界。实践中，党员干部应当发挥自身在社会治理中的责任意识，创新服务基层社会治理的方式方法，以身作则带动热心群众参与到社会建设中，以个人行动塑造集体行动。

---

〔1〕 张康之《论社会治理模式的转变：从制度到行动》，《探索》2019 年第 3 期。
〔2〕 习近平《高举中国特色社会主义伟大旗帜 为全面建设社会主义现代化国家而团结奋斗——在中国共产党第二十次全国代表大会上的报告》，第 48 页。

四、结　语

马克思在《德意志意识形态》一文中指出："只有在共同体中，个人才能获得全面发展其才能的手段，也就是说，只有在共同体中才可能有个人自由。"〔1〕共产主义（Communism）究其实乃是一种共同体主义。社会治理共同体是新时代中国特色社会主义社会建设的鲜明指向，也是马列主义与中华文明相结合的产物。顺应新的历史时期国家发展的现实需要，提出"社会治理共同体"话语能够适应社会主要矛盾变化，以提高基层治理的实际效能并满足人民群众对美好生活的追求。共同体是中华文明的社会根基及组织载体，中华文明具有共同体本位的鲜明特质，足以为新时代社会治理共同体建设提供厚重的本土资源。

类似于亚里士多德所说"人是城邦的动物"，荀子认为"人是群居的动物"，人有群居的现实需要，即《王制》篇所谓"人生不能无群"，人更有群的能力，也就是"人何以能群？曰：分。"〔2〕"定分"方能"止争"。荀子因重视人性的现实欲求、强调人的群体性存在意义，并在此基础上倡导"化性起伪"与"隆礼重法"的公共治理手段，而在儒家公共性思想发展历程上有着独特地位。荀子从现实主义的立场出发，探析了公共生活的必要性与可能性以及个体如何更好地参与公共生活等关键问题。一言蔽之，假如说孔孟代表了理想主义儒家的倾向，荀子则代表了现实主义儒家的倾向。在构建社会治理共同体的进程中，荀子群学思想无疑是一笔尚待深入挖掘的理论宝藏。

---

〔1〕　《马克思恩格斯选集》第 1 卷，人民出版社 2012 年版，第 199 页。
〔2〕　《荀子集解》卷 5《王制》，第 194 页。

"学颜"和"尊孟"的张力问题

——唐宋间的颜孟比较思想探究

肖芬芳*

[内容提要]

　　唐宋以来的孟子升格运动对颜子的亚圣地位构成了直接挑战，宋代儒学思想界因此兴起了颜孟优劣同异的比较问题。而北宋士人对颜子和孟子的评价大多是负相关的，主要为尊孟抑颜和尊颜抑孟两种评价模式，显露了"学颜"和"尊孟"之间存在思想张力的问题。二程则一方面继承周敦颐的"学颜子之学"，指出颜子优于孟子；另一方面肯定孟子的心性思想，继承孔孟相承的道统论，将"学颜"和"尊孟"共同贯彻于圣人之学的构建中。但二程并没有完全解决"学颜"和"尊孟"之间的张力问题，颜子依然被排除在儒家道统之外，而"尊孟"的道统将削弱颜子的思想地位。直至朱熹将"颜子"加入道统谱系，才缓解了理学内部"尊孟"和"学颜"之间的张力。而在官方将孔孟之道确立为正统之学后，宋明理学依然积极建构颜子和圣人之道的紧密关系，此中或许寄托了理学的隐秘心结。

[关键词]

孟子升格；颜子之学；颜孟比较

---

* 肖芬芳，苏州大学马克思主义学院讲师，法学博士。本文系国家社科基金项目"《大学》诠释研究"（20CZX020）阶段性成果。

唐宋以来的孟子升格运动，是宋代儒学思想史的重要事件。学界之前已从政治和文化两个层面剖析了孟子升格的原因，[1] 并对唐宋儒者的尊孟和疑孟思想有详尽的研究，但很少有基于颜孟比较的视角来看待孟子升格运动的。这就忽略了唐宋间以亚圣配享孔庙的颜子，而他既是孟子升格时需要挑战的对象，也是这场思想运动的直接在场者。事实上，伴随孟子升格运动而来的是颜孟之间亚圣称号的易位，即孟子升格和颜子降格是同时发生的，这就将在亚圣之争中导向对颜子和孟子优劣同异的比较。

因此，宋代兴起的颜孟比较思潮或者颜孟分判思潮，与孟子升格运动对颜子思想地位的挑战有直接关联。孟子的升格离不开唐代韩愈建构的孔孟相承的儒家道统，那么尊孟派的韩愈对颜子抱持何种态度呢？宋代的尊孟派和疑孟派对颜子是否具有相反的评价？这是否表明"学颜"和"尊孟"之间存在思想张力？[2] 既肯定孟子思想又提倡"学颜子之学"的二程，究竟是如何分判颜孟的？他们是否解决了"学颜"和"尊孟"之间的张力问题？二程之后的理学家又是如何回应这个问题的？本文就此展开探讨，力图呈现唐宋以来孟子升格运动所产生的颜孟比较思潮，以及宋代理学如何处理"学颜"和"尊孟"这两条有张力的思想路径。

一、颜子缺位和哲人之细事：韩愈的道统论及其对颜子的评价

韩愈是唐宋以来尊孟派的主要代表，他通过道统论的构建，直接将孟子视为孔子之后的儒道传承者，从而提升了孟子的思想地位。但此种道统谱系实则忽视了孔子门人对儒道的传承，尤其是唐代时已被尊称为亚圣的颜子。那么韩愈为何要绕开孔子门人而以孟子承接孔子之道呢？

----

〔1〕 徐洪兴从"道统论、辟异端、谈心性、辨王霸"四个方面分析了孟子升格的思想原因；赵宇则从政治与道统论的互动来分析孟子升格的原因，认为理学道统论的兴起及其官方化是孟子取代颜子亚圣地位的核心因素。参见徐洪兴《唐宋间的孟子升格运动》，《中国社会科学》1993 年第 6 期；赵宇《儒家"亚圣"名号变迁考——关于宋元政治与理学道统论的互动研究》，《历史研究》2017 年第 4 期。

〔2〕 许家星等指出，宋明道学的发展存在"学颜"和"尊孟"两条主线，"学颜"成为道学家自我完善的动力和目标。参见许家星、张勇《道学之魂——学颜子之所学》，《哲学动态》2011 年第 9 期。但该文没有指出"尊孟"和"学颜"这两条主线之间存在思想张力的问题。

事实上，韩愈正是基于对孔子门人的评价而否定了他们对孔子之道的传承。他说："吾常以为孔子之道，大而能博，门弟子不能遍观而尽识也，故学焉而皆得其性之所近。其后离散分处诸侯之国，又各以所能授弟子，原远而末益分。盖子夏之学，其后有田子方，子方之后流而为庄周，故周之后喜称子方之为人。荀卿之书语圣人必曰孔子、子弓，子弓之事业不传，惟太史公书弟子传有姓名，字曰馯臂子弓，子弓受易于商瞿。孟轲师子思，子思之学盖出曾子。自孔子没，群弟子莫不有书，独孟轲氏之传得其宗，故吾少而乐观焉。……故求观圣人之道必自孟子始。"[1] 韩愈认为，孔子门人不能传承孔子博大之道，所学只得其性之所近，此后所授予弟子的离孔子之道越来越远。他指出，孟子和孔子的关系是通过子思和曾子来连接的，即曾子传于子思，子思传于孟子。但韩愈并没有以此建立孔子—曾子—子思—孟子的传承脉络，即并不认为曾子和子思在孔子之道的传承中有重要地位，而是认为孟子独得孔子之道。如此，他提出"观圣人之道必自孟子始"，将孟子视为孔子之后唯一得圣人之道的儒者。

在韩愈做出孔门弟子不能传道、孟子独得孔子之道的判断中，被尊为亚圣的颜子竟然缺席了此一道统谱系。韩愈曾提及子夏之学和子弓之学的传承，完全不提当时被称为"亚圣"的颜子对孔子之道的传承。他对颜子的此种无视态度，颇耐人寻味。而从韩愈将颜子的箪食瓢饮仅视为"哲人之细事"的评价中，可以窥见他对颜子的真实态度。

韩愈说："昔颜氏之庶几兮，在隐约而平宽，固哲人之细事兮，夫子乃嗟叹其贤，恶饮食于陋巷兮，亦足以颐神而保年，有至圣而为之依归兮，又何不自得于艰难。"[2] 他指出，颜子所为之"细事"得到了孔子的称赞，认为颜子居于陋巷，至少还有箪食瓢饮可以颐神保年以及有圣人可以依靠，因此能够自得于艰难之中。他给李翱的一封信中表露了相同的态度："昔者孔子称颜回：'一箪食，一瓢饮，在陋巷，人不堪其忧，回也不改其乐。'彼人者，有圣者为之依归，而又有箪食瓢饮足以不死，其不忧而乐也，岂不易哉！若仆无所依归，无箪食，无瓢饮，无所取

---

〔1〕 韩愈著，马其昶校注《韩昌黎文集校注》卷 4《送王秀才序》，上海古籍出版社 1998 年版，第 261-262 页。

〔2〕《韩昌黎文集校注》卷 1《闵己赋》，第 9 页。

资，则饿而死，其不亦难乎?"[1] 韩愈将颜子居陋巷的状态和他自己进行对比，认为颜子有圣人作依靠，而且又有箪食瓢饮足以活下去，因此颜子不忧而乐是一件容易的事。而他自己既无所依靠，又无箪食瓢饮，没有生活来源，是一种更艰难的状况。可见，韩愈是从圣人的依靠和基本的生活保障两个外在方面来理解颜子何以能够不忧而乐的。这表明，他对颜子之乐没有贴切的理解，甚至不认可颜子之乐。

宋代苏轼和司马光曾对韩愈的"哲人之细事"进行了评论。他们都是在为纪念孔氏后人给颜子所建"颜乐亭"的文章中，具体解释了韩愈为何以"哲人之细事"来评价颜子。苏轼认为韩愈所说"哲人之细事"是对颜子的正面评价："昔夫子以箪食瓢饮贤颜子，而韩子乃以为哲人之细事，何哉? 苏子曰：'古之观人也，必于其小者观之，其大者容有伪焉。人能碎千金之璧，不能无失声于破釜；能搏猛虎，不能无变色于蜂虿。孰知箪食瓢饮之为哲人之大事乎?"[2] 苏轼认为这是以小观大，小处才能显示人之无伪，而颜子在箪食瓢饮之中不改其乐，正是在小处显出其精神。

但司马光不赞同苏轼对韩愈之说的回护，认为韩愈以"哲人之细事"来评价颜子，是不理解颜子之乐以及没有颜子安贫乐道的精神。他说："子瞻论韩子以在'隐约而平宽'为'哲人之细事'，以为君子之于人，必于其小焉观之。光谓韩子以三书抵宰相求官……观其文，知其志。其汲汲于富贵，戚戚于贫贱如此，彼又乌知颜子之所为哉! 夫岁寒然后知松柏之后凋，士贫贱然后见其志，此固哲人之所难，故孔子称之。而韩子以为细事，韩子能之乎?"[3] 司马光指出，韩愈汲汲于富贵，戚戚于贫贱，是不能理解颜子之所为的。他反对韩愈以"细事"来评价颜子的箪食瓢饮，认为韩愈不能做到颜子之事。司马光认为，士人处贫贱之中而能守其志，是哲人之所难，因此孔子称赞颜子之贤。由此可见，苏轼和司马光都推崇颜子箪食瓢饮之乐，疑孟派的司马光更是将颜子视为理想人格。

虽然苏轼尝试从积极方面来理解韩愈所说之"细事"，但颜子的形象在韩愈心

---

〔1〕《韩昌黎文集校注》卷3《与李翱书》，第179-180页。
〔2〕 苏轼《苏轼诗集》卷15《颜乐亭诗》，中华书局1982年版，第777页。
〔3〕 司马光著，李之亮笺注《司马温公集编年笺注》卷68《颜乐亭颂》，巴蜀书社2009年版，第239-240页。

中是矮化的，尤其是将其与孟子的形象对照来看，即韩愈在尊孟的同时已经降低了对颜子的评价。韩愈曾在省试时作《颜子不贰过论》，唐代将颜子思想作为考试题目，表明官方对亚圣颜子的推崇。他在省试中称赞颜子居陋巷的精神，[1] 不同于此后"哲人之细事"的评价，可能因为韩愈在官方考试中不欲违背主流思想。

如此，韩愈的尊孟抑颜思想，在唐代是一种特殊的现象。但韩愈对孟子的推崇，在宋代思想界得到了积极回应，并在提倡颜子之学和尊孟思潮这两条思想路线下，兴起了对颜孟优劣同异的讨论。

二、颜子之学和尊孟思潮：颜孟比较思想的兴起

青年程颐在太学所作《颜子所好何学论》，让胡安定大为惊叹。而胡安定给太学生出了这道试题，亦代表了他自己的思想倾向。胡安定为宋初三先生之一，其余二先生石介和孙复都推崇孟子，但胡安定仅将孟子视为贤人，而认为颜子能够达于圣人。[2] 因此程颐这篇文章，不仅代表了自身对颜子思想的理解，也切中了胡安定对颜子的态度。

程颐早年即能阐释颜子之学，或与周敦颐寻孔颜乐处的教导有直接关联。周敦颐十分推崇颜子，"然则圣人之蕴，微颜子殆不可见。发圣人之蕴，教万世无穷者，颜子也"[3]，认为只有颜子能够阐发圣人的奥旨，教万世于无穷。他继而论述了具体原因："仲尼无迹，颜子微有迹。故孔子之教，既不轻发，又未尝自言其道之蕴，而学者惟颜子为得其全。故因其进修之迹，而后孔子之蕴可见。"[4] 周敦颐指出，孔子作为圣人是自然无迹的，因此孔子之教不会轻易显示，也未尝自言圣人之道的奥旨；而与圣人相差无几的颜子，是唯一得道之全者，因此根据颜子进

---

[1] 韩愈说："颜子自惟其若是也，于是居陋巷以致其诚，饮一瓢以求其志，不以富贵妨其道，不以隐约易其心，确乎不拔，浩然自守，知高坚之可尚，忘钻仰之为劳，任重道远，竟莫之致。"参见《韩昌黎文集校注》卷2《省试颜子不贰过论》，第125页。
[2] 胡安定指出，"由小贤至于大贤，由大贤至于圣人，自古及今有能行之者，惟颜子一人"，并认为"夫惟圣知圣，惟贤知贤，是君子当穷困之时，岂能以言语见信于小人哉！故孔子圣人也，孟子贤人也"。参见胡瑗《周易口义》，吉林出版集团有限责任公司2005年版，第126、213页。
[3] 周敦颐《周敦颐集》卷2《通书》，中华书局1990年版，第37页。
[4] 《周敦颐集》卷2《通书》，第37页。

修的途径，就能够明白孔子的奥旨。有基于此，周敦颐提出"学颜子之所学"[1]的思想，将颜子之学视为进入圣人之域的通道。

可以说，不同于韩愈对孟子独得孔子之宗的判断，周敦颐将颜子视为唯一得孔子之全者。但正如韩愈推尊孟子而忽视颜子，周敦颐尊崇颜子时亦很少提及孟子。他的《养心亭说》一文中引用了孟子的"养心莫善于寡欲"，但他对孟子此说并不满意，指出"予谓养心不止于寡焉而存耳，盖寡焉以至于无"[2]，认为养心不能止于寡欲，而要至于无欲。可见，周敦颐在推崇颜子、阐释颜子之学时，是忽略或者不满意孟子思想的。

而与周敦颐（1017—1073）同时期的司马光（1019—1086）和王安石（1021—1086），则走向了疑孟和尊孟思想的对立，并对颜子也持相反的态度。如上文所述，司马光十分赞赏颜子穷且益坚、安贫乐道的精神，"贫而无怨难，颜子在陋巷，饮一瓢，食一箪，能固其守，不戚而安，此德之所以完"[3]，认为颜子具有完备的德行。并且，他直接将孔颜之乐和孟子之乐对立而言："孟子曰：'独乐乐不如与人乐乐，与少乐乐不如与众乐乐。'此王公大人之乐，非贫贱者所及也。孔子曰：'饭蔬食，饮水曲肱而枕之，乐亦在其中矣。'颜子一箪食一瓢饮，不改其乐，此圣贤之乐，非愚者所及也。"[4] 司马光认为，孟子所谈之乐是王公大人之乐，贫贱者不能及；而孔颜之乐是圣贤之乐，愚者不能及。此种圣贤之乐和王公大人之乐的对比，能显现出孔颜和孟子之间的高低差别。苏轼在给司马光所作的神道碑中指出，"其退居于洛，眇然如颜子之在陋巷"[5]，将司马光退仕洛阳比作颜子居于陋巷。这既是称赞司马光具有颜子的品质，也是将颜子作为士大夫出处之道的典范。因此，司马光的疑孟思想和尊颜意识是一体两面的。

与此相对照，王安石的尊孟思想和对颜子的较低评价也是一体两面的。王安石

---

[1] 《周敦颐集》卷2《通书》，第23页。
[2] 《周敦颐集》卷3《养心亭说》，第52页。
[3] 《司马温公集编年笺注》卷68《颜乐亭颂》，第240页。
[4] 《司马温公集编年笺注》卷66《独乐园记》，第205页。
[5] 苏轼《苏轼文集》卷17《司马温公神道碑》，中华书局1986年版，第512页。

认为，颜子只是"具圣人之体而微"的美人，[1] 颜子的"非礼勿动"只是贤者之事，而贤人不能拟圣人之名，与"以身救弊于天下"的圣人相差甚远；[2] 孟子则"虽贤其仁智足以一天下"[3]，王安石甚至将孟子称为圣人，"孟轲，圣人也"[4]。在这种圣人和贤人的区分中，孟子已经居于颜子之上。王安石对孟子的推崇，亦直接推动了孟子配享孔庙，即朱子所说"孟子配享，乃荆公请之"[5]。而元丰年间孟子配享孔庙之事，直接将颜子和孟子的亚圣地位之争摆在了儒家面前。虽然最终以孟子次于颜子而告终，但孟子实质已构成对颜子亚圣地位的挑战。因此，当时儒家思想界已在讨论颜孟的优劣同异。

张载具体提出比较颜孟优劣同异的问题："颜孟有无优劣同异？"他是这样说的："颜子用舍与圣人同，孟子辨伯夷伊尹而愿学孔子，较其趋固无异矣。考孟子之言，其出处固已立于无过之地。颜子于仁三月不违，于过不贰，如有望而未至者，由不幸短命故欤！"[6] 张载认为，颜子和孟子所趋无异，即颜子用舍与圣人同，孟子愿学孔子，两人都趋于圣人。这实质表明二者没有优劣之分，从而将孟子上升至颜子同等地位。张载又说，孟子出处立于无过之地，颜子是三月不违仁和于过无贰。因此，即使他将颜子的望而未至归于其短命所致，但在这种"无过"的比较中，实已认为孟子优于颜子了。

可以说，张载的颜、孟比较，显示出他对孟子的推崇。他不仅自认能够承接孟子之后千余年不传之道，"此道自孟子后千有余岁，今日复有知者"[7]，而且二程亦评价张载的《西铭》可比于《孟子》，"据子厚之文，醇然无出此文也，自孟子后，盖未见此书"[8]。因此，张载思想中的孟子倾向是很明显的。

二程虽然对王安石的政治主张持有异议，但他们与司马光疑孟不同，而是与王

---

〔1〕 王安石《临川先生文集》卷72《答韩求仁书》，王水照主编《王安石全集》第7册，复旦大学出版社2017年版，第1290页。

〔2〕 《临川先生文集》卷64《三圣人》，《王安石全集》第7册，第1162页。

〔3〕 《临川先生文集》卷39《上仁宗皇帝言事说》，《王安石全集》第6册，第766页。

〔4〕 《临川先生文集》卷72《答龚深父书》，《王安石全集》第7册，第1293页。

〔5〕 黎靖德编《朱子语类》卷90，中华书局1986年版，第2294页。

〔6〕 张载《张载集》，中华书局1978年版，第309-310页。

〔7〕 《张载集》，第274页。

〔8〕 程颢、程颐《河南程氏遗书》卷2，《二程集》上册，中华书局2004年版，第37页。

安石同处于尊孟的思想阵营。[1] 只是二程与王安石的尊孟思想有差异，与张载的颜、孟比较思想也不同。那么，二程从哪些方面来比较颜子和孟子呢？

三、二程的颜、孟比较思想

二程直接从"立言、立德、立功"和"为学"这几个角度对颜子和孟子展开了具体比较，认为颜子优于孟子。但二程也积极阐释和吸收了孟子的心性论思想，将颜子之学和孟子之学共同贯彻于圣人之学的构建中。

一方面，二程认为颜子和孟子有"德行"和"事功"之别。程颢说："人须学颜子。有颜子之德，则孟子之事功自有。孟子者，禹、稷之事功也。"[2] 他指出，要以颜子为学习典范，具备了颜子的德行，自然会拥有孟子的事功，并将孟子等同于事功的禹和稷。但二程所说孟子之事功，是从"有功于道"的角度来讲的。程颐指出，"孟子有功于圣门不可言。如仲尼只说一个仁字……孟子开口便说仁义；仲尼只说一个志，孟子便说许多养气出来；只此二字，其功甚多"[3]，将孟子发展的仁义和养浩然之气的思想视为其有功于圣门之处。[4] 而在颜子和孟子的比较中，二程更为突出德行之于事功的优先性。他们说："孟子有功于道，为万世之师，其才雄，只见雄才，便是不及孔子处。人须当学颜子，便入圣人气象。"[5] 二程指出，孟子有雄才，有功于道，但是学者须当学颜子，才能入圣人气象。这就从"立德"和"立功"上来区分颜子和孟子，将颜子确立为儒家圣人之学的典范。

另一方面，二程指出，颜子在"立言"上优于孟子。当时有以孔孟并言的趋势，"使孔、孟同时，将与孔子并驾其说于天下邪？将学孔子邪？"，程颐的门人唐棣提出，如果孔孟同时在世，孟子将与孔子并驾其说于天下还是要以孔子为师这个

---

[1] 姚瀛艇指出，二程与王安石、司马光对孟子的差异，可见"政治观点与学术思想并不完全同步，经义分歧与政见对立并非如影随形"。参见姚瀛艇《宋儒关于〈孟子〉的争议》，《宋代思想文化研究》，河南大学出版社2015年版，第35页。
[2] 《河南程氏遗书》卷11，《二程集》上册，第130页。
[3] 《河南程氏遗书》卷18，《二程集》上册，第221页。
[4] 二程注重孟子推动儒道发展的功业，这与王安石偏重孟子的外王事功有显著差异。
[5] 《河南程氏遗书》卷5，《二程集》上册，第76页。

问题。程颐的回答是："安能并驾？虽颜子亦未达一闲耳。颜、孟虽无大优劣，观其立言，孟子终未及颜子。昔孙莘老尝问颜、孟优劣，答之曰：'不必问，但看其立言如何。凡学者读其言便可以知其人，若不知其人，是不知言也。'"[1] 他断然拒绝孟子能与孔子并驾齐驱的想法，并指出观其言则知其人，孟子立言未及颜子，从而在颜孟优劣这个问题上，颜子要优于孟子。事实上，《孟子》是孟子立言之处，而颜子所立之言只存于《论语》数处，但二程依然认为颜子立言高于孟子，可见二程对颜子之学十分推崇。

这就导向了第三个方面的比较，即在为学方面，二程认为颜子之学有可依循之处，学孟子则无可依据。二程多次指出，学者要学习颜子，"孟子才高，学之无可依据。学者当学颜子入圣人为近，有用力处"[2]，"若颜子底一个气象，吾曹亦心知之，欲学圣人，且须学颜子"[3]，这就是将颜子之学视为学至圣人的根本途径。事实上，程颐早年在《颜子所好何学论》一文中，提倡圣人可学论，指出颜子所好的就是"圣人之道"。程颢亦明确指出，颜子之学能够为学者提供具体准则，"学者要学得不错，须是学颜子。有准的"[4]。

二程为何认为颜子之学比孟子之学更容易让学者进入圣人之域呢？也就是说，颜子之学为学者提供了何种可依循的途径呢？程颢认为，"颜子合下完具只是小，要渐渐恢廓。孟子合下大，只是未粹，索学以充之"[5]，这是以小大之分来区别颜子和孟子，指出颜子之学的规模小，需要扩大，而孟子所立之大体须以颜子之学来填充。如此，颜子之学是圣人之学的入门基础，颜子之学和孟子之学相互结合，才能够达至圣人之道。而程颐则具体指出了颜子学圣人的内容，"颜渊问克己复礼之目……颜渊事斯语，所以进于圣人。后之学圣人者，宜服膺而勿失也。因箴以自警"[6]，认为颜子的"视听言动皆礼"是具体所学之事，并且程颐特意制作视、听、言、动四箴来表明克己复礼的重要性。由此可知，他将"礼"视为基本的道

---

[1] 《河南程氏遗书》卷22，《二程集》上册，第280页。
[2] 《河南程氏遗书》卷2，《二程集》上册，第19页。
[3] 《河南程氏遗书》卷2，《二程集》上册，第34页。
[4] 《河南程氏遗书》卷3，《二程集》上册，第62页。
[5] 《河南程氏遗书》卷3，《二程集》上册，第62页。
[6] 程颢、程颐《河南程氏文集》卷8，《二程集》上册，第588页。

德修养方法，而颜渊学于孔子的"克己复礼"和"博文约礼"，都是具体的学习修养方法。因此，相比于孟子在儒家心性理论建构上的雄才，二程认为颜子之学提供了"学至圣人"的具体内容和易于效仿的学习方法。

在以上"立德""立言""为学"三方面的比较中，二程认为孟子皆不如颜子。因此，他们不赞同时人称孟子为"亚圣"："孟子之于道，若温淳渊懿，未有如颜子者，于圣人几矣，后世谓之亚圣，容有取焉。"[1] 程颐则直接以"亚圣"和"亚圣之次"这种明确的序位排比来说明颜子居于孟子之上："孟子却宽舒，只是中间有些英气，才有英气，便有圭角。英气甚害事，如颜子便浑厚不同。颜子去圣人，只毫发之间。孟子大贤，亚圣之次也。"[2] 他认为，孟子有圭角，不如颜子浑厚，颜子和圣人只有毫发之差，而孟子只能称为贤人。

二程既然直面王安石的尊孟和司马光的疑孟思想，那么他们对二者究竟持何种态度呢？现存文集并没有保留他们对此的议论。但他们的门人杨时对尊孟派和疑孟派发表过意见，我们从中可窥见二程及其门人的思想立场。杨时说："孟子之书，世儒未尝深考之，故尊之者或过其实，疑之者或损其真，非灼知圣贤之心，未易以私意论也。世之尊孟子者多失其传，非孟子过也，而遂疑之亦过矣。"[3] 他指出，尊孟者言过其实，疑孟者损其真实，既不赞同尊孟者对孟子思想的阐释，也不赞同疑孟者对孟子思想的质疑。同时，杨时曾直接对司马光的疑孟思想发表议论："温公自孔子而下，独谓扬雄为知道……夫雄之言，以孟子不异于孔子，则其尊孟子也至矣。温公于孟子乃疑之，则虽以雄为知道，而于雄书亦未尽信也……学者将安折衷乎？折诸孔子而已。"[4] 他认为，司马光虽然推举扬雄，但司马光并不如扬雄一样尊崇孟子，可见司马光不尽信扬雄的思想。

如此，杨时提出一个调和各种不同观点的方法，即用孔子之道来判断此后儒者的思想。这就是说，如果孔子以下的儒者和孔子同调，则要肯定其思想，而孟子思想是否不异于孔子，就有赖于儒者对孟子思想的理解。既然杨时认为尊孟派和疑孟

---

[1]《河南程氏遗书》卷2，《二程集》上册，第21页。
[2]《河南程氏遗书》卷18，《二程集》上册，第197页。
[3] 杨时《杨时集》卷19《答陈莹中》，中华书局2018年版，第530页。
[4]《杨时集》卷19《答陈莹中》，第528页。

派都不能对孟子思想有正确的理解，那么二程及其门人认为孟子思想的主旨是什么呢？

二程虽然认为孟子不如颜子，但他们将孟子的心性思想尤其是性善论视为圣人之学的理论根基。程颐说："孟子言人性善是也。虽荀、杨亦不知性。孟子所以独出诸儒者，以能明性也。性无不善，而有不善者才也。性即是理，理则自尧、舜至于涂人，一也。"[1] 他认为，诸儒之中，独有孟子能够明性，并将孟子的性善论发展为性理思想。吾妻重二指出，宋代道学的"圣人可学"的观点，突出了颜子的地位，而性善论成为圣人可学论的前提，这就导向了孟子思想的再发现。[2] 同时，二程认为，读书讲义也是格物穷理之一途，如此读《孟子》可以穷圣人之经旨。那么，在"学者先须读《论》《孟》……今人看《论》《孟》之书，亦如见孔、孟何异？"[3] 的读书方法中，孔孟并提或者说孔孟之道的建构将以《论》《孟》并读的学习途径被广大士人接受。因此，当二程指出孟子有功于圣人之道，并积极阐释孟子思想时[4]，这已经构成孟子升格运动的重要一环了。

综言之，二程对颜子和孟子的评价突破了尊孟抑颜和尊颜抑孟模式，他们通过阐释颜子之学以尊崇颜子，并在对《孟子》文本的阐释中推举孟子的思想，从而将颜子和孟子都纳入了圣人之学的建构，走向了"学颜"和"尊孟"并举的思想路线。但在颜孟优劣比较中，二程从"立德""立言""为学"这三个方面肯定颜子优于孟子，坚持颜子的亚圣地位。

四、颜孟关系建构中的几个问题：二程及此后的思想回应

二程"学颜"和"尊孟"并举的思想路径，迥异于自韩愈以来的唐宋儒者。那么，二程对孔孟之道的建构和韩愈的道统论是否有差异呢？二程建构的孔孟之道

---

[1] 《河南程氏遗书》卷 18，《二程集》上册，第 204 页。
[2] 吾妻重二《朱子学的新研究——近世士大夫思想的展开》，傅锡洪译，商务印书馆 2017 年版，第 105-123 页。
[3] 《河南程氏遗书》卷 18，《二程集》上册，第 205 页。
[4] 郭畑指出，《孟子》思想的丰富可诠释性，推动了孟子的升格，并最终取代颜子成为亚圣。参见郭畑《唐宋孟子诠释之演进与孟子升格运动》，《孔子研究》2016 年第 5 期。

是否妥善安顿了颜子的思想地位呢？"尊孟"和"学颜"这两条路径在此后的儒学思想界是否有回应呢？

尊孟思潮的兴起与韩愈建构的道统论有密切关联，王安石等尊孟派也直接继承了韩愈阐发的三代至孔孟的圣人之道。但二程对孔孟之道的阐发，与尊孟派的道统论有区别。二程在孔孟之间增加了曾子至子思的传承脉络，并在《论语》《孟子》二书之外重视《大学》《中庸》，尤其是子思的《中庸》一书。杨时在《中庸义序》中具体阐发了二程的思想旨意。他说："孔子殁，群弟子离散，分处诸侯之国。虽各以其所闻授弟子，然得其传者盖寡。故子夏之后有田子方，子方之后为庄周，则其去本浸远矣。独曾子之后，子思、孟子之传得其宗。子思之学，《中庸》是也。孟子之书，其源盖出于此，则道学之传有是书而已。世儒知尊孟氏，而于《中庸》之书未有能尽心者，则其源流可知矣。"[1] 杨时对孔子之后门人所传之道的叙述，与韩愈的判断是一致的。但与之不同的是，杨时认为子思所著《中庸》是《孟子》一书的源头，因此他十分重视《中庸》的思想旨意，将《中庸》视为"圣学之渊源，入德之大方也"[2]，并指出，当时的尊孟派只重视孟子而不能尽心于《中庸》一书。

杨时将《中庸》视为《孟子》一书的思想渊源，应该受到了李翱的影响。李翱在《复性书》中阐发了不同于韩愈的圣人之道及其传承谱系。他说："圣人以之传于颜子……子思，仲尼之孙，得其祖之道，述《中庸》四十七篇以传于孟轲。轲曰：'我四十不动心。'轲之门人达者，公孙丑、万章之徒，盖传之矣。遭秦灭书，《中庸》之不焚者，一篇存焉，于是此道废缺……性命之源，则吾弗能知其所传矣。道之极，于剥也必复，吾岂复之时邪？"[3] 李翱将圣人之道视为性命之道，并认为颜子是圣人之道的传承者。他虽然指出曾子所言得性命之正，但没有在曾子和子思之间建立学术关系，而是格外突出子思作为孔子之孙、得其祖之道的特殊性，并认为子思将《中庸》旨意传授给孟子。同时，他将秦国焚书视为《中庸》性命之道不传于世的原因。因此，李翱认为《中庸》继承了圣人之道，意图恢复

[1] 《杨时集》卷25《中庸义序》，第674页。
[2] 《杨时集》卷25《中庸义序》，第674页。
[3] 李翱《李文公集》卷2《复性书》，上海古籍出版社1993年版，第7—8页。

性命之道的传承。

可以说，二程及其门人的道统建构，综合了韩愈和李翱的道统谱系，从而不同于尊韩以来的尊孟派。南宋时期，反道学的士大夫即以孔孟之道来反对二程及其门人对《中庸》《大学》的推崇，宋高宗则将孔孟之道、《论》《孟》之书确定为官方的正统之学，并由此反对道学人士以二程承接道统的论断。[1] 可以说，孔孟之道在宋代是朝野以及不同思想派别的士人共同承认的儒家公共之道，但将曾子和子思纳入孔孟之间的道统谱系，则是二程理学的特色。

然而，在二程及其门人叙述的孔子之道的传承谱系中，颜子在道统中的作用被削弱了。他们说："然颜子没后，终得圣人之道者，曾子也……所传者子思、孟子，皆其学也。"[2] 二程将曾子视为颜子没后得圣人之道者，而曾子所传的是子思和孟子之学。这就产生了一个问题：既然曾子—子思—孟子已传承孔子之道，那么可以通过曾子—子思—孟子之学上达孔子之道，为何一定要学颜子呢？诸如陆九渊就反转了二程"学颜子有用力处，学孟子无所依凭"的判断，他在比较颜子和仲弓的为仁之方法时指出，"颜子为人最有精神，而用力最难。仲弓精神不及颜子，然用力却易"[3]，认为颜子之学是最难用力的，即颜子之学是常人难以企及的。[4] 他认为颜子的"非礼勿视听言动"是得道之后的德行，不赞同将之作为克己复礼的具体条目和圣人之学的入门途径，"如非礼勿视、听、言、动，颜子已知道，夫子乃语之以此。今先以此责人，正是躐等"[5]，并指出，程朱教人学习颜子的克己复礼是一种躐等的工夫要求。

---

〔1〕 参见赵宇《儒家"亚圣"名号变迁考——关于宋元政治与理学道统论的互动研究》，《历史研究》2017 年第 4 期。
〔2〕 《河南程氏遗书》卷 9，《二程集》上册，第 108 页。
〔3〕 陆九渊《陆九渊集》卷 34《语录》，中华书局 1980 年版，第 397 页。
〔4〕 朱熹和门人讨论了陆九渊对颜渊和仲弓的看法，门人认为仲弓的为仁方法是为中人制定标准，而颜渊的为仁方法是学者力量达不到的，因此不如学习仲弓。朱熹则批驳了门人的此种学习态度，认为要立志成为第一等人，而且颜渊之学有下手之处。"问：'颜子问仁与仲弓问仁处，看来仲弓才质胜似颜子。'曰：'陆子静向来也道仲弓胜似颜子，然却不是。'……祖道曰：'虽是如此，然仲弓好做中人一个准绳。至如颜子，学者力量打不到，不如且学仲弓。'曰：'不可如此立志，推第一等与别人做。颜子虽是勇，然其着力下手处也可做。'"《朱子语类》卷 42，第 1078 页。
〔5〕 《陆九渊集》卷 34《语录》，第 398 页。

陆九渊虽然称赞颜子之贤，认为"夫子许多事业，皆分付颜子"[1]，并指出颜子去世后，"夫子所分付颜子事业，亦竟不复传也"[2]，但陆九渊并不认为颜子独得孔子之道，也不是要接续久不复传的孔颜之学。[3] 他所谓的孔子分付颜子的许多事业，是有具体内容指向的，是"问仁"之后的"为邦"之道。[4] 陆九渊建构了曾子—子思—孟子这一儒道传承谱系，"幸曾子传之子思，子思传之孟子，夫子之道，至孟子而一光"[5]，并认为孟子发扬光大了孔子之道，以接续孟子之学为志向。这就表明，陆九渊认为颜子难以成为学者效仿的榜样，而颜子之学也失去了后继者。如此，颜子之学在孔孟之道中更加难以有确切的思想地位。

上述问题在朱熹《中庸章句序》阐述的道统中得到了解决，他指出，"惟颜氏、曾氏之传得其宗"[6]，将颜子纳入儒家道统谱系，并提倡颜子的博文约礼和克己复礼的为学方法，意图消解"尊孟"和"学颜"之间的道统张力。而当王阳明发出"圣人没，颜子之学不传"的感叹，将颜子纳入道统谱系，并从致良知的角度来阐释颜子之学时，此种意图继承颜子之学的道统谱系并不是心学的特质，[7] 而是在承接宋代儒者分判颜、孟的思想脉络中，[8] 表达了不同于宋代理学的颜子之学。

---

[1]《陆九渊集》卷 34《语录》，第 397 页。

[2]《陆九渊集》卷 34《语录》，第 397 页。

[3] 柴田笃认为阳明提出"颜子没而圣人之学亡"，有受到象山"颜子没而夫子事业无传"的影响。参看柴田笃《"颜子没而圣学亡"の意味するもの——宋明思想史におはる颜回》，《日本中国学会报》1999 年第 51 集，第 77-90 页。这就误判了陆象山对颜子之学的态度以及孔子交付颜子事业的具体内容。

[4] 陆九渊指出颜子问仁之后，孔子交付许多事业，而他认为居于颜子"问仁"之后的是"为邦"之问，如此"为邦"当是孔子交付颜子的事业。他说："《论语》所载颜渊'喟然之叹'，当在'问仁'之前；'为邦'之问，当在'问仁'之后。"《陆九渊集》卷 1《与胡季随》，第 8 页。

[5]《陆九渊集》卷 34《语录》，第 397 页。

[6] 朱熹《四书章句集注》，中华书局 2016 年版，第 17 页。

[7] 有学者认为，将颜子置于道统谱系并以继承颜子之学为目的，是心学道统论的特旨。诸如柴田笃所指出的，不同于程朱将颜子之学阐释为格物穷理、克己复礼，王阳明及其弟子王龙溪将颜子之学和致良知思想联系起来，以此构建了孔子—颜子—象山—阳明的心学传承谱系。吴震也指出王阳明及王龙溪对颜子之学的阐发，是要建构不同于理学道统论的心学道统。参看柴田笃《"颜子没而圣学亡"の意味するもの——宋明思想史におはる颜回》，《日本中国学会报》1999 年第 51 集，第 77-90 页；吴震《心学道统论——以"颜子没而圣学亡"为中心》，《浙江大学学报》（人文社会科学版）2017 年第 3 期。

[8] 参见许家星《精一之传——王阳明道统思想探幽》，《中州学刊》2022 年第 4 期。

由此可见，二程解决"学颜"和"尊孟"之间张力问题的努力，在朱熹和王阳明这里得到了回应。而当孔孟之道成为官方倡导的正统思想后，宋明理学却依然提倡颜子之学，致力于阐发颜子和圣人之道的紧密联系，这可将颜子之学或者孔颜之道视为理学传承在官方正统外的另一条暗线，此中或许寄托了理学的隐秘心绪。

即内圣以达外王：论朱子读书工夫的多维面向

李　彬[*]

[内容提要]

与陆王轻视读书不同，朱子极其重视读书，并且将读书视为最重要的格物工夫之一。在朱子看来，读书具有历史性和生存论上的必要性：一方面，处于"礼崩乐坏"的历史环境，古代相传的"礼乐养德之具"俱废，读书成为成德的唯一途径；另一方面，人生而有气质物欲之偏，读书不是可有可无之事，而是致知穷理、格物修身的必由途径。从内圣方面讲，通过读书融会义理以涵养心性、变化气质，可以补居敬工夫之不足；从外王方面讲，读书明理即能够指导人们在政治伦理世界中践履。故在朱子那里，读书是一种实践工夫而非单纯的理论活动，读书与应事之间具有内在的一致性，具有政治-伦理维度。

[关键词]

朱子；读书；工夫论；格物；内圣外王；政治-伦理

---

　*　李彬，郑州大学哲学学院讲师、洛学研究中心研究员，哲学博士。本文系河南省哲学社会科学规划青年项目"洛学工夫论研究"（2023CZX011）、国家社科基金重大项目"中国气论思想通史研究"（23ZD237）、国家社科基金青年项目"清代礼学与理学的互通性研究"（22CZX032）阶段性成果。

引　言

作为中国哲学史上最善于读书的哲学家之一，[1] 朱子的读书法历来受到重视。南宋时，朱熹亲传弟子辅广即从朱熹众多作品和语录中辑录朱子论读书的内容，而后再由张洪、齐熙增补，并进行系统的整理，成《朱子读书法》一书。元代更衍生出程端礼的《程氏家塾读书分年日程》。[2] 清儒陆陇其说《朱子读书法》是纲，《读书分年日程》是目。[3] 近代有学者将包括朱熹在内的各家读书法加以编纂，而成《古今名人读书法》。[4] 钱穆、徐复观、余英时等也都极力推崇朱子之读书法。[5]

不仅如此，读书在朱子的思想体系和为学实践中占据重要的地位。唐君毅指出："朱子之读书原即致知格物之一事。"[6] 具体而言，朱子继承伊川对格物穷理之具体方式的论述，尤其重视读书，甚至认为读书乃"格物致知的最为基本也是最为重要的方式"[7]。甚至有学者认为，读书是朱子格物穷理的"首要工夫""本

---

[1] 如齐熙《编定朱子读书法原序》谓："从古圣贤，非不言读书也，而每教人读书以穷理，则至文公而愈切。关洛大儒，亦非不言读书之法也，而及于循序致精，与先看易晓者之云，则自先生而始见其愈切者。"（张洪、齐熙编《朱子读书法》，冯先思点校，浙江人民美术出版社2017年版，第6页。）钱穆亦谓："孔子以下，惟朱子乃为千古一最善读书人，此语当不为诬。"（钱穆《朱子新学案》第3册，九州出版社2011年版，第657页。）

[2] 程端礼撰、姜汉椿校注《程氏家塾读书分年日程》，黄山书社1992年版。

[3] 关于二书之异同及其联系的研究，可参见周春健《从〈朱子读书法〉到〈读书分年日程〉——试论宋元间朱子学之流变》，《朱子学研究》第36辑，江西教育出版社2021年版，第40-58页。

[4] 参见张明仁《古今名人读书法》，台湾商务图书公司1964年版。

[5] 在朱子的格物理论中特别指出读书理论（并非仅读书）之重要性者，当代首推钱穆先生，参见《学龠》以及《朱子新学案》。徐复观在《应当如何读书》一文中，亦对《朱子读书法》推崇备至："至于进一步的读书方法，我愿向大家推荐宋张洪、齐熙同编的《朱子读书法》。朱元晦真是投出他的全生命来读书的人；所以他读书的经验，对人们有永恒的启发作用。"（参见徐复观著、陈克艰编《中国知识分子精神》，华东师范大学出版社2004年版，第200页。）余英时则指出朱子之读书法乃"最亲切有味"，且与西方的诠释学有诸多相通之处。（参见余英时《怎样读中国书》，收入《中国文化与现代变迁》，三民书局1992年版，第262页。）

[6] 唐君毅《中国哲学原论·原教篇》，台湾学生书局1990年版，第267页。

[7] 江求流《朱子哲学的结构与义理》，中国社会科学出版社2020年版，第198页。

质工夫"。[1]

当前学界对朱子读书法的讨论成果颇为丰硕。一方面，受西方诠释学影响，很多学者从诠释学角度探讨了朱子读书法中包含的诠释学意蕴，丰富了对朱子读书法的理解。[2] 另一方面，也有学者不满足于诠释学的立场和视角，而是努力从工夫论的角度探讨朱子的读书法。[3] 这提示我们，不仅要从工夫论的角度重新理解"读书"，而且对"读书"的探讨，反过来也可以丰富或加深我们对工夫的理解。换言之，我们不能仅仅将工夫理解为一种专注于个体身心之修养和转化的技艺。起码在重视"格物致知"的朱子那里，工夫绝不只是居敬涵养、变化气质，而是有更加外在、更加客观化的维度。[4] 这也是朱子如此重视"下学"、重视"道问学"、重视"读书"的原因所在。朱子之能上承先秦原儒、集理学之大成与其对读书为学之重视脱不开关系。

---

[1] 王雪卿《读书如何成为一种工夫——朱子读书法的工夫论研究》，《清华中文学报》2015 年总第13 期。

[2] 参见 John Berthrong, To Catch a Thief: Chu His (1130—1200) and the Hermeneutic Art. *Journal of Chinese Philosophy*, 1991 (18): 195-212. 邵东方《朱子读书解经之诠释学分析——与伽达默尔之比较》、郑宗义《论朱子对经典诠释的看法》，二文俱收入钟彩钧主编《朱子学的开展——学术篇》，汉学研究中心 2002 年版。潘德荣《经典与诠释——论朱熹的诠释思想》，《中国社会科学》2002 年第 1 期。陈立胜《朱子读书法：诠释与诠释内外》，李明辉主编《儒家经典诠释方法》，喜马拉雅研究发展基金会 2003 年版。张汝伦《"其事虽述，而功倍于作矣"——论朱熹的释义学》，《中西哲学十五章》，上海书店出版社 2008 年版。林维杰《朱子"读书法"中的诠释学意涵》，《朱熹与经典诠释》，台湾大学出版中心 2008 年版。以上皆是从诠释学角度对朱子的经典诠释思想进行的梳理和分析，且多注重朱子的读书法。

[3] 如王雪卿所指出的："朱子将经典阅读、诠释视为身心转化的重要桥梁，使他尽管再怎么重视读书与知识，也不可能只作为一种诠释学而存在，有其道德性、宗教性向度，朱子读书法的真实意涵是一种工夫论。"又说："朱子的读书工夫是成圣的重要方法，与圣人、天理相遇合一的要径；也是一种具有身心疗愈功能的自我技术。"（参见王雪卿《读书如何成为一种工夫——朱子读书法的工夫论研究》，《清华中文学报》2015 年总第 13 期。）另外，吕铭崴《从朱子的读书法论其修养工夫》（花木兰文化出版社 2012 年版）、崔翔《作为"工夫"的读书——读〈朱子读书法〉有感》（《思想政治课教学》2020 年第 9 期）也是从工夫论角度探讨朱子的读书法。

[4] 如朱子说："圣贤所言为学之序例如此，须先自外面分明有形象处把捉扶竖起来，不如今人动便说正心诚意，却打入无形影、无稽考处去也。"（朱熹《晦庵先生朱文公文集》卷 47《答吕子约》，朱杰人等主编《朱子全书》第 22 册，上海古籍出版社、安徽教育出版社 2010 年版，第2181 页。）

一、"读书是格物一事"

朱子重视读书，从《朱子语类》即可窥见一斑。钱穆指出："程门相传学风，好闲静，不肯子细读书……至朱子而一变。其竭意教人读书之语，一部《语类》一百四十卷，几于出口皆是，不胜摭拾。"[1] 确实如此，除《语类》第七到十三卷专门论"学"之外，其讨论四书、训门人及自论为学工夫诸卷，亦多有论学、论读书之语，真可谓"出口皆是，不胜摭拾"。

朱子关于读书有诸多论述，可谓不厌其烦。甚至当有人问朱子之为学宗旨时，作为当世大儒的朱子竟然说："某无宗旨，寻常只是教学者随分读书。"[2] 而当有学者向其请教"学问之端绪"时，朱子亦只是说："且读书，依本分做去。"[3] 而其直到晚年仍"以子细读书为教"[4]。

此"无宗旨"之言，显然针对当时甚嚣尘上的禅宗和象山之学，后者喜言"宗旨"，或"不立文字，直指本心"，或"发明本心，先立其大"。凡此，在朱子看来皆有病痛。但朱子之讲读书又不同于"俗学"之读书，而是要"求道"和"致用"。朱子认为"古人读书，将以求道"，若能"将已晓得底体在身上"即"为己之学"，则能致用之"道学"。若只以"涉猎该博为能""只就注解上说"，则为无济于事之"俗学"。因此，"读书工夫"需要在"只就书册上理会"和"不消得读书"这两个极端之间求取一个中道，即既不能离书册而悬空别求一个觉悟所在，亦不能溺于书册而不致力于一己身心气质之变化。[5]

朱子将"读书"称之为"工夫"，这提示我们，需要从工夫的角度去理解读书。而根据朱子所继承自程子的"涵养须用敬，进学则在致知"的义理结构，[6]

---

[1] 钱穆《朱子新学案》第 3 册，第 311 页。

[2] 黎靖德编《朱子语类》卷 121，中华书局 2011 年版，第 2917 页。

[3] 《朱子语类》卷 115，2783 页。

[4] "某自漳州来，其他尽不曾说得，只不住地说得一个教人子细读书。"（《朱子语类》卷 10，第 172 页。）根据钱穆考证，朱子以光宗绍熙五年甲寅夏至漳州，年六十五。此条为甘节记癸丑以后所闻。故"可证朱子晚年，仍以子细读书为教"。（参见钱穆《朱子新学案》第 3 册，第 313 页。）

[5] 参见《朱子语类》卷 11，第 181、182 页。

[6] 参见程颢、程颐《河南程氏遗书》卷 18，《二程集》，中华书局 1981 年版，第 188 页。

读书无疑属于"格物致知"的范畴。而朱子的确也有"读书是格物一事"之言。[1] 因此，我们从格物工夫的角度探讨读书工夫，无疑是具有合理性的。

与受西方近代思维方式影响的现代人不同，在中国古人那里，"物"首先不是客观之物，而就是"事"。[2] 郑玄在《礼记正义》中释《大学》之"格物"："格，来也。物，犹事也。"[3] 朱子在《大学章句》中释"格物"："格，至也。物，犹事也。穷至事物之理，欲其极处无不到也。"[4] 皆是明证。

在朱子及其他理学家那里，物的含义和范围很广，而"格物穷理"所指向的事物亦是无所不包。朱子指出："若其用力之方，则或考之事为之著，或察之念虑之微，或求之文字之中，或索之讲论之际。使于身心性情之德、人伦日用之常，以至天地鬼神之变，鸟兽草木之宜，自其一物之中，莫不有以见其所当然而不容已与其所以然而不可易者。"[5] 可见，在朱子那里所谓的"物"，包括念虑之微、事为之著、读书、品评人物、一草一木、天地鬼神，可以说涵盖了我们今天所说的自然、人文和精神等一切与人的实践活动相关的方方面面。而"格物"的目的与其说是穷究物理，不如说是在与事物打交道的过程中，将其中所蕴含的意义完整地呈现出来，最终达到或呈现出来的是道或天理之全体，而不是作为主体的人去获得的关于对象的客观知识。

亚里士多德认为，实践、制作与理论沉思是人的活动的三种主要形式。如果按照这个分类标准，读书为学属于哪一种活动呢？首先，读书在朱子那里"是格物一事"[6]，即属于格物工夫。而格物属"知"，按此，读书似应属于"理论"活动。但是格物的对象又决定了其应属于"实践"活动，因为理论活动乃是对"不变的、必然的事物或事物的本性的思考"，而实践是"道德的或政治的活动，目的

---

[1] 参见《朱子语类》卷10，第167页。
[2] 葛瑞汉将"格物"之"物"译为"activities"，甚有理致。参见葛瑞汉《中国的两位哲学家：二程兄弟的新儒学》，程德祥等译，大象出版社2001年版，第129页。
[3] 《礼记正义》卷60《大学》，十三经注疏本，北京大学出版社1999年版，第1592页。
[4] 朱熹《四书章句集注》，中华书局2010年版，第4页。
[5] 《大学或问》，《朱子全书》第6册，第527—528页。
[6] 《朱子语类》卷10，第167页。

既可以是外在的又可以是实践本身"。[1] 格物的范围广泛，可以说涵盖了自然人文的一切事物和活动，而读书作为格物中一重要事项，其主要对象包括"四书"、"五经"、诸史、子集等，也可谓包罗万象、不一而足，但主要还是儒家的经典。而儒家经典并非对那些宇宙论意义上"不变的、必然的事物或事物的本性的思考"，即并非与人事无关的形上玄远之思，更多的是对与变动不居的人事相关的"道德的或政治的活动"的记载，并探究"道德的或政治的活动"之本性，即那亘古亘今、永恒不变、"天经地义"意义上的"常道"。

读书的目的，则不外乎"因先达之言以求圣人之意，因圣人之意以达天地之理"[2]，或者说"读书以观圣贤之意；因圣贤之意以观自然之理"[3]。此"天地之理"或"自然之理"并非作为宇宙论（Cosmology）或自然（nature）意义上的"天地"（heaven and earth）之理，而毋宁是作为人类的道德或政治之最终根据意义上的永恒不变之"天理"。从这个意义上来说，读书是一种实践工夫，而非一种理论活动。因此，"格物致知"在朱子那里虽然属于"致知"而非"力行"的范畴，但一方面，"格物"并非去到外物那里寻求知识，另一方面，中国传统知行观中的"知"不同于近代西方认识论意义上的认识或知识，后者对于中国古人来说也是陌生的。因此，我们应该将之置于工夫论而非认识论的视角下去考察。"格物"是一种工夫，这一工夫虽然从大的分类上看属于"致知"的范畴，但不仅其过程是一种工夫、一种实践，而且其目的或归宿是践履或"力行"。

正如不能将朱子的"格物"看成一种认识活动或知识活动，同样，亦不能将作为格物工夫之一的"读书"看作与"实践"相对的"理论"活动、隶属于"知"的范畴。作为工夫的读书必然蕴含着实践的维度，指向"行"的领域。[4]否则，在朱子工夫系统中的"居敬"与"穷理"、"致知"与"力行"就有打为两橛之虞。正是由于只将读书看作一种与"尊德性"的道德实践相分离的"道问学"

[1] 亚里士多德《尼各马可伦理学》，廖申白译，商务印书馆 2003 年版，前揭"译注者序"，第 xxi 页。

[2] 《晦庵先生朱文公文集》卷 42《答石子重一》，《朱子全书》第 22 册，第 1920 页。

[3] 《朱子语类》卷 10，第 162 页。

[4] 参见张汝伦《关于格物致知的若干问题——以朱熹的阐释为中心》，收于吴震主编《宋代新儒学的精神世界——以朱子学为中心》，华东师范大学出版社 2009 年版，第 64 页及以下。

的知识活动或认识活动，陆王才对读书、对专于册子中求义理的行为表示怀疑，认为读书讲学易流于"支离"或"泛滥无归"，于人明理成圣不仅无所助益，且有妨碍。至少不如直接"发明本心"或"致良知"更为简易直截，事半功倍。

从工夫论意义上说，不管是"道问学"还是"尊德性"，首先都是工夫论内部侧重之不同的差别，而非理论与实践或认识论与伦理学那样两种不同知识或学科范畴的差别。朱陆之争也不在于一个只讲"道问学"，一个只讲"尊德性"，而是对何谓"尊德性"以及如何"尊德性"的理解不同，导致工夫进路亦不同。[1] 朱陆的差别也不在于一个关注认识论，一个关心道德修养或伦理学。格物致知所讲的不是认识论问题，即如何能够获得具有普遍必然性的知识，而是如何通过格物穷理而理明知至，最终"变化气质"。

而对于朱子那里读书是否能够成德，且是否能够免于"拿认识论做工夫论"或"以知识成就德性"的诟病，当代学者亦仍有疑虑："纵使读书的目的是为了成德，但是读书的过程本身，是否能够就此被理解为一种修养工夫，而不仅只是认识论的意义，这仍是有待商榷的。因此，纵使我们指出读书法与修养工夫有密切的关系，但是读书法本身仍然容易落入只是知识活动的层次中，而让人感到有拿认识论做工夫论、或朱子希望以知识成就德性的诟病。"[2] 我们必须回到朱陆之间关于读书的讨论，重新检讨朱子重提读书工夫重要性的原因及其意义。

二、"穷理之要必在于读书"

从"朱陆之辩"开始，一直到王阳明，陆王对程朱的批评，主要是基于前者认为过于注重格物读书，会忽视自家身心而产生"外驰"之弊，而不能"尊德性"。或沉迷于书册，则耽于名物考据、词义训诂；或投身于讲学，则驰骛于"意

---

[1] 对这一点，学界已有关注，如郭晓东教授指出："唐君毅先生称朱陆异同不在于主尊德性或主道问学，而在于尊德性之工夫不同，这确是不可移易的定论。"（参见郭晓东《善与至善：论朱子对〈大学〉阐释的一个向度》，《台大历史学报》2001 年 12 月第 28 期。）
[2] 参见吕铭崴《从朱子的读书法论其修养工夫》，第 75 页。

见"或"闲议论",〔1〕这些在陆王看来都是工夫支离的表现，完全外在于自家的德行培养和生命完善。但事实上，朱子对"外驰"之病并非没有警惕，如他说："今之学者只有两般，不是玄空高妙，便是肤浅外驰。"〔2〕又说："务反求者，以博观为外驰；务博观者，以内省为狭隘。"〔3〕所谓"肤浅外驰"即是指"博观"泛览。还有一种心的"走作"或"外驰"，或是由于"功夫间断"，或是由于"把捉不定"，"私欲夺之"。〔4〕朱子门人亦对"格物"是否有"外驰之病"表达了疑惑，对此朱子答道："若合做，则虽治国平天下之事，亦是己事。'周公思兼三王，以施四事。其有不合者，仰而思之，夜以继日，幸而得之，坐以待旦。'不成也说道外驰！"〔5〕即遇事不当问内外，而当问"合为不合为"，即"惟义所在"。而在朱子眼中，读书为学绝对属于人生在世、人之为人所"合做"之事。

理学与心学都属于儒学，都以成德成圣为"人生第一等事"，但在如何成德成圣，或者说在成德成圣的工夫路径上，二者有较大的差异。二者的一个绝大相异之处在于是否重视读书，更准确地说，在于是否将读书视为成德成圣之工夫的本质性环节。朱陆鹅湖之会，陆九渊为朱子准备了一个颇为棘手的问题即"尧舜之前何书可读"，虽然这一问题由于其兄陆九龄的阻止而未提出，〔6〕但这无疑代表了心学建立者陆象山的一个根本立场，即读书在其工夫系统中无论如何不是那么重要的，或者说，读书是第二义的。〔7〕

---

〔1〕 "某向与子静说话，子静以为意见。某曰：'邪意见不可有，正意见不可无。'子静说：'此是闲议论。'"（《朱子语类》卷124，第2972页。）

〔2〕 《朱子语类》卷121，第2937页。

〔3〕 《朱子语类》卷9，第160页。

〔4〕 《朱子语类》卷12，第200、213页。

〔5〕 参见《朱子语类》卷15，第288页。

〔6〕 《年谱》载朱亨道书云："先生更欲与元晦辨，以为尧舜之前何书可读？复斋止之。"（参见陆九渊《陆九渊集》，中华书局1980年版，第491页。）

〔7〕 如他在著名的《荆门军上元设厅皇极讲义》中说："若其心正，其事善，虽不曾识字，亦自有读书之功。其心不正，其事不善，虽多读书，有何所用？用之不善，反增罪恶耳。"认为"心正"重于"读书"。因此，象山认为学者需要"田地净洁"方能"读书"，此处之"田地"乃指"心"："学者须是打叠田地净洁，然后令他奋发植立。若田地不净洁，则奋发植立不得。古人为学即'读书然后为学'可见。然田地不净洁，亦读书不得。若读书，则是假寇兵，资盗粮。"（参见《陆九渊集》，第285、463页。）

事实上，朱子亦说"读书乃学者第二事""读书已是第二义"[1]。但他的意思与陆王不同，陆王是在地位或重要性上比较二者，认为相对作为目标的成德成圣，作为手段的读书乃是次要的。朱子则是从工夫次第上来比较，正因为读书属于格物致知的范畴，属于下学，故从整体上来看，其所处位阶也是"第二著"的。

对于象山"尧舜之前何书可读"的责难和质疑，朱子在与他人的书信中有一个针对性的回应："上古未有文字之时，学者固无书可读。而中人以上，固有不待读书而自得者。但自圣贤有作，则道之载于经者详矣，虽孔子之圣，不能离是以为学也。"[2] 其实，上古无书之时，固无有文字之书可读，但不代表其人不格物穷理，"仰以观于天文，俯以察于地理"[3]，事父从兄、应事接物，无可无之。[4] 而对人伦事理的学习虽不通过文字，但可以通过口耳相传、吟哦记诵的形式。但一旦"圣贤有作"，道载于经，则读书成为求道的必经之路。即如古代圣贤如伊尹、傅说、舜、颜子，皆"大段读书"，故"上古无书可读，今既有书，亦须是读"。[5] 并且，与古人相比，处于"周衰教失"、礼崩乐坏的时代，"礼乐养德之具，一切尽废，所以维持此心者，惟有书耳"，这也是宋儒认为为学不得不读书的一个客观原因。[6]

南宋时期的朱子后学齐熙在《编定朱子读书法原序》中，从古今之变的角度阐明了"书不可不读"的历史必然性：

皋、夔所读何书，世率以斯言借口，岂知帝王盛时，化行俗美，凡途歌里咏之所接，声音采色乐舞之所形，洒扫应对冠昏丧祭之所施，莫非修道之教，固不专在书也。三代而下，古人养德之具，一切尽废，所恃以植立人极者，惟有书尔。此书

---

[1] 《朱子语类》卷10，第161页。
[2] 《晦庵先生朱文公文集》卷43《答陈明仲》，《朱子全书》第22册，第1951页。
[3] 《周易正义》卷7《系辞上》，十三经注疏本，北京大学出版社1999年版，第266页。
[4] 陈立胜亦指出，"圣人之前有何书可读"这一看似尖锐的问题，对朱子而言，并非"致人死穴的问题"。因为"圣人之前虽无成文的经典可读，但仍有口口相传的教义、不成文的文化传统等一系列由语言符号编织而成的不是书籍的书籍，他本身就浸润在自己的语言与文化传统之中，并在其中汲取精神资源，滋养、成就自家的心体。"（陈立胜《朱子读书法：诠释与诠释内外》，《"身体"与"诠释"——宋明儒学论集》，台湾大学出版中心2011年版，第224页。）
[5] 参见《朱子语类》卷58，第1361-1362页。
[6] 参见《朱子读书法》，第10页。

之不可不读也。[1]

这一观点即继承自程朱，在张洪、齐熙二人共同编订的《朱子读书法》中有如下一条：

> 先生曰：学者望道未见，固必即书以穷理。苟有见焉，亦当博考诸书，有所证验而后实，有所裨助而后安。不然则其德孤，而与枯槁寂灭者无以异矣，潜心大业何有哉？翅自周衰教失，礼乐养德之具，一切尽废，所以维持此心者，惟有书耳。[2]

朱子从如下几个角度强调了读书的必要性：首先，学者未见道须即书穷理；其次，学者有所见亦须"博考诸书"以为"证验"和"裨助"，否则即便有所得，亦或有"德孤"之弊，即"所得只是这些道理，别无所有"[3]；最后，从历史形势的角度，当时学者除读书之外，无其他成德养心之手段。

事实上，早在北宋时期，二程即从"古""今"之异的角度阐明了"义理"对于当时学者的唯一性和必要性：

> 古人为学易，自八岁入小学，十五入大学，舞勺舞象，有弦歌以养其耳，舞干羽以养其气血，有礼义以养其心，又且急则佩韦，缓则佩弦，出入闾巷，耳目视听及政事之施，如是，则非僻之心无自而入。今之学者，只有义理以养其心。[4]

可见，在程朱时代，"周衰教失""礼崩乐坏"，上古三代那些形式各样的"礼乐养德之具"已经荡然无存，当时学者只能依赖"读书"以通达"义理"，从而"养心""成德"。这事实上是为人为学不得不读书的一个来自社会历史方面的客观原因。不仅如此，朱子还从人的存在论立场出发，对读书之必要性有不同于象山的更为深刻的认识：

> 人之有是生也，天固与之以仁义礼智之性，而叙其君臣父子之伦，制其事物当然之则矣。以其气质之有偏，物欲之有蔽也，是以或昧其性以乱其伦、败其则而不

---

[1] 齐熙《编定朱子读书法原序》，《朱子读书法》，第 2 页。

[2] 参见《朱子读书法》，第 9-10 页。

[3] 朱子注《论语》"执德不弘"曰："有所得而守之太狭，则德孤。"（《四书章句集注》，第 188 页。）《语类》中对此有讨论：问："《集注》解此，谓'守所得而心不广，则德孤'，如何？"曰："孤，只是孤单。所得只是这些道理，别无所有，故谓之德孤。"（《朱子语类》卷 11，第 194 页。）

[4] 《河南程氏遗书》卷 15，《二程集》，第 162-163 页。

知反。必其学以开之，然后有以正心修身而为齐家治国之本。此人之所以不可不学，而其所以学者初非记问辞章之谓；……盖为学之道，莫先于穷理，穷理之要必在于读书。……至论天下之理，则要妙精微，各有攸当，亘古亘今，不可移易。唯古之圣人为能尽之，而其所行所言，无不可为天下后世不易之大法。……是其粲然之迹，必然之效，盖莫不具于经训史册之中。欲穷天下之理而不即是而求之，则是正墙面而立尔。[1]

可见，对于朱子来说，"人生在世，当以致知穷理为第一要务"。而要致知穷理，则必从"经训史册"中求之，因为那里集中了只有古圣先贤才能穷尽的"天下之理"。一般人不可能生而知之，必须通过学，即对经典的研读，日积月累，方能豁然开朗，得窥"天下之理"。"学，或者说读书，不是可有可无之事，而是致知穷理、格物修身的必由途径。""穷理之要必在于读书"的一个"必"字，正说明了这一点。[2] 因此，读书在朱子的工夫系统中举足轻重，不可或缺："某自潭州来，其他尽不曾说得，只不住地说得一个教人子细读书。"[3]

事实上，象山自己并非不读书，也不是完全劝人不读书，亦诫学者"束书不观，游谈无根"[4]，且亦屡屡以"读书之法"教诲、开示学者。[5] 因此，南宋朱子学者黄震在其《黄氏日抄》中对象山这种"双标"行径甚为不满：

象山之学，虽谓此心自灵，此理自明，不必他求，空为言议，然亦未尝不读书，未尝不讲授，未尝不援经析理。凡其所业，未尝不与诸儒同。至其于诸儒之读书，之讲授，之援经析理，则指为戕贼，为陷溺，为缪妄，为欺诳，为异端邪说，甚至袭取闾阎贱妇人秽骂语，斥之为蛆虫。得非恃才之高，信己之笃，疾人之已甚，必欲以明道自任为然耶？[6]

黄震为朱子之拥趸，故其对象山未免苛评。持平而论，虽然象山"未尝不读书，未尝不讲授，未尝不援经析理"，但由于心学与理学对"心与理"关系的理解

---

[1] 《晦庵先生朱文公文集》卷14《甲寅行宫便殿奏札二》，《朱子全书》第20册，第668-669页。

[2] 参见张汝伦《"其事虽述，而功则倍于作矣"——论朱熹的释义学》，第94页。

[3] 《朱子语类》卷10，第172页。

[4] 参见《陆九渊集》卷34，第419页。

[5] 参见《陆九渊集》，第79、92、139、432、441、471页。

[6] 参见黄宗羲、全祖望《宋元学案》卷58《象山学案》，中华书局1986年版，第1919页。

不同，故其对读书重要性的认识亦截然不同。简言之，在陆王那里，"心即理也"，心与理是直接同一的。但在朱子那里，情况远为复杂，我们需要辨析，在何种意义上，方可说心与理一。具体而言，在先天本体或形上层面，朱子亦承认心与理"本来贯通"[1]，不是"心与理合而为一"；在境界上说，"仁者心与理一，心纯是这道理"，或曰"仁者理即是心，心即是理"，[2] 心可以完全与理相"契"，[3]即将理展现出来。但在后天或现实层面，由于"气禀物欲之杂"而不能为一，"心与理宛然成二"，只有经过后天"实有去此杂之工夫"才能"实见心与理之一"，即在境界或效验上使二者重新恢复为一。[4] 而读书为学乃是实现"心与理一"最重要的工夫：

> 书只贵读……自然心与气合……读便是学……学便是读……读而不思，又不知其意味；思而不读，纵使晓得，终是虺虺不安。……若读得熟，而又思得精，自然心与理一，永远不忘。[5]

> 惟学之久，则心与理一，而周流泛应，无不曲当矣。[6]

> 读书之法，须从头至尾逐句玩味，……令其首尾通贯……如此渐进，庶几心与理会，自然浃洽。[7]

> 若平时泛泛，都不着实循序读书，未说义理不精，且是心绪支离，无个主宰处，与义理自不相亲。[8]

因此，在朱子的工夫体系中，读书乃是成圣成德的必经之路，具有绝对性和本质必要性。在朱子看来，"下学"未必一定能"上达"，但不"下学"肯定无法"上达"。同样，读书不一定能"穷理尽性"，以至于圣贤境界，但不读书无论如何是不可能成圣成贤的，最多只能成为一个"善人"。因此，朱子再三强调读书的必要性和重要性，也在教导学生的过程中不厌其烦地倡导读书。

------

〔1〕《朱子语类》卷5，第85页。
〔2〕《朱子语类》卷37，第985页。
〔3〕《朱子语类》卷34，第856页。
〔4〕参见唐君毅《中国哲学原论·原性篇》，台湾学生书局1989年版，第661页。
〔5〕《朱子语类》卷10，第170页。
〔6〕《朱子语类》卷20，第446页。
〔7〕《朱子读书法》，第80页。
〔8〕《晦庵先生朱文公文集》卷58《答王钦之二》，《朱子全书》第23册，第2761页。

相反，在象山心学那里，读书只是"尊德性"比较外在的手段，而非必不可少。其流弊至于象山门人如颜子坚、包显道、包详道辈则有"古人学问不在简编，必有所谓统之宗、会之元者"，甚至"全然不须讲学，才读书穷理，便为障蔽""以读书讲学为充塞仁义之祸"等种种怪说。[1]

在朱子看来，此皆是"妄意躐等"[2]"躐等好高"[3]"忽略细微，径趋高妙"之弊，"必要豁然顿悟，然后渐次修行"，与古人"升高自下，步步踏实，渐次解剥，人欲自去，天理自明"之为学路径不同。[4] 因此，心学由于"不察乎气禀物欲之私"而只是一味空说"心与理一"，实则将"心"与"理"打成两橛，实则是"以心与理为二"。[5] 因其所见"不真"，故其"发亦不合理"，最终必然或"认欲为理"，或认意见为知识。对此，朱子严厉地指出："陆子静之学，看他千般万般病，只在不知有气禀之杂，把许多粗恶底气都把做心之妙理，合当恁地自然做将去。……看子静书，只见他许多粗暴底意思可畏。其徒都是这样，才说得几句，便无大无小，无父无兄，只我胸中流出底是天理，全不著得些工夫。看来这错处，只在不知有气禀之性。"[6] 与陆象山不同，朱子对"气禀之杂"之于成德的负面影响有极其深刻的认识，并且认识到"气禀之偏难除"，"变化气禀"亦"极难"，而现实中人想要得其"性善"亦难。[7]

可以说，朱子之所以重视格物、重视读书，正是因为他对人的存在论处境有着清醒的认识，或者说，朱子深刻地意识到成德之难，乃是一个需要终身以之的艰苦过程，不可能一蹴而就。在个体存在论层面，心与理恰恰是不一的，而通过格物读书，能够使心和理经由艰苦的涵养与致知交相为用的工夫，达到合一的境界。

---

[1] 参见《晦庵先生朱文公文集》卷55《答颜子坚》《答包详道》，《朱子全书》第23册，第2622页。《晦庵先生朱文公文集》卷51《答曹立之》，《朱子全书》第22册，第2384-2385页。

[2] 《晦庵先生朱文公文集》卷55《答颜子坚》，《朱子全书》第23册，第2622页。

[3] 《晦庵先生朱文公文集》卷54《答傅子渊》，《朱子全书》第23册，第2557页。

[4] 《晦庵先生朱文公文集》卷55《答包显道》《答包详道》，《朱子全书》第23册，第2616、2617页。

[5] 参见《朱子语类》卷126，第3015-3016页。

[6] 《朱子语类》卷124，第2977页。

[7] 参见《朱子语类》卷12，第205页。

三、"存心与读书为一事"

众所周知，朱子极为推崇小程"涵养须用敬，进学则在致知"之说，[1] 此说可谓朱子工夫论的两大纲领。但阳明却将之视为程朱工夫"支离"的典型标志："先去穷格事物之理，即茫茫荡荡，都无着落处，需用添个'敬'字，方才牵扯得向身心上来。……今说这里补个'敬'字，那里补个'诚'字，未免画蛇添足。"[2]

毋庸讳言，程朱皆重"敬"。朱子以"敬"之提出为程子对后世学者最"有力"的贡献："程先生所以有功于后学者，最是'敬'之一字有力。"[3] 并且极力强调"敬"之于儒门的重大意义：

圣贤千言万语，大事小事，莫不本于敬。

"敬"字工夫，乃圣门第一义，彻头彻尾，不可顷刻间断。

"敬"之一字，真圣门之纲领，存养之要法。一主乎此，更无内外精粗之间。[4]

程子惧周子之言"主静"有流于虚静、不与事物相接之弊，故拈出一个可以"彻头彻尾"、"彻上彻下"、[5] "贯动静"、贯"内外精粗"的"敬"来。但有法即有弊。根据唐君毅的观点，一味讲"敬"亦有病痛。首先，过于强调"敬"易陷于"拘束矜持"："人之由整齐严肃以主敬者，亦未尝无陷于拘束矜持之病"，此

〔1〕《河南程氏遗书》卷18，《二程集》，第188页。伊川此语，《朱子语类》中出现约十三次，《朱文公文集》中亦屡屡提及。王懋竑指出："按自庚寅与吕东莱、刘子澄书，拈出程子两语，生平学问大指盖定于此，即《中庸》'尊德性，道问学'，《易大传》'敬以直内，义以方外'。从古圣先贤相传若合符节。至甲寅与孙敬甫书云：'程夫子之言曰：涵养须用敬，进学则在致知。此两言者，为车两轮，如鸟两翼，未有废其一而可行、可飞者也。'尤为直截分明。盖相距二十五年矣，而其言无毫发异也。"（王懋竑《朱熹年谱》卷1《考异》，中华书局1988年版，第320页。）
〔2〕参见王阳明《传习录上》，《王阳明全集》卷1，上海古籍出版社2011年版，第44页。
〔3〕《朱子语类》卷12，第210页。
〔4〕《朱子语类》卷12，第206、210页。
〔5〕《朱子语类》卷7，第126页。

病乃由"将此敬字别作一物，而又以一心守之"而来。[1] 其次，若不读书格物或起而应事，而只守一个"敬"，容易"昏困"："只一个持敬，也易得做病。若只持敬，不时时提撕着，亦易以昏困"，"常要提撕，令胸次湛然分明。若只块然独坐，守着个敬，却又昏了"。[2]

因此，朱子又有"死敬""活敬"之辨。[3] 简言之，学者去做"主敬"工夫，有将"敬"别当作一物成"死敬"之弊，其弊正如朱子之谓言"察识"者，其"以一心察识一心"，便有使此心"迭相窥看""外面未有一物，里面已有三头两绪"之弊。[4] 因此，"主敬"工夫不能只讲"心不放动"，还需要"内外交相养"，即"须是穷理"。[5] 同时，"持敬"又是"穷理之本"，"穷得理明，又是养心之助"，而"若不能敬，则讲学又无安顿处"。[6]

在朱子看来，儒家"工夫"的实质即"居敬穷理以修身"。[7] 因此，"居敬"与"穷理"两种工夫皆是服务于"修身"这一目的。同时，正是意识到"持敬"工夫所可能有的弊端，故不可专恃"居敬涵养"，而必须有读书穷理之工夫交相为用。因此，在朱子的工夫系统中，始终强调"居敬"与"穷理"二者不可偏废：

问："涵养须用敬，进学则在致知。"曰："二者偏废不得。致知须用涵养，涵养必用致知。"[8]

换言之，"格物致知"与"持敬涵养"两种工夫虽然一者偏于"知"，一者偏于"行"，但其并非相互外在的两截工夫，甚至是"画蛇添足""补"出来的。相反，二者之间是密不可分、"二端"而"一本"的："主敬、穷理虽二端，其实一本。"[9] 并且，从做工夫的先后次序而言，二者亦是难分先后，乃在学者自择：

---

[1] 参见《晦庵先生朱文公文集》卷53《答胡季随十三》，《朱子全书》第22册，第2520页。

[2] 《朱子语类》卷18，第402页；《朱子语类》卷114，第2767页。

[3] 《朱子语类》卷12，第216页。

[4] 参见唐君毅《中国哲学原论·原性篇》，第623页。

[5] 《语类》有载：初授先生书，以此心不放动为主敬之说。先生曰："'主敬'二字只恁地做不得，须是内外交相养。盖人心活物，吾学非比释氏，须是穷理。"（《朱子语类》卷119，第2879页。）

[6] 《朱子语类》卷9，第150页；《朱子语类》卷119，第2875页。

[7] 参见《朱子语类》卷28，第720页。

[8] 《朱子语类》卷18，第403页。

[9] 《朱子语类》卷9，第150页。

"且如涵养、致知,亦何所始? 但学者须自截从一处做去。"[1] 可见,读书穷理与居敬涵养二者之间"如车两轮,如鸟两翼",[2] 乃是齐头并进、相互支持,共同服务于"修身"。不仅如此,二者更是相互促进、交相为用甚至相互贯通的。[3]

那么,作为"格物之一事"的读书在朱子的工夫系统中,与主敬涵养之间具有什么样的关系呢?

首先,正如我们在前文已经提及的,在朱子看来,读书并不是一种单纯的理论活动或认识活动,书的作用乃是"维持此心"。具体来说,读书可以"维持"或"管摄"此心,既有穷理之功,又有存心之效,故可谓"一举两得",关键是要能够"以心体之""以身践之",进而以之"存心""克己"。[4] 这个意义上的读书就不是一种纯粹的理论或认识活动,而是一个"穷理以致其知,反躬以践其实,居敬者所以成始成终"[5] 的既能达到普遍之天理又能"去主体性"的格物工夫。

其次,读书可以补居敬工夫之不足。甚至可以说,读书活动本身就是一种使"此心不走作"的持敬工夫,"就读书上体认义理"胜于"只去事物中衮"。[6] 因此,在这一意义上,读书不仅是格物一事,还可以是涵养一事:

须是存心与读书为一事,方得。[7]

编次文字,用簿抄记,此亦养心之法。[8]

不论看书与日用工夫,皆要放开心胸,令其平易广阔,方可徐徐旋看道理,浸灌培养。切忌合下便立己意,把捉得太紧了,即气象急迫,田地狭隘,无处著功夫也。此非独是读书法,亦是仁卿分上变化气质底道理也。[9]

循序而渐进焉,则意定理明,而无疏易凌躐之患矣。是不惟读书之法,是乃操

---

[1] 《朱子语类》卷12,第218页。
[2] 参见《朱子语类》卷9,第150页。《晦庵先生朱文公文集》卷63《答孙敬甫》,《朱子全书》第23册,第3061页。陈荣捷先生据此认为朱子之哲学,可谓之"两轮哲学"。(参见陈荣捷《儒家之两轮哲学与现代化》,《中国哲学论要》,华东师范大学出版社2021年版,第236页。)
[3] 参见《朱子语类》卷9,第149-150页。
[4] 参见《朱子读书法》,第10页。
[5] 黄榦《朱子行状》,《朱子全书》第27册,第560页。
[6] 《朱子语类》卷11,第176页。
[7] 《朱子语类》卷11,第177页。
[8] 《朱子语类》卷11,第195页。
[9] 《晦庵先生朱文公文集》卷46《答黄仁卿一》,《朱子全书》第22册,第2153页。

心之要。[1]

　　须是紧着工夫，不可悠悠，又不须忙，只常提撕，待心醒则愈有力，读书须是不可枝蔓。……庶几此心纯一。道夫曰：此非特为读书之方，亦存心养性之要法也。[2]

　　虚心静看，则涵养究索之功，一举而两得矣。[3]

　　读书作为格物工夫，是为了穷理致知，但一方面心胸"平易广阔"方可读书，有"著工夫"之处，另一方面读书体认义理的实践活动，又可以存心涵养，使心不走作，读书之法即是"变化气质底道理"，或曰"不惟是读书之法，是乃操心之要"。因此，钱穆指出："读书即是一种日用工夫，浸灌培养，可以变化气质。此须放开心胸，非专意为读书者可知，亦非急迫以求效者可能。"[4]

　　在这个意义上，我们说，读书可以贯通致知与涵养两种工夫，因为读书是为了穷理，而义理不是一种纯粹的、客观的、超越的理论知识，而是与我们的生命和实践本身息息相关、可以"涵养德性本原"，并指向脚"踏""实地"的道德践履的一种工夫论意义上的德性知识。[5] 读书不是一种静态的沉思活动，书中的道理不是超越的"客观知识"，而是可以与人的生命活动相互促进的无穷之"义理"。经典不是一种被动的、等待被阅读的对象，而是必然会与阅读者处于一种交互影响的动态过程中，阅读者阅读经典时，经典也在不断影响和塑造着阅读者的思想和行为：

　　今学者看文字，不必自立说。……须尽记得诸家说，方有个衬簟处，这义理根脚方牢，这心也有杀泊处。心路只在这上走，久久自然晓得透熟。……只管思量，少间这正当道理，自然光明灿烂在心目间，如指诸掌。今公们只是扭捏巴揽来说，都记得不熟，所以这道理收拾他不住，自家也使他不动，他也不服自家使。相聚得

----

[1]　《晦庵先生朱文公文集》卷74《读书之要》，《朱子全书》第24册，第3583页。

[2]　《朱子读书法》，第24页。

[3]　《朱子读书法》，第44页。

[4]　钱穆《朱子新学案》第3册，第664页。

[5]　"若要读书，即且读《语》、《孟》、《诗》、《书》之属，就平易明白、有事迹可按据处，看取道理体面，涵养德性本原，久之渐次踏著实地。"（《晦庵先生朱文公文集》卷44《答江德功十一》，《朱子全书》第22册，第2050页。）

一朝半日，又散去了，只是不熟。[1]

"道理"须要"收拾"，"使他不动"，"不服自家管"等说法形象地说明了义理不是死的客观知识，而是活生生的、能够与人的生命经验相贯通的"开物成务活法"，[2] 因此朱子又说：

> 凡人看文字，初看时心尚要走作，道理尚见得未定，犹没奈他何。到看得定时，方入规矩，又只是在印板上面说相似，都不活。不活，则受用不得。须是玩味反覆，到得熟后，方始会活，方始会动，方有得受用处。若只恁生记去，这道理便死了。[3]

正因为道理是活生生的、与人的生命经验相贯通的，因此人"玩味反覆"与道理相"熟"，则道理"会活""会动""有受用处"，而一旦"只恁生记去"，将之看作"印板上面"死的文字或教条，没有义理生命与它相接，则道理"都不活""便死了"。因此，获得活生生的、无穷之义理而非客观知识的活动，方是朱子意义上的作为格物工夫的读书："解说圣贤之言，要义理相接去，如水相接去，则水流不碍。"[4]

钱穆先生颇有见地地指出："朱子此等所教，苟非其人俱备种种心德，即难信守奉行。此诸心德，曰虚，曰平，曰专，曰恒，曰无欲立己心，无求速效心，无好高心，无务外心，无存惊世骇俗心，能放低，能退后，能息狂妄，能警昏惰。要之非俱此诸心德，即难信守朱子之所教。然朱子之教，亦即由此以期人之能自俱此诸心德耳。故曰读书与涵养践履一以贯之也。"[5] 由此可见，"读书"与"涵养心德"乃是具有一种类似"释义学循环"的关系：要奉行朱子所倡导之读书之法必"俱此诸心德"，而要"俱备此诸心德"又必须通过读书方能获致。但重要的不是指出这种"循环"，而是如何进入这个"循环"。要进入这个循环就必须进行格物致知的工夫，而格物下手处就在于读书："平其心，易其气，阙其疑"以读圣人之

---

[1] 《朱子语类》卷121，第2920页。

[2] 《晦庵先生朱文公文集》卷43《答陈明仲八》，《朱子全书》第22册，第1946页。另参见张汝伦《"其事虽述，而功则倍于作矣"——朱熹的释义学》，第96页。

[3] 《朱子语类》卷11，第178页。

[4] 《朱子语类》卷19，第437页。

[5] 钱穆《朱子新学案》第3册，第673页。

书，"则圣人之意可见"。[1]

所以朱子感叹："元来道学不明，不是上面欠却工夫，乃是下面元无根脚。若信得及，脚踏实地如此做去，良心自然不放，践履自然纯熟，非但读书一事也。"[2] 若要立定"下面"之"根脚"，就必须"脚踏实地"地循"下学上达"之教，做读书穷理的工夫，由"道问学"之功而达"尊德性"之效。因此，钱穆指出："读书之与践履涵养，本是一事。固不必废书不读，乃能真实从事于践履涵养。"[3] 吴启超指出，"'敬'与'穷理'实为朱子工夫论概念群里之两大宗"，二者之间"已难再分主从轻重"，但从比较哲学的角度看，"穷理""更能反映朱子哲学的特征"。故吴启超特意拈出"朱子的穷理工夫论"进行研究。吴氏还进一步比较了"读书"在程朱那里的不同地位：在程子那里，"读书"只是"穷理的其中一端"；而在朱子那里，"读书"在"穷理活动中的地位则被突显起来"，甚至一跃成为"穷理之要"。因此，吴启超将朱子的"穷理之学"命名为"读书穷理之教"，[4] 甚有见地。

四、"读书便是做事"

宋明理学有明显的"转向内在"（turn inward）倾向。[5] 港台新儒家往往以"内在超越"或"向内超越"称之。事实上，二程的心学倾向已然十分明显。朱子所构建的道统谱系乃以二程为中心，且其早年受佛学影响很深，在其毕生的学术思考、讨论和写作中，涉及的对心性论话题的讨论材料丰富。虽然朱子毕生辟佛，又与象山辩论，斥其近"禅"，但其思想中的心学倾向亦不可否认。

---

[1] 参见《朱子语类》卷120，第2907页。
[2] 《晦庵先生朱文公文集》卷52《答吴伯丰二》，《朱子全书》第22册，第2422页。
[3] 钱穆《朱子新学案》第3册，第673页。
[4] 参见吴启超《朱子的穷理工夫论》，台湾大学出版中心2017年版，第3-4、283-284页。
[5] James T. C. LIU. *China turning inward*: *Intellectual-political changes in the early twelfth century*, Cambridge, Mass.: Council on East Asian Studies, Harvard University, 1988. 中译本参见刘子健《中国转向内在：两宋之际的文化内向》，赵冬梅译、柳立言校，江苏人民出版社2002年版。

　　钱穆先生极为强调朱子哲学的心学特点，"理学家中善言心者莫过于朱子"[1]，并且认为朱子之心学有心学之优点而无其流弊："只有朱子，把人心分析得最细，认识得最真。一切心学的精采处，朱子都有。一切心学流弊，朱子都免。识心之深，殆无超朱子之右者。"[2] 甚至认为"纵谓朱子之学彻头彻尾乃是一项圆密宏大之心学，亦无不可"[3]。唐君毅先生则从宋明理学工夫论会通的角度，指出朱子、象山、阳明此"三贤之学，可视为一三角形，相资相发，同在一修大路上之处"，而阳明因其"出于朱而近于陆"则可"视为朱陆之学之一综合通贯"[4]。因此，正如有学者批评的，朱子关于"格物致知"的论述中"读书讲得多，应事讲得少。理学的重内轻外的倾向已十分明显"[5]。

　　但相比二程与陆王之重心性之学，朱子更强调下学上达，强调内外、精粗、本末合一，努力扭转重内轻外之风。并且，正如我们上文已经指出过的，在朱子的工夫体系中，"读书"乃是一种实践工夫而非理论活动，乃是内外合一的，并不存在"重内轻外"之弊。

　　在朱子那里，"读书"与"应事"并非彼此排斥的，而是具有内在的一致性。或者说，只有通过读书穷理，理明义精，起而行之，方能处事得当。若不读书为学，则"义理不明，如何践履"[6]，其应事亦只是"胡撞将去"[7]。因此，那种不读书明理而一味讲践履、讲应事的行为充其量是一种"冥行"："徒行不明，则行无所向，冥行而已"；那种不能付诸工夫践履的玄思冥想，则只是一种"空明"："徒明不行，则明无所用，空明而已"[8]。换句话说，在朱子看来，读圣贤之书须"思量圣人之言是说个甚么，要将何用"，而不能"读过便休"，如此才是"工夫"意义上的读书活动：

[1] 钱穆《朱子新学案》第1册，第47页。
[2] 钱穆《朱子心学略》，《中国学术思想史论丛（五）》，九州出版社2011年版，第260页。
[3] 钱穆《朱子新学案》第2册，第89页。
[4] 参见唐君毅《阳明学与朱子学》，中华学术院编《阳明学论文集》1972年2月。
[5] 参见张汝伦《关于格物致知的若干问题——以朱熹的阐释为中心》，第70页。
[6] 《朱子语类》卷9，第152页。
[7] 如朱子批评象山"不理会理，只是胡撞将去"。（《朱子语类》卷124，第2972页。）
[8] 《朱子语类》卷64，第1575页。

　　圣人千言万语，只是说个当然之理。恐人不晓，又笔之于书。自书契以来，二典三谟伊尹武王箕子周公孔孟都只是如此，可谓尽矣。只就文字间求之，句句皆是。做得一分，便是一分工夫，非茫然不可测也，但患人不子细求索之耳。须要思量圣人之言是说个甚么，要将何用。若只读过便休，何必读！[1]

　　那种不去通过读书思量"当然之理"且努力将之付诸身心改变和经世致用之实践的读书活动，并非朱子所提倡的读书工夫。因为，那种不能"应用"的知识，只是一种"空言"，而非朱子所说的"真知"或"实知"。而所谓的"真知"即是"知得真实"或"真实知得"，故能够"真实去做"，并且"知得到那真实极至处"且"做到真实极至处"。[2] 即"真知"的动力结构内在地或必然地指向"践履"，自然"勉勉循循而不能已"。[3]

　　当然，从某种程度上讲，此种"知行俱到"的境界，乃是大贤以上之事；大贤以下，则尚须"知与行相资发"。那种无法做到"知行合一"，甚至所行非所学、所学非所行的为学活动，在朱子看来，皆非"切己"之学，故皆不"足以言学"。[4]

　　读书为学的"切己"性提示我们，朱子的"格物致知"所追求的不是对客观事物的认识或客观知识，而是生活世界中的事情之所以然和所当然之"理"或"真知"。此"真知"非客观知识乃是"生活实践之'宜'"，[5] 故其必然导向"践履"。所谓"真知"乃"推致而极其至"。[6] 故朱子所要达到的"物格知至"且"众物之表里精粗无不到，而吾心之全体大用无不明"的极致境界，须经过艰苦的"格物致知"工夫方能逐渐达致。[7]

　　因此，作为格物工夫之重要项目的读书就不是一种为了获取事物的客观的或纯粹理论知识的活动，而是"要识得事物的大本"。人类事物的"大本"并非什么

----

〔1〕 《朱子语类》卷11，第187-188页。
〔2〕 《朱子语类》卷69，第1721页。
〔3〕 《朱子语类》卷31，第787-788页；卷116，第2793页。进一步研究可参见东方朔《"真知必能行"何以可能？——朱子论"真知"的理论特征及其动机效力》，《哲学研究》2017年第3期。
〔4〕 参见《朱子语类》卷116，第2793页。
〔5〕 参见张汝伦《关于格物致知的若干问题——以朱熹的阐释为中心》，第67页。
〔6〕 《朱子语类》卷18，第391页。
〔7〕 参见《四书章句集注》，第7页。

"特殊事物的特殊规律",如戴震所谓的"分理",而即是"道德政治的实践法则",故其中必然蕴含着"实践"或"应事"的维度。[1] 在某种程度上，甚至可以说"读书"本身就是"做事"，因为书上之"义理"与事"理"乃是相通甚至相同一的：

> 读书便是做事。凡做事，有是有非，有得有失。善处事者，不过称量其轻重耳。读书而讲究其义理，判别其是非，临事即此理。[2]

对于习惯于"理论"与"实践"二分的现代人来说，将"读书"等同于"做事"让人有些不明所以，甚至难以接受。但我们已经指出，在朱子那里，读书不是一种单纯去获得纯粹、客观知识的理论活动。相反，读书本身即是一项目的在自身之中的实践活动，一方面，通过思辨和沉思，与义理相融会，以涵养心性、变化气质；另一方面，读书明理，即能够指导人们在政治—伦理世界中践履。

强调"读书便是做事"，正是防止那种一味强调践履做事、强调"行"而忽略格物致知、忽略无事时的涵养和穷理工夫的观点，朱子此说所针对的包括但不限于心学"事上磨炼"之说以及湖湘学派"先察识后涵养"或"观过知仁"即先寻个端绪方做工夫的观点。因此，朱子在训门人之时，极其反对那种必要于"事上见"工夫、或"临事见得此事合理义"的观点。[3]

在朱子看来，工夫要贯动与静、贯未发与已发，不能只于已发或遇事时方去做工夫、去求合乎理义，更当于未发时即要做涵养、穷理之工夫，如此遇事方不会手忙脚乱、"急迫浮露"。[4] 因此，学者日常于无事之时，更加要做工夫、理会义理，此时的工夫主要即为"读古人书"。读古人书，一方面能"奋发兴起必为之心"，如此则"为学方有端绪"；另一方面，通过考见古人行事之是否合乎理义，

---

[1] 参见张汝伦《关于格物致知的若干问题——以朱熹的阐释为中心》，第64页。

[2] 《朱子语类》卷11，第183页。

[3] 《朱子语类》卷118，第2841-2842、2846-2847页。

[4] 朱子从"中和旧说"转向"中和新说"的一个重要原因就是"中和旧说"的义理结构即"性为未发，心为已发"，所导致的日用工夫上的流弊："向来讲论思索，直以心为已发，而日用工夫亦止以察识端倪为最初下手处，以故阙却平日涵养一段工夫，使人胸中扰扰，无深潜纯一之味，而其发之言语事为之间，亦常急迫浮露，无复雍容深厚之风。"（《晦庵先生朱文公文集》卷64《与湖南诸公论中和第一书》，《朱子全书》第23册，第3131页。）

而或"悦怿"或"羞愧愤闷"，此即是"穷理"或曰"做事"，而"不须一一临事时看"。[1]

这即是朱子如此强调读书的原因。读书在朱子那里，甚至胜过一般意义上的"应事"。相比从应事中获得义理，读书尤其是读"四书"所获得的乃是圣贤所"发明"出来的天理，[2] 用力少而见效多。因此在朱子的读书工夫系统中，需要先读"四书"，获得评判是非善恶的义理准则，然后去"读史"。一方面，不能不读书而凭空"悟得道理"，否则无往而不落入"私意"之中；另一方面，也不能未读"四书"，胸中尚未有"尺度""权衡"，就急于去看史，否则"多为所惑"。[3]前者乃针对象山心学，后者针对以吕祖谦为代表的浙东学派。因此，朱子以一个"作陂塘以溉田"的比喻形象地描述了读书与观史之间的源流、本末关系：

> 今人读书未多，义理未至融会处，若便去看史书，考古今治乱，理会制度典章，譬如作陂塘以溉田，须是陂塘中水已满，然后决之，则可以流注滋殖田中禾稼。若是陂塘中水方有一勺之多，遽决之以溉田，则非徒无益于田，而一勺之水亦复无有矣。读书既多，义理已融会，胸中尺度一一已分明，而不看史书，考治乱，理会制度典章，则是犹陂塘之水已满，而不决以溉田。若是读书未多，义理未有融会处，而汲汲焉以看史为先务，是犹决陂塘一勺之水以溉田也，其涸也可立而待也。[4]

可见，在朱子看来，相比以"四书"为主要内容的"读书"，以"考治乱，理会典章制度"为主要内容的"读史"或"观史"活动更偏于"经世致用"。因此，"读史"更是一种"做事"或"应事"。

在程子那里，"读书""论古今人物"和"应接事物"三者都属于"格物穷理"之一端："穷理亦多端：或读书，讲明义理；或论古今人物，别其是非；或应

---

[1] 《朱子语类》卷118，第2846—2847页。

[2] 按此处的"发明"不是我们今天所说的 invent 或创造意义上的发明，而是指发挥或阐发使义理更加清晰乃至丰富。如《论语·为政》"亦足以发"，朱子注曰："发，谓发明所言之理。"（《四书章句集注》，第56页。）

[3] 参见《朱子语类》卷11，第195页。

[4] 《朱子语类》卷11，第195页。

接事物而处其当,皆穷理也。"[1] 而在朱子这里,这三项活动可以统一于"读史"工夫之中:"论古今人物,别其是非"本身即是一种读书明理的活动,同时,若能对古今人物之是非善恶评价得当,亦是一种"应接事物而处其当"的道德实践工夫。只不过,在朱子那里,对"读史"之工夫实践不局限于"论古今人物,别其是非",还包括"考古今治乱,理会制度典章"。[2] 因此,有学者认为,"我们也可以从朱子把读史视为义理的实践这一事上看出,读史本身即可作为经世致用的外王工夫"[3]。对此,唐君毅先生有一番极为深刻的分析:

> 读书非只是做事之具,而其本身即是做事。人既由读经而义理融会,则读史而判事之是非,亦学者原当有、当为之事。若只视读书读史,为此德性工夫之助,则讲究义理至于融会,尽可专以身体力行为务,而不更读书,亦似无不可。依象山阳明之教言之,此时人亦似可脱略文字也。然依朱子之此类之言,则读书之本身即做事,读史而知其所记之事之是非,其本身亦所当为之事。[4]

有学者指出,唐君毅先生此处乃是认为,由于在朱子那里,"读书是在寻求意义融会,并且再加以实践判断的一个过程",故在朱子的工夫义理系统中,"读书便是做事,便要去称量本末轻重,而这种称量轻重的本身,已然是一种道德实践"。否则,若"仅仅将读书法视为一种成德路上的辅助工夫",则读书只是一种"方法"或"工具",那么读书法就有"失去意义",甚至"自圣门教法中剔除"的危险。反之,只有将读书视为一种"道德实践",作为"生命哲学中不可或缺的具体开展",在这一意义下,读书才能"彰显其无可取代的价值"。[5] 因此,在朱子看来,学者读书为学,不能"一向去无形迹处寻",而要于"日用事物、经书指意、史传得失上做工夫",如此则"精粗表里,融会贯通,而无一理之不尽"。[6]

虽然如上节所说,读书能够补持敬工夫之不足,乃"治心养性之法",甚至

---

[1] 《河南程氏遗书》卷18,《二程集》,第188页。
[2] 《朱子语类》卷11,第195页。
[3] 吕铭崴《从朱子的读书法论其修养工夫》,第93页。
[4] 唐君毅《中国哲学原论·原教篇》,第266页。
[5] 参见吕铭崴《从朱子的读书法论其修养工夫》,第93-94页。
[6] 《朱子语类》卷9,第152页。

"可为摄伏身心之助"〔1〕，但朱子亦教人不能过度依赖于读书、只从册子上讨，染上喜静不喜动、喜读书不喜应事的毛病。读书不只是穷理、致知或玩味、涵养，亦须践履、能够出来做事。如他在《答陈肤仲》一书中指出的：

> 读书固收心之一助，然今只读书时收得心，不读书时便为事所夺，而是心之存也常少，而其放也常多矣。胡为不移此读书工夫向不读书处用力，使动静两得而此心无时不存乎？〔2〕

因此，在朱子看来，"心"须贯动静。读书可明理"收心"，但亦须将此"读书工夫"应用于日用做事之上。从心性工夫角度讲，存心是本，读书工夫是末；但从道德践履角度讲，则读书应事的重要性要高过心性之涵养。

以《大学》"三纲领""八条目"为例来看，"明德"是本，"新民"是末，"修身是本，天下国家是末"。〔3〕但在"至善"的效果意义上，"末"则甚至可以说重于"本"，即"治国、平天下"重于"修身"，因为如果说"修身"是《大学》义理工夫结构的"始点而非终点"，那么"天下国家"就是"《大学》理论的最后归宿处"。余英时借用朱子论知行关系的表达"论先后，知为先；论轻重，行为重"〔4〕而将之概括为"论本末，修身为本；论轻重，天下国家为重"〔5〕。因为，"治国、平天下"讲的更多的是"修身"工夫达到的规模和效验，"家齐、国治、天下平"正说明了"明明德"或"修身"工夫有下落，发挥了功效。

总之，与"知行常相须"〔6〕类似，"明德"和"新民"、本和末在朱子的工夫系统中亦是相须成体、该贯通达的，所谓"新民必本于明德，而明德所以为新民也"，〔7〕"德既明，自然是能新民"，否则便是"释、老之学"，〔8〕因为释老也

---

〔1〕 "若能沉潜专一，看得文字，只此便是治心养性之法。……《答孙仁甫书》曰：读书一事，可为摄伏身心之助。"（《朱子读书法》，第82—83页。）
〔2〕 《朱子读书法》，第124页。亦见《宋元学案》卷49《晦庵学案下》，第1569页。
〔3〕 《朱子语类》卷15，第307页。
〔4〕 《朱子语类》卷9，第148页。
〔5〕 参见余英时《朱熹的历史世界——宋代士大夫政治文化的研究》，生活·读书·新知三联书店2011年版，第422页。
〔6〕 《朱子语类》卷9，第148页。
〔7〕 《朱子语类》卷61，第1477页。
〔8〕 《朱子语类》卷17，第379页。王阳明亦指出若"只说'明明德'，不说'亲民'，便似老佛"。（王阳明《传习录上》，《王阳明全集》卷1，第29页。）

可以有"持敬"工夫,[1] 或"自谓足以明其明德"而"不屑乎新民"。[2]

因此,在朱子看来,要达到"至善"的规模和境界,就不仅需要致力于培本固元,更需要枝繁叶茂,真正做到"外有以极其规模之大,而内有以尽其节目之详"[3]。而真正有本原之功、真正做到"原泉混混,不舍昼夜"[4],则必然导向新民、治国、平天下等"末"上之规模和功效。"明德"与"新民"二者亦可以如朱子所描述的"尊德性"与"道问学"二者一样,"交相滋益、互相发明,则自然该贯通达,而于道体之全无欠阙处矣"[5]。读书工夫与应事践履之间亦是这样一种交相为用、内在统一之关系。

小 结

可见,在朱子那里,读书不仅是一项格物致知的工夫,也有存心涵养的功效。实际上,正如我们已经指出过的,朱子也说"读书乃学者第二事""读书已是第二义"。[6] 事实上,不管是程朱理学还是陆王心学,都认为讲学读书是"第二事",而以"修身成德"为第一事。但根据我们上文的分析,在朱子的工夫系统中,"主敬、穷理"乃是"二端"而"一本"的,[7]"读书""存心"也非二事,讲学读书正是为了修德,前者是手段,后者是目的。"不可只专就纸上求义理",而要能够"反来就自家身上(原注:以手自指)推究"。[8]

因此,诚如钱穆先生所言,"读书懂得味道腴,则第二义亦即是第一义"[9],不可外此而寻凌空蹈虚之第一义也。而且,如果只讲"尊德性",表面看来是工夫简易直截,但实际上是"拣那便宜多底占了",而"无'道问学'底许多功夫",

---

〔1〕 参见《朱子语类》卷12,第210页;卷96,第2474页;卷116,第2800页。
〔2〕 参见朱熹《大学或问》,《朱子全书》第6册,第509页。《朱子语类》卷17,第379页。
〔3〕《大学章句序》,《四书章句集注》,第2页。
〔4〕《孟子·离娄下》,《四书章句集注》,第293页。
〔5〕 参见《晦庵先生朱文公文集》卷74《玉山讲义》,《朱子全书》第24册,第3592页。
〔6〕《朱子语类》卷10,第161页。
〔7〕 参见《朱子语类》卷9,第150页。
〔8〕《朱子语类》卷11,第181页。
〔9〕 钱穆《朱子新学案》第3册,第713页。

"出门动步便有碍，做一事不得"，实则只能算是"占便宜自了之学"。[1] 如子贡
"何必读书，然后为学"[2] 之说看起来是"捷径法"，实则是"误人底深坑"，所
以必见斥于圣门，故朱子强调"古人亦须读书始得"。[3]

正如钱穆所指出，在朱子的工夫论系统中，"其实道问学，亦即是所以尊德
性，亦是切己修德，非是于两者间有相妨也"[4]，这与阳明所谓的"道问学即所
以尊德性"并无二致。[5] 在这个意义上，可以说陆王不必亦不能反对朱子之强调
读书，因为无论如何，重视读书为学是儒家区别于释老之学的关键所在，而读书工
夫也是儒学工夫论的本质构成环节，而非可有可无的外在手段。

[1] 《朱子语类》卷 117，第 2824 页。
[2] 《论语·先进》，《四书章句集注》，第 129 页。
[3] 《朱子语类》卷 10，第 172 页；《朱子语类》卷 11，第 181 页。
[4] 钱穆《朱子新学案》第 3 册，第 731 页。
[5] 参见王阳明《传习录下》，《王阳明全集》卷 3，第 138 页。

宋末四川朱子学流于浙江四明考论

马　琛[*]

[内容提要]

　　南宋中后期，四川学者度正、暴渊亲炙朱熹门下，为四川引入朱子学统，培养出阳枋、阳岊等朱子后学，形成传播朱子学的北岩学派。宋元战争爆发后，北岩学人多迁居川外，川中朱子学衰落。阳氏出川避难之时，浙江四明人史蒙卿前往问学，接受四川朱子学，创"静清学派"，成为四明学术史上"以朱变陆"的关键人物。史蒙卿学说具有朱子学共性，注重谱系传承与理学修养。又因问学蜀人，研习象数《易》学，主张立乎其本、明体达用，与四明学术传统中重视考据、事功的特色有所背离。综合来说，四川朱子学流入浙江四明，丰富了浙江朱子学的维度，加快了四明学派从陆学转向朱子学的进程，促成了浙江事功学说与朱子学的融合。

[关键词]

阳枋；史蒙卿；朱子学；以朱变陆；地域学术

---

　　* 马琛，四川大学古籍整理研究所助理研究员，历史学博士。本文系四川省哲学社会科学重点研究基地资助项目"元代经学文献研究"（SCI3E014）阶段性成果。

南宋中期，理学家朱熹名声大噪，讲学授徒，门人广布天下。四川[1]学者度正、暴渊[2]亲炙朱熹，后又回到四川弘学，度正担任过利州、成都府学教授；暴渊曾在涪州（今重庆涪陵区）北岩书院讲学长达二十余年，两人为四川培养了大批朱子后学。但南宋端平二年（1235），蒙军入侵南宋，先破蜀地，此后长达四十余年的宋元战争，对四川造成严重破坏，大量川籍士人避难出川。正是在这股洪流推动下，四川朱子学经由四明（今浙江宁波市）人史蒙卿传入浙中，与浙江朱子学融为一体。

四川朱子学流入浙江四明是宋元学术史上的重要事件，也是地域文化交流互鉴的生动事例。以往已有学者注意到，四川学者流寓外地，强化了四川和其他地区的学术交流，但专门谈论四川朱子学去向者甚少。[3] 基于流寓蜀人的文化影响，尤其是朱子嫡传一脉的流寓蜀人在宋元朱子学传播中的重要价值和地位，笔者不揣谫陋，试对这一事件做一梳理，并论其价值与意义。

一、南宋中后期四川朱子学传承与衰落

陈荣捷先生曾统计宋代朱子门人数量及地域分布："朱子门徒（连私淑）之分配，计福建一百六十四人，浙江八十人，江西七十九人，湖南安徽各十五人，江苏四川各七人，湖北五人，广东四人，河南山西各一人。此为里居可知者共三百七十八人。"[4] 四川朱子门人为任希夷、宋之源、宋之润、李道传、度正、暴渊、魏了翁。其中，任希夷祖上已经迁徙福建；宋之源、宋之润兄弟主要通过书信向朱熹问

----

[1] 宋以益州、梓州、利州、夔州川峡四路合称"四川"，元代合并川峡四路，设四川行省。本文所称"四川"，即以宋元时期"四川"概念为准，包括今四川中东部、重庆大部。
[2] 度正（1166—1235），字周卿，号性善、乐活，合州巴川（今重庆铜梁区）人，绍熙元年（1190）进士。仕宦蜀中三十余年，宝庆二年（1226）奉诏入朝，累官至礼部侍郎兼侍读。暴渊（？—1229），字亚夫，号莲荡，涪州人，以布衣终老。
[3] 专门谈论宋末四川朱子学去向者有胡昭曦等《宋代蜀学研究》第六章"宋代蜀学的转移与衰落"（巴蜀书社1997年版，第173-210页），列举了部分传承朱子学说的流寓蜀人；杨艳《黎靖德与〈语类大全〉》（《社会科学》2018年第3期），以黎靖德编纂朱熹《语类大全》一事为线索，还原流寓蜀人在外传播朱子理学的事例；等等。
[4] 陈荣捷《朱子门人》，华东师范大学出版社2007年版，第9页。

学，李道传、魏了翁虽探求朱子学问，但并未见到朱熹本人。因此，七人中仅度正、晷渊亲炙于朱熹，后又回到四川弘学，为川中朱子学之嫡传。

度正少从族人度伯善游，素仰慕朱熹，庆元三年（1197），在朱子学被定为伪学之际，仍不惜"往返万里"[1]，前往福建向朱熹问学。朱熹主要传授其"收放心"，即一种保持本心的工夫，于日用常行中精思经书之中的义理，时刻随事观理，以求契合圣贤之意。度正回川后担任过利州、成都府学教授，宝庆二年（1226）奉诏入朝，在朝期间以朱子嫡传身份得到朝中士人的认可。朱熹浙中门人叶味道对其推崇备至，称"度正，吾党中第一人"[2]。

晷渊先从蜀中学者李泰游，绍熙四年（1193）前后在长沙受业于朱熹，长达三年，尽得《易》学而归。朱熹极其喜爱晷渊，据度正记载："熹之门人众矣，惟渊从之为最久，闻其言为最详，记其说为最备，故其得之为最精。"[3] 晷渊返乡后，于涪州北岩书院讲学长达二十余年。度正宝庆二年入朝离乡，便推荐门下得意弟子阳枋继续跟从晷渊学习。

阳枋[4]为度正同乡，少时跟从乡贤陈用庚、度正学习。绍定元年（1228）奉度正师命与季弟阳房、族侄阳岊[5]前往涪州造访晷渊。晷渊亲授阳枋《易》学，阳枋兄弟及阳岊均学有所成，互为师友。当时涪州一带，家学与师传并盛，类似阳枋一样的学术家族不在少数，北岩书院也因有晷渊讲学，声名日显，与东湖、濂溪、象山等书院一并获得朝廷赐额。[6] 南宋后期，以北岩书院为基地，川中朱子学发展已成规模，在川中颇有影响力。绍定六年（1233），阳枋与同乡罗仲礼[7]、

---

[1] 度正《性善堂稿》卷5《怀安到任谢表》，《景印文渊阁四库全书》第1170册，台湾商务印书馆1986年版，第182页下。
[2] 《宋史》卷425《赵景纬传》，中华书局1985年版，第12673页。
[3] 《性善堂稿》卷5《权夔宪举晷亚夫遗逸奏状》，第186页上。
[4] 阳枋（1187—1267），字正父，号字溪，合州巴川人。淳祐元年（1241）获赐同进士出身，分教广安，历昌州（今重庆西南部）监酒税、大宁监（今重庆巫溪县）理掾、绍庆府（今属重庆彭水苗族土家族自治县）学官等，晚年以子阳炎卿贵，加朝奉大夫致仕。
[5] 阳岊原名阳醇，字存庵。从辈分上来说，阳岊是阳枋侄子，但他与阳枋兄弟年纪相仿，时常结伴行事。
[6] 魏了翁《跋御书鹤山书院四大字》："近世东湖、北岩、濂溪、象山之称，皆尝有请于朝，风声所形，闻者兴起。"《鹤山先生大全文集》卷65，《四部丛刊》景宋本，第4A页。
[7] 罗仲礼，字东父，淳祐元年进士。自弱冠与阳氏兄弟往来，学于晷渊。

宋寿卿[1]等偕门人讲学遂宁（今四川遂宁市）巴岳精舍，"究濂溪《易通》、邵子《经世》、横渠《正蒙》、朱子《启蒙》等书，理与数咸诣精纯，各有义疏"[2]。阳枋本人对自己的师承充满自豪之情，云：

> 文公朱先生集二程子及诸先生之大成，以陶冶斯世，升其堂，入其室者，遍满天下。而吾蜀奋超卓之大志，不远万里，往而亲炙者，惟吾乡性善先生（度正）与涪陵莲荡先生（晏渊）二人。……性善得吾文公之心，莲荡得文公之《易》，其统不为不正，其道不为不大，其学不为不精粹[3]。

按历史正常发展轨迹，四川或可成为昌明朱子学的又一基地，可惜四川朱子学传承很快因蒙古军队破蜀而中断。宋端平二年十二月，灭金后的蒙古觊觎四川，由阔端率军攻陷沔州（今属陕西汉中市），长驱入蜀。次年，四川大部分地区陷入战火，大量四川学者被俘虏或遭屠戮，幸存者四处流亡，不少出川避难。尽管在宋元对峙的拉锯战中，仍有重庆府学、篷州州学、夔州州学、北岩书院等教育机构尚存一息，[4]但整个四川已残破不堪，早已不是传播学问的乐土。

战争给四川士人研学、问学带来极大困难，对四川朱子学发展造成严重打击。阳枋身边诸多学友相继逝世或出川。如：同门罗仲礼于淳祐十一年（1252）逝世；赵汝廪[5]于咸淳年间应召进京，咸淳三年（1267）十月在京逝世。学侣文复之[6]于宝祐二年至五年（1254—1257）应召入京，此后再未回川。门人王复孙[7]晚年寓居东南一带。晏渊后人晏重三丈曾写信向阳枋问学，阳枋十分期待与

---

[1] 宋寿卿，字东山、如山，是阳枋重要《易》学讲友，宝祐五年（1257）在世。
[2] 阳枋《字溪集》卷12《纪年录》，《景印文渊阁四库全书》第1183册，第433页上。
[3] 《字溪集》卷9《祭心友罗东父文》，第392页下。
[4] 参见粟品孝《斯文未绝：南宋四川山城防御体系下的学校教育》，《西华师范大学学报（哲学社会科学版）》2016年第1期。
[5] 赵汝廪，字景贤，号明远，合州（今重庆合川区）人，宝庆元年（1225）进士。历任广安军守，知大宁监、涪州、绍庆等，淳祐八年（1249）主持重建北岩书院，是阳枋川中重要《易》学讲友。
[6] 文复之，字云山，号活庵，巴川人，享年八十以上。宝庆元年进士。历任考功司郎中、重庆府学明心（后改名明新）堂堂长、四川制置使司参议官、起居舍人等。
[7] 王复孙，巴川人，字希尹，宝祐六年（1258）进士。阳枋《与王希尹札子》有云"自台旆东征""喜知荣赴奉母敬兄，长稚团栾，真乐不可名谕"。（《字溪集》卷6，第332页下）知王复孙家族后来寓居东南一带。

之相见，希望把毕生所学倾囊相授，可惜该愿望最终没有实现。[1] 诸多学者离世、离川，相互之间难以会面交流，四川本土朱子学的衰落便在情理之中。

景定四年（1263），阳枋随子阳少箕就养常德桃源（今湖南常德桃源县），主要通过书信与故交联络。他写信告诉姻亲蹇晋堂说："然百念俱灰，生此浮世，无一物可欲，只有一个性理是靠实受用，欲得可共商量数辈，共话旨趣，而不可得。"[2] 信中道出他欲继续传承朱子理学，但却无法实施的悲凉心境。阳枋还通过书信与川外故交赵景纬[3]取得联系，提及度正、晏渊家族状况，云：

性善先生既无嫡裔，今其族人嗣守余泽而已。莲荡先生仅存一孙，其族人伯恺父子可称者在仕版，可入宰矣。伯恺之子今举登第，见居巫山，为避地计。性善之学，好者亦鲜。[4]

信中透露度正无子嗣，由其"族人嗣守余泽"，显已没落。晏渊仅存一孙，族人中学行可称道者亦仅伯恺父子。度、晏家族的状况，后来均不见于记载。度正出生于普通农户之家，诗自述云："正家巴山阳，占田才百亩。春秋自耕稼，亦足糊其口。中年或水旱，采蕨充饭糗。"[5] 其父亲早逝，家族本不兴旺。晏渊虽为"西晋中郎将晏清之后"[6]，但其身份始终为布衣。宋元战争中，这些本不富贵的家族大多因人员散落、后世不显而走向衰亡。

阳枋及其族人也因战乱数次出川避乱，最后一次出川是在开庆元年（1259）夏，当时蒙军刚从合州撤军，可能担心蒙军反攻，阳枋家族众人乘江上战事稍平，溯江出蜀，避难于荆州白水镇（今属湖北荆州市），先后居峡州（今湖北宜昌市）、桃源。咸淳元年（1265），已经79岁高龄的阳枋结束在湖湘一带的流寓生活，"自夷陵还蜀"[7]，与季子阳炎卯同住。阳岊则一直留在桃源，未再返回四川。

---

[1] 事见《字溪集》卷6《答晏重三丈札子》，第333页。

[2] 《字溪集》卷4《与蹇晋堂书》，第302页下至303页上。

[3] 赵景纬（？—1272），字德父，号星渚，浙江临安人。为度正京中弟子，阳枋于端平二年入京寻师，因同门关系与赵景纬建立了深厚友谊。

[4] 《字溪集》卷6《与台州知府赵德父秘书札子》，第334页下。

[5] 《性善堂稿》卷1《奉别唐寺丞丈》，第155页下。

[6] 《宋元学案》卷69，中华书局1986年版，第2283页。

[7] 《字溪集》卷12《纪年录》，第437页上。

二、四川朱子学与四明学派"以朱变陆"

战争造成四川本土朱子学衰落，但因阳枋、阳岊出川，与浙江四明学派发生关联。南宋时期，四明以信奉和传播陆九渊心学为主。全祖望引元末明初学者贝琼言："四明之学以朱而变陆者，同时凡三人矣：史果斋（史蒙卿）也，黄东发（黄震）也，王伯厚（王应麟）也。"[1] 认为此三位学者引领四明学风由陆入朱。

具体来说，三人"以朱变陆"的渊源并不相同。据黄震自述："震自幼蒙先父之教，常读晦庵《论语》，长师宗瑜、王贯道先生。"[2] 黄震家学即习朱子学，老师王文贯（字贯道）是余端臣的弟子，余端臣师承朱熹弟子辅广，故黄震为辅广一系嫡传。此外，黄震还曾问学于王遂，而王遂是张栻高徒游九言的弟子。关于王应麟师承，《宋元学案》有详述："四明之学多陆氏，深宁之父（王撝）亦师史独善（史弥鞏）以接陆学。而深宁绍其家训，又从王子文（王埜）以接朱氏，从楼迂斋（楼昉）以接吕氏（吕祖谦）。又尝与汤东涧（汤汉）游，东涧亦兼治朱、吕、陆之学者也。和齐斟酌，不名一师。"[3] 王应麟师承众家，兼取朱、陆、吕。史蒙卿为史弥鞏孙，史肯之子，故其家学源自陆学。后因问学阳枋、阳岊叔侄，服膺朱子。综合来看，史蒙卿"以朱变陆"特色最为明显。

史蒙卿就学阳氏事迹，见于其甥袁桷撰写的墓志铭。史蒙卿十二岁入国子学，通《春秋》《周礼》。景定五年，其十七岁时，父亲史肯之官湖北，史蒙卿告假探望父亲，听闻湖湘一带寓居大儒阳氏，便前往问学。阳枋曾于端平年间进京寻师度正，得魏了翁、洪咨夔等称赞，与郭友仁、赵师恕等朱子嫡传往来，声誉大振。并于回蜀途中游历九江白鹿洞书院，结识朱熹再传弟子大儒饶鲁。[4] 此番游历，奠

---

[1] 《宋元学案》卷85，第2858页。

[2] 黄震《黄氏日抄》卷2《读论语》，张伟、何忠礼主编《黄震全集》第1册，浙江大学出版社2013年版，第5页。

[3] 《宋元学案》卷85，第2856页。

[4] 《字溪集》中没有阳枋与饶鲁会面的直接记载，但在景定四年给赵景纬信中，阳枋特地询问饶鲁和白鹿洞书院的状况："双峰先生（饶鲁）今时安在？""白鹿、安定，何人主持？"（《字溪集》卷6《与台州知府赵德父秘书札子》，第334页下）推测阳枋在白鹿洞书院结识饶鲁。

定阳枋学界地位。景定元年，宋理宗赐阳枋加爵一级，升朝奉郎，更增其声誉。因此阳枋寓居川外时，前往问学者络绎不绝，如《纪年录》载其"就养于峡州至喜亭（今湖北宜昌市境内），与亲朋讲学不倦"[1]。史蒙卿前往问学在情理之中。

史蒙卿告假一年后复归国子学，中上第。阳枋于咸淳元年还蜀，咸淳三年逝世，阳岊则一直寓居常德。从此行迹推测，史蒙卿问学阳枋时间不会很长。史蒙卿高足程端礼记载："果斋先生早师常德小阳先生、大阳先生。"[2] 将"小阳先生"阳岊排在"大阳先生"阳枋之前，史蒙卿应更多向阳岊问学。袁桷墓铭更明确记载史蒙卿从阳岊学习《易》《春秋》。[3]

《易》与《春秋》并重是蜀学特色之一。阳枋即以为："《易》与《春秋》相为体用，《易》便是《春秋》之体，《春秋》便是《易》之用。明得《易》则晓得《春秋》，明得《春秋》，则《易》在其中矣。"[4] 阳岊易、春秋学造诣皆高。其与阳枋同学《易》于晏渊，著《存斋易说》，朱彝尊《经义考》将《存斋易说》与阳枋《字溪易说》一并著录。[5] 阳岊春秋学在其子阳恪学术中有所反映。据元中后期浙江学者吴莱记载，阳恪所撰《春秋考证》一卷在东南一带广为流传，该书拾掇朱子《春秋》学说，以恪守朱子春秋学为己任，体现出阳氏春秋学说尊朱特色。[6]

史蒙卿少时从二阳学习朱子一派的易及春秋学，奠定其学术基础。后来，他开创"静清学派"，门人程端礼、程端学皆为元代知名宗朱子学者。元人黄溍在为程端礼撰写的墓志铭中指出史蒙卿师承及其与四明学风转变之关系，云：

四明之学，祖陆氏而宗杨袁，其言朱子之学者，自黄氏震、史氏蒙卿始。朱子之传，则晏氏渊、大阳先生枋、小阳先生岊，以至于史氏，而先生（程端礼）

---

〔1〕《字溪集》卷12《纪年录》，第437页上。

〔2〕《宋元学案》卷87，第2912页。

〔3〕参见袁桷《静清处士史君墓志铭》，杨亮校注《袁桷集校注》卷28，中华书局2012年版，第1366页。

〔4〕《字溪集》卷4《与谊儒任昂书》，第310页下-311页上。

〔5〕朱彝尊撰，许维萍、冯晓庭、江永川点校《经义考》第2册，台湾"中央研究院"中国文哲研究所筹备处1997年版，第15页。

〔6〕参见吴莱《渊颖集》卷7《周正如传考序》，《景印文渊阁四库全书》第1209册，第125页下。

承之。[1]

文中强调史蒙卿学于二阳，而二阳学说直承朱熹。后至正八年（1348），程端礼再传弟子乐仲本在京师结识翰林待制王祎，王祎撰《送乐仲本序》相送。此时元朝接近灭亡，但静清学派经过几代人的传承，趋于显赫，王祎详述乐仲本学源：

> 予闻昔日新安朱氏、象山陆氏，一时并兴，皆以圣人之道为己任，而其所学不能无异。虽以鹅湖有会，终莫能絜其异，以归于同。陆氏之传为慈湖杨简氏、絜斋袁燮氏，皆四明人，故四明学者祖陆氏而宗杨、袁，朱氏之学弗道也。东发黄震氏、果斋史蒙卿氏者出，而后朱氏之学始行于四明。黄氏得于朱氏之遗书，而史氏传于湖南大阳先生岊、小阳先生枋。二阳氏传于蜀人晏渊氏，而晏氏实朱氏之高弟子也。[2]

王祎熟知朱陆学说及四明学术流变，认为黄震、史蒙卿是引领四明学术由陆转朱的关键人物，并分别指出黄、史两人的朱子学渊源，以史蒙卿学于阳岊、阳枋为四明学术史上重大事件。

但与众多元代巴蜀流寓故家子弟一样，元末，阳氏家族湮没在历史长河中，鲜为人知。身为翰林待制的王祎不仅误记二阳为湖南人，而且已不清楚阳枋、阳岊辈分，误称"大阳先生岊，小阳先生枋"。明代杨慎修《全蜀艺文志》、曹学佺编《蜀中广记》，均未收录二阳著述。至清代时，朱彝尊著录阳枋《字溪易说》，阳岊《存斋易说》却将两人著述倒讹。[3] 反映出阳氏叔侄不为后世悉知的境况。宋元战争对四川学术的不利影响持续整个元代，导致元代许多流寓蜀人的著述不传，这是历史的遗憾，但同时也造就了新的机遇，四明学术正是在此交流互鉴中得到新的发展。

---

[1] 黄溍《金华黄先生文集》卷33《将仕佐郎台州路儒学教授致仕程先生墓志铭》，民国十三年永康胡氏梦选楼刻《续金华丛书》本，第9A页。
[2] 王祎《送乐仲本序》，颜庆余整理《王祎集》卷6，浙江古籍出版社2016年版，第163-164页。
[3] 《经义考》第2册，第15页。该校点本亦未指出讹误。

三、四川朱子学与四明学派合流之表征及意义

南宋四川学者度正、晏渊负笈千里投朱子门下问学，在四川建立朱子嫡传学统。宋末及元代，流寓外地的巴蜀学人，又因浙江四明人向其问学，将四川朱子学传至浙江四明，形成在朱子学史上具有重要地位的静清学派。现就这一地域学术合流现象的表征及意义，做一具体探讨。

（一）四川朱子学与四明学派合流之表征

史蒙卿学术转入朱子学后，具有朱子学的共性。其一是注重谱系传承。从袁桷为史蒙卿撰写的墓铭，到黄溍为程端礼撰写的墓铭，再到王祎为乐仲本撰写的序，皆强调静清学派的学脉渊源，均以朱熹授学晏渊，晏渊授二阳，二阳传于史蒙卿为学派发展脉络。原本陆九渊心学不重传承谱系，强调谱系以标榜正统是朱子学派的特色所在。其二是注重以"四书"为指导的理学修养。陆氏心学上承程颢"天理"二字，本是自家体贴出来的"尊德性"学问。史蒙卿则秉承朱子学"道问学"的路径，注重经文义理阐释，基于孔孟心性之学及《大学》格物致知、《中庸》博学慎思等说，提出由"尚志"而"居敬"，"居敬"以"穷理"，最后"反身"的治学路径，奠定静清学派的朱子理学底色。

除上述共性，史蒙卿因沾染蜀学，表现出与其他四明学派不同的学术特色。一是表现在易学上，全祖望序"静清学案"云："尝闻深宁（王应麟）不喜静清（史蒙卿）之说《易》，以其嗜奇也。"[1] 王应麟易学极重考据，参证史事以推动易学切近人事，是以考据近于事功的路数。他批评史蒙卿易学"嗜奇"，反映出史氏学说受蜀中易学影响而与浙派事功学说产生的分歧。大体而言，阳氏易学信奉朱熹学说，但又有蜀中象数易学特色。阳枋主张治《易》首先读朱熹《易学启蒙》，他传授子侄学问时，询问"不知《启蒙》等书已看得熟未？"[2] 教导他们熟读《易学启蒙》后，再主攻程颐《易》与朱熹《易》。认为程颐《易传》切于人事，实为

---

〔1〕《宋元学案》卷87，第2910页。
〔2〕《字溪集》卷4《寄谊儒侄昂书》，第309页上。

义理易学大宗，朱熹《易》精于卦爻，实为象数易学大宗，若折中两家，便能得易学精髓。史蒙卿易学沾染象数，是他得到"嗜奇"评价的原因。但入元以后，《易》正是沿着折中程朱，融合象数易学与义理易学的路数发展，反映出四川朱子易学的前瞻性。

二是表现在理学工夫上，主张立乎其本，明体达用。浙中素有重视事功的传统，黄震、王应麟虽宗朱子学，但均涉猎经史、谙熟掌故，与胡三省并称"浙东三大家"，以考证及史学见长。史蒙卿相较两人，更加主张义理之学。黄溍评价黄震与史蒙卿学说区别说："黄氏（震）主于躬行，而史氏（蒙卿）务明体以达用。"〔1〕所谓"明体以达用"，是"义理性命"之学与"经世致用"之学的结合，与阳枋学术主张一脉相承。阳氏不喜考据之学，提出"四书""五经"皆为义理之学，认为"四书""五经"要么是修炼心性之书，要么是治世法典，用义理解经才是治学要途，洞晓经书中的义理，便可指导日用常行。但阳枋认为，性理学习并非易事，"惟体认践履，须十分下功夫，初学非十年不见效"〔2〕。对初学者来说，最重要的事是"立大本"，即立明"道"之"心"，通过学习，不断用"道"塑"心"，达成朱子教诲的"收放心"工夫。史蒙卿充分吸纳阳氏学说，其所提出的"尚志"而"居敬"，即为"立大本"之途。有学者认为，从史蒙卿的学说来看，其在保持陆学"先立乎其大"的基础上，吸收朱子学致知笃实的下学工夫，"基本上还是陆学的范围"〔3〕。实为误解。因为阳枋与史蒙卿所论"本"与"心"，并非属于本体论范畴，而属于工夫论的范畴。但史蒙卿对阳枋"立大本"学说快速接纳，也多半与其陆学背景对"心"的理解有关。

（二）四川朱子学与四明学派合流之意义

史蒙卿师承二阳，走上以朱变陆的道路，如果说史蒙卿学术尚存"朱陆合会"的影子，史蒙卿高足庆元（今浙江宁波市鄞州区）人程端礼、程端学则是元代宗朱子学者的代表。程端礼《程氏家塾读书分年日程》依据朱熹读书法，制定教学读书程序，元代私人讲学内容大多不出程氏所列课程，影响延续至明清。程端学专

---

〔1〕 黄溍《金华黄先生文集》卷33《将仕佐郎台州路儒学教授致仕程先生墓志铭》，第9A页。
〔2〕 《字溪集》卷3《与族孙恪书》，第295页上。
〔3〕 参见侯外庐等主编《宋明理学史》中册，西北大学出版社2018年版，第714页。

以《春秋》名家。朱熹本无春秋学专著，元代以胡安国《胡氏春秋传》为尊。而阳恪、程端学是难得的宗朱派，程端学著《春秋本义》十三卷、《春秋或问》十卷、《春秋三传辨疑》二十卷传世，均为尊朱性质的春秋学力作。正是在他们的努力下，朱子春秋学得到与胡《传》并尊的地位。由此可知静清学派弘扬朱子学的程度之深、面相之广。综合来看，四川朱子学与浙江四明学派交织的原因及其影响体现在以下三点：

首先，四川朱子学的传入，丰富了浙江朱子学的维度。朱子门生众多，学生各有所长，其性各有所偏，朱子之学一旦脱离朱子本身而独立存在于各门生胸中时，就已各具面貌。故朱子学始入浙蜀之时，已有细微差别。而这种差别，在学术地域化的过程中，会不断融入当地的学术特点，形成地域性学派。南宋浙江即形成了学术史上所称的"浙东学派""金华学派""四明学派"等地域性学派。其中，四明虽有朱子学传承，但主流仍受陆学影响，代表人物杨简、袁燮、舒璘和沈焕合称"甬上四先生"，均为宗陆一系的人物。在"以朱变陆"过程中，由于接受朱子学的渊源不同，四明学派又分化为静清学派（史蒙卿）、东发学派（黄震）和深宁学派（王应麟）三大学派，治学侧重与特色不尽相同。这一地域学术形成与分化的过程，体现了差异性与融通性的共存，也由此构成了朱子学的多重维度。

其次，蜀中朱子学的传入，加快了四明学派从陆学转向朱子学的进程。四明本为陆学重镇，但随着朱子学的强势崛起，四明学派的学术取向发生明显变化。在黄震、王应麟研习朱子学的同时，四明史氏也吸纳朱子学。四明史氏是南宋显赫政治家族，史蒙卿少入国子学，接受官学教育，于湖湘地区从阳氏学后，又回到国子学，高中进士。其影响远超四明当地，更将四川朱子学传至中央。史氏接受朱子学，无疑会改变陆学和朱子学在转变过程中的抗衡力量，促进了四明学派由宗陆向宗朱的转化。当然，四川朱子学在促成朱陆转化方面，并非全然抗衡，阳枋"立大本""收放心"的工夫论与陆学重视"心"相契合，这是两种学术能够交流转变的根本原因。

再次，四川朱子学的传入，促成了浙江事功学说与朱子学说的融合。表面上来看，浙中重视事功的传统与四川朱子学注重义理的特色有所冲突，如黄震所著

《黄氏日抄》《古今纪要》等书，广征博引，严于考据，提倡"用心于外"的事功之学，反对空谈性理、不事躬行的空疏之风，具有浓厚的浙东事功学特色。但实质上来说，四川朱子学的经世致用之旨与之殊途同归。四川朱子学人直面战争冲击，肩负维护战乱地文化传统的重任，所习义理学与空谈性理的空疏之学完全不同，而是匡时救弊的经世儒学。阳枋经常告诫后学："当于日用常行，泛应曲当，件件物物，以当然之理酬酢，令无愧于心，即便是学。"〔1〕认为洒扫、应对、进退、举止、出处，事事皆学问。在此观念下，事功与义理之学并非截然对立的学说，而是事物的一体两面，这是四川朱子学能够与事功学说融合的原因。

四、结　语

中国古代不同地域的学术产生关联，主要有三个因素。一是地缘因素。山水相连、自然环境相似的地区，人口往来密切，促进相互之间的游学。因地缘形成的学派也是最早划分学派命名的由来，如：蜀地与巴地合称巴蜀学术、关地和陇地合称关陇学术。二是政治因素。主要表现在中央与地方的互动上。一方面，中央派遣官员到地方做官，官员带着自身学术背景到达官宦地，很容易与当地学术产生交流碰撞。另一方面，中央都城向来是地方士人的游历目的地，地方士人会聚都城，学术交流是他们的重要社交内容。三是战争与移民。伴随战争流徙，会产生大规模的移民现象。陈寅恪论关陇文化说："取塞外野蛮精悍之血，注入中原文化颓废之躯。"〔2〕即是战争因素造成的文化融合。此三种因素是考察地域学术交流的常见视角。

历史上，蜀学与浙学地缘相去甚远，交流主要基于政治因素。宋元战争迫使蜀人大量出蜀，为流寓地注入新鲜血液。四川朱子学流于浙江，正是战争冲击下学术交流的生动案例。朱子理学大盛于元代，而世人眼中的元代理学，亦以浙江为重镇而鲜及四川，殊不知浙江的朱子学却有着蜀学底色。一个学派的传承，从起源到万

〔1〕《字溪集》卷4《与谊儒任昂书》，第310页下。

〔2〕陈寅恪《李唐氏族之推测后记》，陈美延编《陈寅恪集·金明馆丛稿二编》，生活·读书·新知三联书店2009年版，第344页。

壑争流，绝不是射线式的各赴所趋，而是曲线式的相互交织、缠绕、借鉴，乃至水乳交融，混为一体。以此观之，宋末四川朱子学并没有亡佚，而是在其他地域获得了新生。这种地域学术的交流互鉴，正是中华文化生生不息的重要动力，也是今日研究地域文化的重要意义。

从良知见在到自慊：王阳明致良知工夫的现实展开

薛建立*

[内容提要]

王阳明"四句教"所开显的致良知工夫路径可以推阐为：从良知见在处肯信良知以生发源初的工夫境域，由"工夫不独"而成就工夫良性的背景态势，然后实落用功为善去恶，最终求得自慊。良知见在处肯信良知即要有从中心视域到边缘视域的肯信：中心视域的肯信最为重要的是当下保有那一念明觉处的道德实行意愿；边缘视域的肯信则涉及道德形上学的建立；两种肯信力量的主动融合则在于立志。"工夫不独"主要指师友间的感通相助。实落用功为善去恶则一方面当量力有渐，另一方面须无间于内外动静未发已发。自慊为致良知工夫成就时内心所具有的纯粹良善实感，可以作为致良知工夫的当下印证。四者的现实展开并非线性的，而是一种参伍错综的相续。

[关键词]

王阳明；致良知；四句教；良知见在；工夫

---

* 薛建立，湖南大学岳麓书院博士研究生。本文系国家社科基金重大项目"宋学源流"（19ZDA028）阶段性成果。

王阳明在经宸濠之版、张许之难后提揭"致良知",[1] 以之为孔门正法眼藏。当代学界对阳明致良知工夫论关注颇多,但重心在对"何为致良知"进行义理阐释。例如:牟宗三先生认为致良知具有三方面意涵即向前推致扩充良知、复良知本体与逆觉体证;[2] 陈来教授不仅总结出致良知的三个要点即扩充、至极与实行,并指出阳明实践工夫的两条基本线索即工夫内外本末之统一与工夫有无动静之统一;[3] 耿宁教授区分了阳明前后期的三个"良知"概念,相应地"致良知"也具有三种意涵即本原知识之充实、本原知识之澄明和复归本原知识之本己本质;[4] 张祥龙教授则根据良知本体知行合一的特点认为致良知即是"让良知行",强调致良知工夫的被动性、否定性与释放性。[5] 这些义理阐释丰富而深刻,本身即蕴含着一定的"如何致良知"的指引,甚至其中不乏试图勾勒致良知工夫路径者和对致良知工夫的疑难处进行深入思考者。例如:陈立胜教授认为阳明致良知工夫不仅讲"信""觉""悟",还讲"依""循""顺";[6] 张卫红教授则关注阳明后学见在良知争论的焦点即念念致良知是否可能的问题,她认为,在王龙溪那里,念念致良知之所以可能,其机窍便在于"信得及良知"。[7]

尽管如此,对于致良知工夫本身,我们依旧有许多"如何"要追问:致良知工夫究竟如何展开?致良知工夫究竟如何克除私欲?如果说致良知工夫首在"信

[1] 陈来《有无之境:王阳明哲学的精神》,北京大学出版社 2013 年版,第 373 页。

[2] 牟宗三《从陆象山到刘蕺山》,吉林出版集团有限责任公司 2010 年版,第 145-147 页。

[3] 陈来《有无之境:王阳明哲学的精神》,第 201-206、313-360 页。

[4] 耿宁《人生第一等事:王阳明及其后学论"致良知"》(上),倪梁康译,商务印书馆 2014 年版,第 283-285 页。

[5] 张祥龙《儒家哲学史讲演录第四卷:儒家心学及其意识依据》,商务印书馆 2019 年版,第 405-406 页。

[6] 陈立胜《入圣之机:王阳明致良知工夫论研究》,生活·读书·新知三联书店 2019 年版,第 307-321 页。

[7] 张卫红《由凡至圣:阳明心学工夫散论》,生活·读书·新知三联书店 2016 年版,第 115-149 页。

得及"，又究竟如何能够自信良知?[1] 因此有必要将"如何致良知"从"何为致良知"的义理阐释中突显出来，在致良知"是什么"研究的基础上进一步追问致良知"如何"做。

一、致良知工夫的自行显示

致良知工夫在现实中具体如何展开？当问及这一问题时，人们会自然想到阳明前后期多种多样的教法并认定"四句教"为最圆熟的教法。[2] 天泉证道，阳明以"四句教"融摄了钱绪山、王龙溪二人的"四有""四无"之论[3]："以后与朋友讲学，切不可失了我的宗旨。无善无恶是心之体，有善有恶是意之动，知善知恶的是良知。为善去恶是格物。只依我这话头，随人指点，自没病痛。此原是彻上彻下功夫。"[4] "四句教"既然是良知教的宗旨和定法，那如何领会它并回答"如何致良知"的问题呢？

可以明确的是，"四句教"既不似斯宾诺莎（Baruch de Spinoza）几何学式的伦理论说，亦不似某种科学技术的程式化操作说明，因此，面对"四句教"，概念逻辑的思辨、按部就班的格式化遵循，这些方法均会感到难以进入其思想之域。这根本上是因为"四句教"并非理论化、现成化世界中的某物，难以对其进行对象化的理解与阐释。"四句教"本是前理论化的、活泼泼的存在，它属于生活世界，是阳明自身致良知工夫生命体验的自行道说。阳明认为："人心天理浑然。圣贤笔

---

[1] 陈立胜教授与张卫红教授虽对自信良知工夫皆有所论说，但仍偏重于自信良知"是什么"的义理阐释，而对自信良知工夫本身的现实展开并无过多阐发。如陈立胜教授以为自信良知强调的是"致良知是生命的整体转向的工夫"，"信"的意义具有良知全面做主与冲破一切障蔽的正负两面性；张卫红教授则着重阐释了良知融摄一切事为知识而无须坎陷这一"信得及良知"的理论内涵及王龙溪"一念自信"工夫这一"信得及良知"的实践内涵，而对实践内涵的论述亦只重在表明"一念自信"工夫的特征（非静态）及效用（具有最充足的实践动力）。参见陈立胜《入圣之机：王阳明致良知工夫论研究》，第307-310页；张卫红《由凡至圣：阳明心学工夫散论》，第150-180页。
[2] 陈来教授对阳明前后期教法有精当的梳理与总结，参见陈来《有无之境：王阳明哲学的精神》，第367-374页。
[3] 陈来《有无之境：王阳明哲学的精神》，第228页。
[4] 陈荣捷《王阳明〈传习录〉详注集评》，华东师范大学出版社2009年版，第215页。

之书，如写真传神。不过示人以形状大略，使之因此而讨求其真耳。"〔1〕 "四句教"亦不过是阳明自身致良知工夫实践的"写真传神""形状大略"，亦欲使人能因其指引而反身自求。

这种"示人以形状大略，使之因此而讨求其真"的道说方式实有海德格尔（Martin Heidegger）"形式显示"（Formal Indication）现象学方法的意蕴。在海德格尔那里，形式显示方法即是要先于一切对象化地把现象（实际生活经验）的形式（关联意义）显示出来。为防止脱离生活世界这一本源、将关联意义理论化与现成化，在显示关联意义的当下即要求一种实行意义，即将关联意义付诸实践。通过形式显示，现象学阐明现象的意义整体（内容意义、关联意义与实行意义），给出现象的逻各斯（非逻辑化意义上），现象自身得以自行显示。〔2〕 一般来说，学者们很容易把握"四句教"所蕴含的致良知工夫的内容意义（圣贤品格）与关联意义（良知发见处为善去恶），但往往会忽视其当下的实行意义（实致良知）。阳明道说"四句教"，并非要说出一个可供把捉的定理或程式来，阳明道说的当下，"四句教"的关联意义便已在其精神生命的实行之中。阳明同样要求学者们要"讲之以身心，行著习察，实有诸己"〔3〕，知行合一，在领会"四句教"的关联意义的当下即有所实行实践。如此，"四句教"的关联意义才真正具有悬而不定的开端意义：它规定了致良知工夫的实行方向，但在具体实行的内容上却是不确定的，因而保有致良知工夫具体实行的丰富可能性。如此，"四句教"的指引才是活泼泼的，充满生机与活力，其内容意义（圣贤品格）的圆成才指日可待。反之，忽视"四句教"的实行意义，其关联意义将不免被理论化、现成化，关联意义自身"悬而

〔1〕 陈荣捷《王阳明〈传习录〉详注集评》，第 35 页。

〔2〕 海德格尔本人对"形式显示"方法的一基本表述是："为什么称之为'形式的'？这个形式是某种切合于关联的东西。而显示则是要事先显示出现象的关系——然而是在一种否定的意义上，相当于警示！一个现象必须被这样地事先给出，以致它的关联意义被维持于悬而不定之中……形式显示是一种防范，一种先行的保证，为的是让这个实行特性保持自由。"海德格尔《宗教生活现象学》，欧东明、张振华译，商务印书馆 2018 年版，第 64 页。译文有所改动。有关"形式显示"方法的深入阐释，可参看孙周兴《形式显示的现象学——海德格尔早期弗莱堡讲座研究》，《现代哲学》2002 年第 4 期；张祥龙《海德格尔的形式显示方法和〈存在与时间〉》，《中国高校社会科学》2014 年第 1 期；张柯《论"形式显示"在海德格尔思想中的实质含义——基于对〈宗教现象学导论〉的文本分析》，《世界哲学》2016 年第 5 期。

〔3〕 陈荣捷《王阳明〈传习录〉详注集评》，第 147 页。

不定"的开端意义将变成一种物的悬空。"四句教"亦将成为与生命之树相对的灰色理论，沦为阳明自身所极力反对的口耳之学，如此又何谈圣贤君子。当我们明了"四句教"所蕴含的致良知工夫的意义整体，也就发现了致良知工夫的逻各斯：在不懈的实行实践中保持良知发见处为善去恶的鲜活形势，最终圆成圣贤品格。这是阳明所指引给我们的，也恰是致良知工夫本身的自行显示——因为阳明道说出了儒门工夫之道。

但这里可能面临的一个重大疑难是：如此果真能致得良知吗？何以依此指引实致良知时，意志软弱、道德无力的窘境难以避免？何以"四句教"出后，良知异见纷呈，王学流弊不可避免？这固然和为学阶次及每人的资质有关，但一个更重要的原因可能是："四句教"只是给出了一个致良知工夫的"开端"，"四句教"中的关联意义"良知见在处为善去恶"过于简略，每个人都只能在此"开端"下继续试探、摸索。简言之，"四句教"现实中的具体指引显得不足。为此，我们必须返归阳明，结合阳明的其他道说，来丰富、深化"四句教"所显明的致良知工夫的关联意义。

对于"致良知究竟如何展开"的问题，阳明往往要弟子们反身自求，不肯多道，怕的便是弟子们落入知解上去。[1] 但阳明还是在一些当机施教与经典诠释中给我们透露出极为珍贵的致良知工夫的关联意义信息。当陈九川自觉"近来功夫虽若稍知头脑，然难寻个稳当快乐处"时，阳明便告之以"'格物'的真诀，'致知'的实功"："尔那一点良知，是尔自家底准则。尔意念着处，他是便知是，非便知非，更瞒他一些不得。尔只不要欺他，实实落落依着他做去。善便存，恶便去。他这里何等稳当快乐！"[2] 在《大学问》中，阳明也有类似的表述："今焉于其良知所知之善者，即其意之所在之物而实为之，无有乎不尽。于其良知所知之恶者，即其意之所在之物而实去之，无有乎不尽。然后物无不格，而吾良知之所知者无有亏缺障蔽，而得以极其至矣。夫然后吾心快然无复余憾而自谦矣，夫然后意之

---

[1] 如阳明面对弟子讲明致良知的请求时言："既知致良知，又何可讲明？良知本是明白，实落用功便是。不肯用功，只在语言上转说转糊涂。"陈荣捷《王阳明〈传习录〉详注集评》，第 200 页。

[2] 陈荣捷《王阳明〈传习录〉详注集评》，第 173 页。

所发者，始无自欺而可以谓之诚矣。"[1] 这两条文本与"四句教"一样，可视为阳明致良知工夫体验的自行道说。良知知是知非、知善知恶，此即"良知见在"的表现；实实落落为善去恶而无有不尽，便是要"实落用功"；感受到稳当快乐、无复余憾，即指"自慊"；因此，阳明致良知工夫的关联意义即可初步描绘为从良知见在到实落用功再到自慊的一个趋势。但对于阳明来说，致良知工夫绝不是孑然一身的修行，其离不开圣亲师友的助力与书院道场的夹持，此即表明"工夫不独"。"工夫不独"可谓致良知工夫的题中之义。从良知见在处肯信良知以生发源初的工夫境域，由"工夫不独"而成就致良知工夫良性的背景态势，然后实落用功为善去恶以克除私意障蔽，最终求得自慊，自慊即成为致良知工夫的当下心印。至此，阳明致良知工夫的关联意义大体可以扩充为四个重要面向：良知见在、工夫不独、实落用功与自慊。

二、良知见在：肯信良知以生发源初的工夫境域

阳明所谓"良知见在"即指良知本体在现实生活中的萌蘖，如孩提之童的爱亲敬兄、常人的知是知非等，其显著特点是"暂明暂灭"[2]。而此当下一念明觉即为致良知工夫的着力处与得力处，"今日良知见在如此，只随今日所知，扩充到底。明日良知又有开悟，便从明日所知，扩充到底。如此方是精一功夫"[3]。那此处如何做工夫呢？

阳明后学于此围绕当下一念明觉是否可靠展开了激烈争辩：认为可靠者如王龙溪，龙溪强调"一念自信"，从此当下一念明觉处直透本体，成就先天正心工夫；以为不可靠者如罗念庵，念庵认为此一念不过日常或明或暗的善端，不能以此善端为自足，应当"从见在寻源头"，时时做收摄保聚的工夫。[4] 阳明与两者的进路

〔1〕 王守仁撰，吴光等编校《王阳明全集》卷 26《大学问》，上海古籍出版社 2011 年版，第 1071 页。

〔2〕 陈荣捷《王阳明〈传习录〉详注集评》，第 62 页。

〔3〕 陈荣捷《王阳明〈传习录〉详注集评》，第 180 页。

〔4〕 关于阳明后学见在良知的争论，张卫红教授有深入探讨，参见张卫红《由凡至圣：阳明心学工夫散论》，第 92-146 页。

都不一样，可以说是一条居间的进路。在阳明看来，虽然此当下一念明觉有强弱程度的差异，有时甚至异常微弱，但致良知工夫的出路舍此别无他门，致良知工夫正是要从此当下之一念明觉扩充开来，实行实践下去。当下即有工夫在，不必犯手另寻凭借，因此与念庵不同。[1] 只是这种可靠性并非如龙溪所论般高妙。对于阳明来说，良知见在入头处最为重要的工夫问题是"如何保有此一念明觉之可靠可信"，亦即"如何于良知见在处肯信良知"，而非"一念明觉处如何直透良知本体"。[2]

那良知见在处究竟要如何肯信良知？就致良知工夫现象的整体直观而言，某一具体处境下致良知工夫大体存在着两种视域，即中心视域与边缘视域。举例来说，天气突然转冷时生起提醒父母保暖之念，这个具体的处境下"提醒父母保暖"的敬爱之心即是致良知工夫的中心视域，此敬爱之心的外围即为边缘视域。虽然有此中心边缘的划分，但两个视域本身是摩荡交融在一起的。良知见在处肯信良知便是要有从中心视域到边缘视域的肯信。

中心视域下肯信良知，最为重要的便是当下保有良知见在那一念明觉处的实行意愿，或者说保持对良知见在那一念明觉的实行。良知见在当下之一念明觉实具有两个面向：知善知恶的道德判断（知）与好善恶恶的道德实行意愿（行），两者相即一体，不可分割。"知之真切笃实处，即是行"[3]，知善知恶的道德判断本然地具有一种真切笃实的实行趋向，此即好善恶恶的道德实行意愿。为保有这一本原的"知行合一"关系，不使知善知恶的道德判断理论化、现成化从而沦为一种道德知识，阳明特为强调好善恶恶的道德实行意愿，强调实行践履，阳明言"行是知之成"[4]，更言"良知只是个是非之心，是非只是个好恶。只好恶，就尽了是非。只是非，就尽了万事万变"[5]，好善恶恶的道德实行意愿及实行实践成为知善知恶的道德判断保持切身性与真理性的根源。正因如此，当良知见在一念明觉之当

----

[1] 此乃阳明直承孟子"四端"扩充之旨。牟宗三、陈来等学者对阳明致良知之"扩充""至极"义已有精当的义理阐释，兹不赘述。

[2] 这一点和天泉证道阳明对龙溪"四无句"无法照顾到中下根人的评判是一致的。

[3] 陈荣捷《王阳明〈传习录〉详注集评》，第98页。

[4] 陈荣捷《王阳明〈传习录〉详注集评》，第19页。

[5] 陈荣捷《王阳明〈传习录〉详注集评》，第203页。

下，我们不仅要明晰当下的道德判断，更为重要的是去看护当下一念明觉处的道德实行意愿，后者不能有片刻的失守，后者在，前者即在；后者亡，前者便顿然从道德生命活泼泼的境域中抽离出来成为一种道德知识，此时，致良知工夫便中断，后续进行的所谓的"致良知"工夫将全然不奏效。阳明反对朱子学知行二分、先知后行，提倡知行合一、致良知，其苦心孤诣处正在于此。保有良知见在当下一念明觉的实行意愿，看护良知的温暖，致良知工夫才真正可能。当我们驻足在良知的温暖里，当下即有一种确信、肯信，此时致良知工夫的境域已然打开，这一念明觉的星火必在儒者的精心看护下成燎原之势。

良知见在之当下因对一念明觉的实行意愿的看护而生发的肯信绝然不是孤立的，它荡漾在对良知本体的肯信中，后者往往隐匿于边缘之域、渊默之域，但在受到呼唤与感应时，它当下就在场了。而对良知本体的肯信生发自生活世界中的致良知实践，其在根本上涉及道德的形上学[1]的建立。

对于阳明来说，良知见在是一种本原现象。当某现象是源初的、必然的、普遍的，即可称为本原现象。良知见在作为本原现象可以从以下两个方面予以体知：一是对于意之善恶，本心良知未尝不自知，即使昏聩闭塞至极，其人本心良知亦能对意之善恶有所照显，正如阳明所言"凡人之为不善者，虽至于逆理乱常之极，其本心之良知，亦未有不自知者"[2]、"虽昏黑夜里，亦影影见得黑白，就是日之余光未尽处。困学功夫，亦只从这点明处精察去耳"[3]。二是人在放心或遮蔽的状态下，只要能够一念自反，则本心良知当下即在。阳明言："虽妄念之发，而良知未尝不在。但人不知存，则有时而或放耳。虽昏塞之极，而良知未尝不明。但人不知察，则有时而或蔽耳。虽有时而或放，其体实未尝不在也。存之而已耳。虽有时而或蔽，其体实未尝不明也，察之而已耳。"[4] 人不知存养省察本心良知，则本

---

[1] 牟宗三先生儒家道德的形上学的建立其概要可参氏著《心体与性体》（上）第三章《自律道德与道德的形上学》及卢雪崑《牟宗三哲学——二十一世纪启蒙哲学之先河》第一章《儒家道德的形而上学之奠定》。参见牟宗三《心体与性体》（上），联经出版事业有限公司 2003 年版；卢雪崑《牟宗三哲学——二十一世纪启蒙哲学之先河》，万卷楼图书股份有限公司 2021 年版。

[2] 《王阳明全集》卷 27《与陆清伯书》，第 1112 页。

[3] 陈荣捷《王阳明〈传习录〉详注集评》，第 204 页。

[4] 陈荣捷《王阳明〈传习录〉详注集评》，第 127-128 页。

心良知陷于放心与遮蔽，虽然陷于放心与遮蔽，但本心良知未尝不在不明，一念回转存养省察之，则本心良知即有当下的照显明觉而起工夫之用。阳明更言"虽昏蔽之极，一念自反，即得本心，可以立跻圣地"[1]，此可谓是直承孔子"我欲仁，斯仁至矣"与孟子"反身而诚，乐莫大焉"的心性工夫修养洞见。正是从"本心之良知未有不自知"与"一念自反即得本心"这生活世界的源发处，我们生发起对性命天道、良知本体的肯信。性命天道、良知本体的实在性首先在此处得到显现，继而在那不可逃避的道德实践中完全彰显出来。当我们能够切实致良知，使良知发用圆满明觉，则在此圆满明觉中，道德的形上学便真实地建立起来。

而两种视域下肯信力量的主动融合需要立志。立志即立"必为圣人之志"[2]，这被阳明称为"为学紧要大头脑"[3]"为学之心"[4]。致良知作为"圣人教人第一义"[5]的为学工夫，其"紧要大头脑"便是要"无时无处而不以立志为事"[6]。如此，在中心视域看护道德实行意愿的当下即要立志（包含责志）。立志乃一种未来朝向，即朝向圣贤品格，而对圣贤品格的体知是由日用行常中致良知工夫实践所成就的，于是立志朝向未来，却又回环到了已有。当中心视域下就良知那一点明觉处立志成圣成贤时，其便叩问已有，呼唤、感发出那处于边缘视域中对良知本体的肯信力量来。此时中心与边缘两种视域下的良知肯信力量汇聚在一起，便为致良知工夫的继续展开提供更大的动力，故阳明言"只'志道'一句，便含下面数句功夫，自住不得"[7]。学者当下即可谓"收拾精神，自作主宰"[8]，处于道德实践的自觉自主之中。

当我们能够在良知见在之当下一念明觉处做得从中心视域到边缘视域肯信良知的工夫，即可生发出源初的工夫境域。这一境域中流动着道德实行意愿的强烈、道德判断的明澈以及对圣贤品格的期许。由此源初的工夫境域，我们便"开启"并

〔1〕 吴震编校整理《王畿集》卷16《书先师过钓台遗墨》，凤凰出版社2007年版，第470页。
〔2〕 陈荣捷《王阳明〈传习录〉详注集评》，第192页。
〔3〕 陈荣捷《王阳明〈传习录〉详注集评》，第119页。
〔4〕 《王阳明全集》卷8《书朱守谐卷》，第307页。
〔5〕 陈荣捷《王阳明〈传习录〉详注集评》，第143页。
〔6〕 《王阳明全集》卷7《示弟立志说》，第290页。
〔7〕 陈荣捷《王阳明〈传习录〉详注集评》，第185页。
〔8〕 陆九渊著，钟哲点校《陆九渊集》卷35，中华书局1980年版，第455页。

融入"工夫不独"的致良知工夫态势中，进而"实落用功"起来。

三、工夫不独：良知相感相应以成工夫态势

从良知见在处肯信良知所开显的工夫境域从一开始便不是孤立存在的，它当下就处在一种生活实践的背景态势之中并且要求生发起良性的工夫背景态势以助养扩展自身。阳明认为，志在圣贤者、真致良知者必然会寻求生发良性的工夫背景态势。以师友之道来说，阳明认为"自古有志之士，未有不求助于师友"[1]，"今夫师友之相聚于兹也，切磋于道义而砥砺乎德业，渐而入焉，反而愧焉，虽有非僻之萌，其所滋也亦已罕矣。迨其离群索居，情可得肆而莫之警也，欲可得纵而莫之泥也，物交引焉，志交丧焉，虽有理义之萌，其所滋也亦罕矣"[2]。有志之士，为存天理去人欲，为真致得良知，因自身先天气禀及后天习气之障蔽而不能孑然自立自明，必如饥渴之于饮食，恳切寻求存天理去人欲、致良知之方，如此必然会求助师友，在师友的接引、砥砺、夹持下，致良知工夫才容易勇猛精进；而如果离群索居，没有师友帮助，则"志不能无少懈"[3]，极易陷溺于私意障蔽，纵有理义之萌、良知见在，亦难以真正挺立起来，阳明因此警诫弟子说，"夫离群索居之在昔贤，已不能无过，况吾侪乎"[4]。

那如何生发良性的工夫背景态势呢？就"求在我者"来说，致知者当致力于两个面向：一是圣亲师友主体间的感通相助，二是书院道场的形成。虽然在阳明那里，"圣""亲"两个面向各有其独特且重要的感通方式，如立志圣贤、体知经典、念亲爱之情等，但宽泛地说，是可以纳入"师友"范围的[5]，而"师友"间的切磋砥砺又恰是书院道场形成的核心力量，因此此处以"师友"为核心简论良性的工夫背景态势的生发。致良知必求助师友，而求助师友自当遵循师友之道。阳明认

---

[1] 《王阳明全集》卷4《与戴子良》，第180页。

[2] 《王阳明全集》卷7《夜气说》，第295页。

[3] 《王阳明全集》卷7《惜阴说》，第298页。

[4] 《王阳明全集》卷4《与陆原静二》，第187页。

[5] 圣人自可以师来看待，而亲人间亦存有师友之谊，如王华之于阳明可以作师，阳明之于其妹夫徐爱则亦师亦友。

为，"自程、朱诸大儒没而师友之道遂亡"[1]，而他却要于当时功利机智的昏暗风气中重振师友之道。阳明所提倡的师友之道可归结为三个方面。一是为弟子者应当尊师重道，"既以其人为先觉而师之矣，则当专心致志，惟先觉之为听。言有不合，不得弃置，必从而思之；思之不得，又从而辨之，务求了释，不敢辄生疑惑。……苟无尊崇笃信之心，则必有轻忽慢易之意"[2]。阳明认为，弟子于师首先要有尊崇笃信之心，认识不一时，不当苟且疏忽，而是要严加思辨，以求明白。阳明之于朱子即是如此。二是为师者应当严格且开诚布公，"彼自以后进求正于我，虽不师事，我固有先后辈之道焉"、"师友道废久，后进之中，有聪明特达者，颇知求道，往往又为先辈待之不诚，不谅其心而务假以虚礼，以取悦于后进，干待士之誉，此正所谓病于夏畦者也"[3]。阳明认为，为师者，对于后进，一方面当以先后辈之道待之，以示师严道尊；另一方面则要"诚心直道与之发明"[4]，不可媚俗阿世以邀誉。三是交友以道、德为准绳，寻辅仁之友而非艺事之友，"夫友也者，以道也、以德也。天下莫大于道，莫贵于德。道德之所在，齿与位不得而干焉……今之所谓友，或以艺同，或以事合，徇名逐势，非吾所谓辅仁之友矣"[5]，阳明认为道与德是友道的基石，年龄与名位并非交友所当考虑的，友以辅仁，而非功利之求。而平日与朋友交则当亲敬虚心，相观而善，"善者固吾师，不善者亦吾师。且如见人多言，吾便自省亦多言否？……此便是相观而善，处处得益"[6]。师友之道的三个方面，一言以蔽之，即要仁义为则，真诚无私，"君子与人，惟义所在，厚薄轻重，已无所私焉"[7]。

讲于师友之道即师友之间进行至诚无私的切磋琢磨是生发良性工夫背景态势的重要途径。此在阳明与其弟子之间主要有两种方式：一是书信往来，二是面论。两

[1]《王阳明全集》卷7《别三子序》，第251页。
[2]《王阳明全集》卷7《示弟立志说》，第289页。
[3]《王阳明全集》卷21《答储柴墟》，第894-895页。
[4]《王阳明全集》卷21《答储柴墟》，第895页。
[5]《王阳明全集》卷21《答储柴墟》，第893-894页。
[6] 陈荣捷《王阳明〈传习录〉详注集评》，第242页。
[7]《王阳明全集》卷21《答储柴墟》，第893页。

者比较来说，阳明更看重面论，"圣贤垂训，固有书不尽言、言不尽意者"〔1〕，"心之精微，口莫能述，亦岂笔端所能尽已！喜荣擢北上有期矣，倘能迂道江滨，谋一夕之话，庶几能有所发明"〔2〕。阳明认为圣贤的微言大义难以通过面论与文字直接表现出来，然相对来说，面论更具有表现力，盖因后者更具情境性与当机性。而面论的一种重要组织形式便是讲会，讲会又往往依托于学校之外的书院。因此阳明及其弟子非常重视修建书院与定期举办书院讲会。〔3〕 举办书院讲会，参与者自会有"一番警惕"〔4〕；定期举办书院讲会，则会摩荡成势。人处于此背景态势中，必将如阳明所言"会讲之约但得不废，其间纵有一二懈弛，亦可因此夹持，不致遂有倾倒"〔5〕。总之，讲于师友之道及在书院形成道场，将生发良性的工夫背景态势，为致良知工夫的行进提供强大的助力，此乃致良知工夫的重要面向，不可或缺。

四、实落用功：致良知工夫互济融通以为善去恶

在"工夫不独"的良性背景态势中，良知见在之当下对良知的肯信无疑会有大的增强。有此道德实践力量的端源，其后便是依良知的指引"实落用功"，此即阳明所说"良知本是明白，实落用功便是"〔6〕、"尔只不要欺他，实实落落依着他做去"〔7〕。"实落用功"必是承"良知见在"与"工夫不独"而讲，不能单独而论，或者说当谈论"实落用功"时，"良知见在"与"工夫不独"即在其中。三者密联通贯，根本原因则在于知行合一。阳明认为"未有知而不行者。知而不行，

---

〔1〕 《王阳明全集》卷 6《答季明德》，第 238 页。
〔2〕 《王阳明全集》卷 4《答王天宇二》，第 185 页。
〔3〕 阳明及其弟子修建书院及组织讲会的盛况可参看邓洪波《王阳明的书院实践与书院观》，《湖南大学学报》（社会科学版）2005 年第 6 期；肖永明《阳明心学与明代书院讲会的兴盛及制度化》，《中国文化研究》2009 年第 1 期。
〔4〕 萧良榦《稽山会约》，邓洪波主编《中国书院学规集成》第 1 卷，中西书局 2011 年版，第 386 页。
〔5〕 《王阳明全集》卷 6《与钱德洪王汝中》，第 249 页。
〔6〕 陈荣捷《王阳明〈传习录〉详注集评》，第 200 页。
〔7〕 陈荣捷《王阳明〈传习录〉详注集评》，第 173 页。

只是未知"〔1〕、"致知之必在于行，而不行之不可以为致知"〔2〕，良性的工夫背景态势下于良知见在处肯信良知，此时所知所觉必是真切笃实的，当下即生发出致良知工夫的动力来，自是要求"实落用功"，"实落用功"成为真知、"致良知"的重要担保。"实落用功"是"在实事上格"〔3〕，最终要成就"事事物物皆得其理"〔4〕，因此其必定会是道德实践形态与社会实践形态的，此即是说，致良知必然通向道德实践与社会实践。湛若水批评阳明"格物"为"正念头"，将阳明格物理解为一种意念克治工夫，显然有失偏颇。〔5〕

顺承"良知见在"与"工夫不独"，要如何"实落用功"呢？在阳明看来，这完全是要学者自行体证与自行用功，不是言语能说明白的。我们从阳明那里只能发现一些指引性的原则，主要有以下两项。

第一项指引性原则是用功当量力有渐，不可助长。"实落用功"是境域性、过程性的，并不能一蹴而就。良知见在在阳明那里并非良知现成，只是良知本体于当下的一种萌蘖，其自身仍有待生发与扩充。致良知工夫即是要依着当下良知见在的状态及当下确实的良知肯信与实践智慧去实落用功，盈科而后进，僭越助长则是阳明极力反对的。阳明言："我辈致知，只是各随分限所及。"〔6〕"诸君功夫，最不可助长。上智绝少，学者无超入圣人之理。一起一伏，一进一退，自是功夫节次。不可以我前日用得功夫了，今却不济，便要矫强做出一个没破绽的模样。这便是助长。连前些子功夫都坏了。"〔7〕常人之所以为常人，是为"分限"所拘，"分限"一方面说明当下我们所受到的先天气禀及后天习气之障蔽，另一方面说明当下我们所具有的致良知的能力，这两个面向可以说是彼此消长的。"实落用功"要与"分限"相适应，若是超出"良知见在"当下的心性力量去致良知，一下就想取得较

〔1〕 陈荣捷《王阳明〈传习录〉详注集评》，第9页。
〔2〕 陈荣捷《王阳明〈传习录〉详注集评》，第108页。
〔3〕 陈荣捷《王阳明〈传习录〉详注集评》，第220页。
〔4〕 陈荣捷《王阳明〈传习录〉详注集评》，第102页。
〔5〕 黄宗羲对湛若水的批评已有驳斥，参见黄宗羲著，沈芝盈点校《明儒学案》卷37，中华书局2008年版，第876页。
〔6〕 陈荣捷《王阳明〈传习录〉详注集评》，第180页。
〔7〕 陈荣捷《王阳明〈传习录〉详注集评》，第187页。

大的工夫成就，则难免受挫失败；即使"实落用功"合乎当下的心性力量，但由于事为的牵引诱发，大的私意障蔽很可能突然出现，此时的"实落用功"难免会显得不济，不济的出现乃中下根学者自然的"功夫节次"，阳明认为不应当去遮掩矫饰，而要"依此良知，忍耐做去"〔1〕，久而久之自会得力立定。

第二项指引性原则是"无间于内外动静未发已发"，即不受时空限制，时时地地均可行致良知这一本体工夫，所有当机而显的工夫节目亦因此而通贯交互连成一片。阳明在答弟子陈九川静坐、事上省察工夫两行而内外不能打作一片的疑惑时说："心何尝有内外？即如惟濬今在此讲论，又岂有一心在内照管？这听讲说时专敬，即是那静坐时心。功夫一贯，何须更起念头？人须在事上磨炼做功夫乃有益。若只好静，遇事便乱，终无长进。那静时功夫，亦差似收敛，而实放溺也。"〔2〕陈九川的格物路径具有代表性，他认为，心有内外，内本外末，内在工夫重于外在工夫，而内在工夫偏于静，外在工夫偏于动，因此往往看重静坐、存养工夫，以至于好静恶动，遇事则纷扰不堪，故常有内外不一、动静不一之感。阳明则认为，心体无内外动静的间隔，内外动静不过是心体流行时人所感受到的时空样态，但无论是内是外、是动是静，心体当下即在。静坐时心体当下即在，讲论时心体当下即在，不是静坐时即能独守心体，亦不是讲论时另有一先在的或内在的心在向后或向外发挥作用。"当下即在"是一种即体即用的体用关系，而"独守心体""有一先在的或内在的心在向后或向外发挥作用"则是心物、心事的先后本末关系。在先的、处于发生序列前端的"内"与"静"更易体现"心体"，但"心体"也显现在"外"与"动"中。此犹如可称树根能较为直观地彰显树之体性，但树之体性并不局限在树根，同样体现在树的枝叶上。从这里可以看出，阳明对宋儒的体用之辨有一根本的贯彻，彻底以体用之辨取代了魏晋以来的本末之辨。〔3〕

与良知心体无间于内外动静相关，良知心体同样无间于未发已发。朱子己丑之悟，分心体流行为未发已发两个阶段，未发指思虑未萌时的心理状态，已发指思虑

---

〔1〕 陈荣捷《王阳明〈传习录〉详注集评》，第 187 页。

〔2〕 陈荣捷《王阳明〈传习录〉详注集评》，第 171 页。

〔3〕 玄学到理学思维方法的转变，参看朱汉民《玄学、理学本体诠释方法的内在理路》，《社会科学》2012 年第 7 期；朱汉民《玄学与理学的学术思想理路研究》，中国社会科学出版社 2012 年版。

已萌的心理状态，未发时当做戒惧的工夫，已发之际当做慎独的工夫。[1] 阳明则认为如此分殊，工夫易成两节，戒惧工夫与慎独工夫实只是一个工夫，"无事时固是独知，有事时亦是独知。……今若又分戒惧为己所不知，即工夫便支离，亦有间断。既戒惧，即是知。己若不知，是谁戒惧"[2]，戒惧时已是独知，因此未发戒惧时即为慎独。如此，工夫虽似有未发已发的时态，但却是一片工夫而不再有间息。工夫由此变得简易直捷、真切有效。值得注意的是，致良知工夫虽无间于未发已发，但并不是如黄弘纲、刘宗周等所质疑的少却一段涵养工夫。[3] 毋宁说，在阳明这里，由于将戒惧与慎独打并归一，朱子学意义上的未发涵养工夫即转为致良知工夫，而所有致良知工夫亦是在涵养此良知，致良知与涵养为一。

五、自慊：致良知工夫的当下印证

"实落用功"以致得良知，此时心中的状态便是自慊。自慊乃致良知工夫的境界追求，阳明言"应实致良知，则行止，生死惟求自慊，而不为困"[4]，"只此自知之明，便是良知。致此良知以求自慊，便是致知矣"[5]。既然作为境界追求，自慊便不是外于致良知工夫的他物，其本身就内蕴在致良知工夫中。

何为"自慊"？朱子解释为"自快足于己"[6]。阳明同样以"自快"解释自慊："然后物无不格，而吾良知之所知者无有亏缺障蔽，而得以极其至矣。夫然后吾心快然无复余憾而自谦矣。"[7] "吾心有不尽焉，是谓自欺其心，心尽而后，吾

---

〔1〕 已有学者对朱子未发已发工夫进行了精当的总结，如唐君毅先生、陈立胜教授。参见唐君毅《中国哲学原论·原教篇》，中国社会科学出版社 2006 年版，第 198 页；陈立胜《作为修身学范畴内的"独知"概念之形成——朱子慎独工夫新论》，《复旦学报》（社会科学版）2016 年第 4 期。

〔2〕 陈荣捷《王阳明〈传习录〉详注集评》，第 84 页。

〔3〕 黄弘纲言："只在念起念灭上工夫，一世合不上本体矣。"《明儒学案》卷 19，第 449 页。刘宗周言："阳明先生于知止一关，全未勘入，只教人在念起念灭时，用为善去恶之力，终非究竟一着。"《明儒学案》卷 62，第 1563 页。

〔4〕 束景南、查明昊辑编《王阳明全集补编：增补本》，上海古籍出版社 2021 年版，第 204 页。

〔5〕 《王阳明全集》卷 5《与王公弼》，第 220 页。

〔6〕 朱熹撰《四书章句集注》，中华书局 2012 年版，第 7 页。

〔7〕 《王阳明全集》卷 26《大学问》，第 1071 页。

之心始自以为快也。"[1] 自慊即致得良知后内心所感到的快然自足、无有余憾的精神生命状态。除以"自快"来解释自慊，阳明那里还可以发现许多与自慊构成"家族相似"的表述，如"理义之悦""本体之乐""沕合和畅""心得其宜""自安""活泼泼""光明""洒落"等。这些表述同样是对致得良知后所呈现的虚灵明觉心境的道说，只是所发见的侧面不同。要理解自慊应该联系到与之"家族相似"的这些表述，换句话说，理解自慊应该深入到良知本体境界来论。

阳明言："无知无不知，本体原是如此。"[2] 从此即可看出良知本体具有"有一无一生"三相态：良知本体为"有"，其存在样态是纯粹之"无"（无知、无善无恶），其流行作用是不已之"生"（无不知、知善知恶）。自慊作为良知本体的工夫成就境界同样具有此"有一无一生"三相态。首先，可以借用阳明"乐是心之本体"[3] 的说法称"自慊是心之本体"。自慊与本体之乐一样为良知本体虚灵明觉时内心的生命感受，此种生命感受超越俗常有所杂染的喜乐之情。就其本具的形上性与超越性来说，自慊为心之本体。此即自慊作为工夫成就境界之"有"。其次，自慊这一良善实感是纯粹洁净的。阳明在论"君子之求以自快其心"时说道："君子之学，求尽吾心焉尔。故其事亲也，求尽吾心之孝，而非以为孝也；事君也，求尽吾心之忠，而非以为忠也。"[4] 在阳明看来，致良知工夫不过是要遵循内心世界的良知呼唤，以道德本身为目的，此间绝无其他世俗利害得失的计较，如尽心事亲、事君只是为了完复本心良知的孝之理、忠之理，并非想得到孝、忠的名声，后者恰是私意障蔽、自欺其心的表征。自慊的这种纯粹无杂本只是此心的一片光明澄澈，不落是非善恶的言诠之中。即此可见自慊作为工夫成就境界之"无"。最后，自慊本身是一种肯信良知的力量。自慊时此心快然自足，但此自足并非一种自以为满的止步不前，恰恰相反，此自足乃是理义之悦[5]、循理之乐[6] 的充分实现，乃是良知愈发明觉后的自我肯信。其标示着肯信良知力量的增

---

[1] 《王阳明全集》卷 24《题梦槎奇游诗卷》，第 1018 页。
[2] 陈荣捷《王阳明〈传习录〉详注集评》，第 201 页。
[3] 陈荣捷《王阳明〈传习录〉详注集评》，第 140 页。
[4] 《王阳明全集》卷 24《题梦槎奇游诗卷》，第 1018 页。
[5] 陈荣捷《王阳明〈传习录〉详注集评》，第 79 页。
[6] 《王阳明全集》卷 4《答王虎谷》，第 167 页。

强，亦即致良知工夫的现实动源更为充沛，由此可言自慊作为工夫成就境界之"生"。

自慊既然是致得良知后的明觉境界，其本身便可作为致良知工夫的当下心印。印证致良知工夫成效的方法还有经印（如阳明龙场悟道后证诸五经）、师印（如天泉证道钱德洪、王龙溪请正于阳明）等，但当下心印才是最根本、最简捷的。自身是否真致得良知，是否还含藏有私意障蔽，即看当下内心是否自慊。内心是自慊的，具有"有一无一生"三相态，则可说某事上致得了良知，否则便不可说。对于真致良知者来说，因其工夫真切，时时警惕，是否自慊、是否具有"有一无一生"三相态，良知自会知之。此间清楚明白，无须转手寻得某些理论化的标准进行比对。

自慊可以作为真切致良知者工夫至与不至的当下印证，但是对于工夫不切及无工夫者来说，以之自作印证却是十分危险的，因为此时往往会"非所安而安"[1]，认欲为理，认贼作子。阳明对此种现象深有批评："世之儒者，各就其一偏之见，而又饰之以比拟仿像之功，文之以章句假借之训，其为习熟既足以自信，而条目又足以自安，此其所以诳己诳人，终身没溺而不悟焉耳！"[2] 至于如何克服此种弊病，在阳明那里根底上还是要做真切致良知的工夫，"盖思之是非邪正，良知无有不自知者。所以认贼作子，正为致知之学不明，不知在良知上体认之耳"[3]。只有真致良知，才能省察出"非所安而安""非所自慊而自慊"之私意并予以克治。一旦有此回转，便可以自慊作致良知工夫的当下心印。

在"工夫不独"的良性背景态势下，肯信良知，然后实落用功，最终克除私意，求得自慊：自快自足、温暖一片。至此具体的致良知事件才算结束，我们似乎可以听到良知明镜上某块斑垢驳蚀脱落的声音。但其完成之际即成为下一个开端，它已融进我们对良知的肯信之中而将在接下来的致良知工夫中发挥作用。

---

[1] 陈荣捷《王阳明〈传习录〉详注集评》，第235页。
[2] 《王阳明全集》卷6《寄邹谦之四》，第229页。
[3] 陈荣捷《王阳明〈传习录〉详注集评》，第144页。

结 语

牟宗三先生认为象山之学不好讲，是因为象山那里没有概念的分解，而阳明那里则"分解地有所立并义理精熟"[1]。这样看似乎阳明更好讲些，其实并不尽然，尤其是阳明的致良知工夫论。学界虽然在"何为致良知"的问题上有着丰富的义理阐释，但"如何致良知"的问题仍然有待进一步研究。本文力图超越理论化、现成化的现代性视域，尽力回到致良知工夫本身，回到阳明思想本身，以期对此问题有所解答。"四句教"作为阳明最为圆熟的教法，指引学者在良知见在处为善去恶，但这一致良知工夫的关联意义似太过简略，现实中的具体指引显得不足。结合阳明的其他道说，"四句教"所显明的致良知工夫的关联意义可以被扩充为四个重要面向：良知见在、工夫不独、实落用功与自慊，这四者亦称可为致良知工夫的关键"形式显示"词。由此阳明的致良知工夫便可被描述为：从良知见在处肯信良知以生发源初的工夫境域，由"工夫不独"而成就致良知工夫良性的背景态势，然后实落用功为善去恶，最终求得自慊。值得注意的是，四者的现实展开并非线性的，而是一种参伍错综的相续。良知见在处肯信良知即要有从中心视域到边缘视域的肯信：中心视域的肯信最为重要的是当下保有那一念明觉处的道德实行意愿；边缘视域的肯信则涉及道德的形上学的建立；而两种肯信力量的主动融合则在于立志。"工夫不独"主要指讲于师友之道及在书院形成道场。实落用功为善去恶则一方面当量力有渐，另一方面须无间于内外动静未发已发。自慊为致良知工夫成就时内心所具有的纯粹良善实感，可以作为工夫的当下印证。

阳明的致良知工夫论是其本人生命经验的自行道说，其自始至终存在于生活世界之中而不是以外，其自身不能被理论化、对象化地看待。阳明有关致良知工夫的道说始终在指引着我们，这一指引当下即要求一种实行。我们必须实行，才能理解指引；我们必须实致良知，才能理解阳明的致良知工夫。

---

[1]　参见牟宗三《从陆象山到刘蕺山》，第1、16-17页。

论"早期启蒙"学说对两大质疑的回应及其反思

王　逊[*]

[内容提要]

早期启蒙学说自民初孕育以来，经几代学人的不懈努力，建立了完整体系，产生了深远影响。但与其完善历程相伴随，质疑之声始终不绝于耳。对照西方启蒙思潮的基本特征，不少学人倾向于否认它的存在。信奉者的回应思路有二：或将对启蒙的理解泛化，或是在尊重且强调启蒙基本含义的基础上认定明清之际已然具备了相关要素。随意泛化极易造成理解的混乱，且任其发酵将使严格的学术探讨变成肆意比附的主观行为；种种认定也因议题的繁杂容易沦为自说自话的游戏，且还会造成偏狭之弊。有关早期启蒙思潮的影响，特别是与现代启蒙思潮的关系，学人认识亦有分歧，信奉早期启蒙学说者往往强调系统和连续，但这样一种过于乐观的态度无法清晰应对历史的客观发展规律，且种种具体论证无论怎么完善精妙，都难以消除可能的疑问。

[关键词]

早期启蒙；身份；影响

---

* 王逊，扬州大学文学院教授，文学博士。本文系国家社科基金项目"晚明诗学现代阐释研究"（20BZW097）、扬州大学"高端人才支持计划"阶段性成果。

　　"启蒙"是 20 世纪以降中国社会的核心论题，但当我们审视中国启蒙思潮（运动）的起点问题时，发现存在着两种不同的说法。有学者称"中国启蒙运动，从维新变法运动算起"[1]，或以为还可适当提前，譬如何干之于 1946 年出版的《近代中国启蒙运动史》就认为，"鸦片战争是新旧中国的转变点"，"曾李的洋务运动、康梁的维新运动、辛亥反正的三民政策、'五四'时代的文化运动、国民革命时代及其以后的新社会科学运动等"构成了中国启蒙运动演进史。[2] 具体细节或有差别，但皆是从中国近代社会论起。[3] 与此同时，另有学者认为，早在十六、十七世纪之交的明清之际，中国社会就已孕育出具有现代性质的异端思想，这一观点滥觞于梁启超的"中国文艺复兴说"，其称"'清代思潮'……对于宋明理学之一大反动，而以'复古'为其职志者也。其动机及其内容，皆与欧洲之'文艺复兴'绝相类"，并以为"其启蒙期运动之代表人物，则顾炎武、胡渭、阎若璩也"。[4] 经其开创的这一学说产生了较大影响，就 20 世纪 30 年代的情况来看，"梁启超这一思想遗产的继承者和发挥者，更多的是中国马克思主义者和赞成马克思主义的学者"，譬如张岱年、范寿康、吕振羽等人。[5] 至侯外庐，他明确指出，"中国启蒙思想开始于十六七世纪之间"[6]，正式奠定此一学说，[7] 此后经多位

〔1〕　姜义华《理性缺位的启蒙》，上海三联书店 2000 年版，第 1 页。

〔2〕　何干之《近代中国启蒙运动史》，生活·读书·新知三联书店 2012 年版，第 3 页。

〔3〕　当然，个中情况也颇为复杂，另有学人提议中国启蒙思潮的起点应当从五四时期算起。至于终点，或以为至五四运动后，或以为当延续至 1949 年以后。此外，由于"救亡压倒启蒙"之说的提出，对五四以降思想发展脉络的理解亦呈现较多争议。但从总体上说，这些学人皆是就现代语境来讨论启蒙问题，并无追溯至明清之际的想法，因而与赞同早期启蒙说的学者构成了本质区别。

〔4〕　梁启超《清代学术概论》，江苏文艺出版社 2007 年版，第 9 页。

〔5〕　李维武《早期启蒙说的历史演变与萧萐父先生的思想贡献》，《武汉大学学报》2010 年第 1 期。

〔6〕　侯外庐《中国思想通史》第 5 卷《中国早期启蒙思想史》，人民出版社 1956 年版，第 3 页。

〔7〕　侯外庐于抗战期间所写的《中国近世思想学说史》一书（该书于 1944 年由重庆三友书店出版，1947 年改名为《近代中国思想学说史》由上海生活书店再版）中创立是说，50 年代中期，又将其中从明末到鸦片战争前的部分单独修订成书，改名为《中国早期启蒙思想史》，列为他主编的《中国思想通史》第 5 卷。

学者，特别是萧萐父（及其弟子）的努力，论述更为完善、体系更为广博，[1] 实现了该学说的发扬光大。[2] 职是之故，在我们的思想史研究中，形成了"中国近代启蒙"与"中国早期启蒙"两套理论表述并长期共存。相对来说，学人对"中国近代启蒙"的事实存在并无疑议，倒是"中国早期启蒙"颇有些暧昧不明，迄今仍在孜孜争取自我的合法性。

一、"早期启蒙"说的确立依据

持"早期启蒙"说的学人对该学说高度信服，认为这是出自"对历史经验教训的反思和总结"[3]，且该学说的提出对于我们认识中国近代社会的发展历程具有重要意义。一般认为，"中国人是在西方侵略者用大炮打开中国的大门，被迫向西方学习和接受新事物的。他们首先看到的是侵略者的坚船利炮，然后才接触新的政治制度和学说，从事变法维新和革命。这也正是启蒙思潮的开端，是逐步深入的"[4]，类似说法将中国现代化进程的开启归因于外部力量，明显带有"冲击—回应"模式的印记。

这一理论框架所依据的前提假设是：就 19 世纪的大部分情况而言，左右中国

---

[1] 唐明邦主编《中国近代启蒙思潮》（江西人民出版社 1993 年版）一书系在萧萐父指导下编成，该书"把中国近代启蒙思想研究的视野扩展到'从万历到五四'整个文化历程，把这一文化历程看作中国走出中世纪、迈向近代化的坎坷曲折的历史道路"（见前揭书第 243 页）。在萧萐父与其弟子许苏民合著的《明清启蒙学术流变》（人民出版社 2013 年版）一书中，则将早期启蒙的孕育时间进一步追溯至 16 世纪 30 年代的明嘉靖时期，并认为"从明嘉靖初至清道光中的三个世纪……明清启蒙学术思潮正是这一历史时期思想文化的主流"（见前揭书第 18 页）。

[2] 吴根友认为萧萐父"在继承、扬弃了梁启超、侯外庐以及钱穆、蒋维乔等人有关明清学术与思想研究成果的基础上……坚持并深化了明清'早期启蒙说'。他在'启蒙哲学'的概念界定、阶段划分，中国'早期启蒙哲学'批判的对象及其历史进程的曲折性等多方面，都有超越前人的新论述，从而对明清之际'早期启蒙说'作了中国化的马克思主义哲学的规定……一方面更加明确、系统而又有说服力地证明，中国也有'哲学启蒙'运动，从而将明清学术、思想纳入了'世界历史'（马克思语）的思想、文化进程；另一方面又揭示了古老的中国在走向现代化的过程中所具有的自身的独特性与复杂性，从而丰富并深化了世界范围内'启蒙哲学'的内容"。见氏著《萧萐父的"早期启蒙学说"及其当代意义》（《哲学研究》2010 年第 6 期）一文。

[3] 唐明邦主编《中国近代启蒙思潮》，江西人民出版社 1993 年版，第 243 页。

[4] 丁守和主编《中国近代启蒙思潮》（上），社会科学文献出版社 1999 年版，第 7-8 页。

历史的最重要影响是与西方的对抗。这种提法又意味着另一假设，即在这段中国历史中，西方扮演着主动的（active）角色，中国则扮演着远为消极的或者说回应的（reactive）角色。[1]

该学说在相当长时期内占据美国的中国近代史研究的主流，并对中国学术界产生重要影响，但在其流布过程中，相关反思乃至质疑也日益推进，特别是柯文，他认为"冲击—回应取向，作为理解历史的指针，即使在理应最适用的情况下，也有许多局限性"[2]，因而他试图采取"以中国为中心"的思路来重新理解近代中国的历史。持早期启蒙说的学人正是对此呼声的中国回应与践行，他们普遍认为，"从传统文化中絪缊化生出的早期启蒙文化，野火春风，衍生着现代化的新文化，这是一个自我发展又不断扬弃自身的历史过程。明清早期启蒙学术的萌动，作为中国传统文化转型的开端，作为中国式的现代价值理想的内在历史根芽，乃是传统与现代化的历史接合点"[3]，假使无视这一基本事实，便"割裂了早期启蒙思潮与近代启蒙（鸦片战争之后）之间的内在联系，以西方的近代化作为判断中国历史和启蒙历程的取舍标准，在否认明清之际出现早期启蒙思潮的同时，也否定了中国文化以及中国启蒙思想发展的内在延续性"[4]。

情感虽强烈，表态也郑重，但可能的疑问并未消除，他们仍需回答"早期启蒙"是否存在以及如何存在。具体说来，便涉及对启蒙思潮的孕育背景、基本性质和核心宗旨的认定。

有学人强调，"关于中国的启蒙思想（包括启蒙哲学）起于何时，应以其历史规定性为准则，才能确定"，这一前提想来应无疑议。据他们考察，"自欧洲发生了文艺复兴和法国革命前的启蒙运动，启蒙思想与启蒙哲学便有了鲜明的时代意义和特定的历史含义，'即专指反对封建专制主义和宗教蒙昧主义的新兴资产阶级文化而言'"[5]，将其置入中国语境中，"'启蒙哲学'的历史规定性就是：反对封

[1] 柯文《在中国发现历史——中国中心观在美国的兴起》，林同奇译，中华书局 2002 年版，第 1 页。
[2] 柯文《在中国发现历史——中国中心观在美国的兴起》，第 8 页。
[3] 萧萐父、许苏民《明清启蒙学术流变》，人民出版社 2013 年版，第 18 页。
[4] 魏义霞《平等与启蒙——从明清之际到五四运动》，中华书局 2011 年版，第 200 页。
[5] 陈庆坤《中国近代启蒙哲学》，吉林大学出版社 1988 年版，第 4 页。

建专制主义及其精神支柱程朱理学的新兴资产阶级哲学"[1]。个中关键首先落在了"资本主义"上，启蒙运动必然是资本主义兴起以后的产物是共识。何干之据此认为：

> 在奴隶社会里，在封建社会里，奴隶们、农民们，是没有这样的福气的。他们受着奴主与地主的鞭挞，已上气接不了下气，所谓文化，与他们是无缘的。而且奴主地主，也乐得他们愚蒙、迷信、盲从。在这样的社会中，是没有所谓启蒙，因此在奴隶社会或在封建社会，从来听不到有所谓启蒙，有所谓启蒙运动。[2]

所论颇多想当然色彩，欠严谨。另有学者对明清之际的社会经济状况予以审查，认为彼时：

> 社会经济虽然出现了资本主义萌芽，并也出现了市民阶层，但这种萌芽始终处于封建经济的附属地位，不但没有对超稳定的自给自足的自然经济起解体作用，反而是封建经济的一种必要补充，市民阶层也不过是古代工匠和商人的延续。在当时社会经济构架中占主导地位的，仍然是以小农业和家庭手工业相结合的生产结构。……社会的主要矛盾仍然是地主和农民的矛盾，市民阶层根本无法扩大自己的势力。[3]

从社会经济形态入手，否认其时具备启蒙思想孕育的条件可谓是一众学人的基本理路。他们并不否认彼时出现了一些异端思想，只是突破色彩并不充分，仍属于传统思想的自我批判。恰如有学人所说：

> 晚明和清初的许多思想家对封建专制主义有所批判，但着眼点仅是批判明代统治的流弊，还不是一般意义上的反封建。尽管他们批判的言辞相当激烈……这只是封建制度在儒家思想中的理想化，而不是超越儒家的新的理想社会。因此，在这一思潮中所经常使用的概念、范畴和命题，虽然根据时代的要求作出了自己的解释和说明，赋予了某些新的含义，但它与理学仍有相通之处，仍然属于地主阶级改革派

---

[1] 陈庆坤《中国近代启蒙哲学》，第11页。
[2] 何干之《近代中国启蒙运动史》，第1页。
[3] 陈庆坤《中国近代启蒙哲学》，第6页。

的哲学意识形态。[1]

与此同调，先后出现了"中古异端说"（针对晚明）、"正统儒家说"（针对顾、黄、王三大家）和"遵奉圣意说"（针对戴震的反理学思想），[2] 向早期启蒙说提出了有力挑战。

针对上述言论，学人的应对有二。一是泛化对于启蒙的理解，从而规避某些逻辑漏洞。譬如魏义霞，一方面，她承认"现代意义上的启蒙对于中国来说是一个舶来品，原义是光，寓意从黑暗走向光明。……近代科学和近代哲学的开启者笛卡尔常常用'自然之光'比喻他所推崇的理性，有时干脆使用'理性之光'彰显理性的崇高地位"；另一方面，"在中国的文化语境中，启蒙具有开启童蒙的意思……一开始就与去蔽、兴知相联系。宋代以来，启蒙与教育紧密关联，以至于到了近代，一个人开始读书识字或接受教育依然被称为启蒙或发蒙。从这个意义上说，中国历来不缺少启蒙……中国还有另一种意义上的启蒙，即纠正蒙昧"，故而她认为"就广义的启蒙而言，一切从无知到有知、从知之甚少到知之较多乃至从错误之知到正确之知的运动都是启蒙。……任何时期都需要启蒙，启蒙与人类的进步息息相关"。[3]

类似思路在处理思想史问题时颇为常见，但无论其前提还是步骤都存在严重缺陷。首先，enlightment 与启蒙的对应只是翻译时的便宜之举，二者并非截然对应。假使我们要溯源，应当首先明了 enlightment 的基本含义，进而去搜寻中国传统，考察是否存在与其类似的思想观念以及彼此的同异具体如何。以"启蒙"翻译 enlightment 固然是看到了二者的关联，但彼此间存在明显差异也是不争的事实，以"启蒙"（其实只是"蒙"）的内涵与 enlightment 作简单类比可谓鸡同鸭讲。其次，剥离一个概念的产生语境和问题意识作宽泛化解读，既不严谨，也有欠合理。作为广义的启蒙，是个人通过理性不断去除枷锁、实现自我自由的过程，确实"任何

---

[1] 马涛《走出中世纪的曙光——晚明清初救世启蒙思潮》，上海财经大学出版社 2003 年版，第 1-2 页。

[2] 详参许苏民《晚霞，还是晨曦？——对"早期启蒙说"三种质疑的回应》，《江海学刊》2010 年第 3 期。

[3] 魏义霞《平等与启蒙——从明清之际到五四运动》，第 4 页。

时候都需要",并与"人类的进步息息相关",但既是人的基本状态和必然诉求,似乎也就没有了特意强调和表彰的必要。启蒙之所以成为现象与话题,显然是因为它超出了一般层面,取得了特别反响。这包括它孕育的特殊情境、针对的具体问题、获得的重大成果以及取得的广泛影响。总之,它不会是一种自发的个体行为,而是涉及特定时代多数人的普遍诉求,作为日常和作为命题(事件、运动)的"启蒙"显然不是一回事。可以明确的是,我们今天郑重标举且视为一种宝贵传统的"启蒙",就是指西方文艺复兴以来的一系列思想文化运动,不应随便泛化,否则容易造成理解的混乱。若任由这种泛化思路发酵,所谓的溯源极易变成到处"找亲戚"的主观活动,那么中国的启蒙便不只是从明清之际开始,有人认为早在先秦时期就已有充分意识。[1]

另有一类学者尊重且强调启蒙的基本含义,但认为明清之际已然具备了相关要素。譬如侯外庐一早就指出:

十六世纪末以至十七世纪的中国思想家的观点,是中国社会经济发展特点和中国社会条件的反映,它不完全等同于西欧以至俄国"资产者—启蒙者"的观点,然而,在相类似的历史发展情况之下,启蒙运动的思潮具有一般相似的规律。……中国十七世纪的情况是不同于俄国十九世纪的情况,但是启蒙思想的性质是共通的。[2]

这一观点得到了不少学者的认同和发挥,譬如:

几乎与西欧启蒙思想产生同时,在中国封建社会进入末世的时候也产生了早期启蒙思想。17世纪初期的明清之交,封建社会出现了严重的社会危机。资本主义生产方式的萌芽已经在封建生产关系的堤坝上打开了缺口,人民的反抗斗争正震撼着封建统治的大厦。……正是在这种历史条件下,产生了以李贽、方以智、黄宗羲、顾炎武、王夫之、戴震等为代表的早期启蒙思想家。[3]

---

〔1〕 杨泽波认为,"如果说启蒙运动的核心特征是启动理性、远离宗教的话,先秦儒家以'借天为说'的方式处理道德根据与天的关系,既巧妙地解决了形上来源的问题,又很好地延续了先前'怨天''疑天'的传统,保持着相当强烈的理性精神,勇敢地从宗教背景中解脱出来,完成了早期的启蒙"。见氏著《早期启蒙:中国文化的一个奇特现象》,《中州学刊》2019年第4期。

〔2〕 侯外庐《中国思想通史》第5卷《中国早期启蒙思想史》,第26-27页。

〔3〕 彭平一《启蒙思潮史话》,社会科学文献出版社2011年版,第1-2页。

不唯背景相似，论者对欧洲近代早期启蒙思想家和中国早期启蒙思想家的主张进行比较，发现了诸多的内在一致性。譬如说他们都肯定人的个体性格（一是否定宗教神性，一是否定传统礼教的伦文意识），都肯定人的世俗欲望（一是反对教会的禁欲主义，一是反对道学家"存天理、灭人欲"的伦理说教），都批判蒙昧主义（一是针对经院哲学，一是针对宋明道学），都批判封建专制等级制度，都注重发展科学技术，都积极肯定个人私利的合理性。[1]

通过这一确认，他们进而对世界范围内的启蒙思潮发展，乃至人类历史走向予以重新审视：

> 从15—16世纪始，人类社会开始从国别的、区域的历史进入"世界历史"——在西方和东方文明内部都先后生长出现代经济和思想文化等"世界历史"的因素，并按照体现着这一总趋向的各自的特殊发展道路而走向对于人类普遍价值的认同。在中国，从明代嘉靖初至清道光二十年，即16世纪30年代至19世纪30年代，正是一个使古老文明汇入世界历史的特殊发展时期。它既体现着社会发展和人类心灵发展的一般规律，同时又因中国古代文明形成和发展的既往的特殊性而使从传统走向现代的社会发展和思想启蒙的道路具有格外"坎坷"的中国特色。[2]

如此一来，便在古今、中西的坐标中，为中国早期启蒙思想找到了合适位置。

二、"早期启蒙"说的尴尬身份

通过众多学人持续不断的努力，"早期启蒙"说可谓实现了理论自洽，确认了自己的意义及位置。但尴尬的是，尽管影响日益扩大，可能的质疑自其诞生之日起就一直如影随形。[3] 及至20世纪90年代，分歧更为繁复，既有阵营内的式微论、

---

〔1〕 唐明邦主编《中国近代启蒙思潮》，第14—16页。
〔2〕 萧萐父、许苏民《明清启蒙学术流变》，第1—2页。
〔3〕 这里需要区别"早期启蒙"说的现实危机与历史质疑两个层面。所谓"现实危机"是指它面临式微的命运，这既因先天不足，更是受制于现实处境，至于其存在乃至影响是确定无疑的。详可参李维武《早期启蒙说的历史演变与萧萐父先生的思想贡献》（《武汉大学学报》2010年第1期）、吴根友《萧萐父的"早期启蒙学说"及其当代意义》（《哲学研究》2010年第6期）二文。至于历史质疑则是对该理论自身的不认可。

逝去论和错误论，也有阵营外的启蒙外来说、文化保守主义和后现代主义，它们都对"早期启蒙说"产生巨大冲击。[1] 进入 21 世纪，许苏民与邓晓芒还围绕这一话题进行了一场笔战，就相关争议话题做了充分总结与延伸。[2] 许苏民在回应有关早期启蒙说的质疑时指出，"判定明清之际思潮是否具有启蒙性质，不仅是一个理论思辨的问题，更主要的是要拿证据来。只有把严格的学理辨析与严谨的文献解读紧密结合起来，才能对明清之际主流思潮的性质作出比较准确的判断"[3]，这一思路自然可靠、可信，但其实际效果未必尽如人意，反倒横生更多枝节。

面对这一问题，为难处不在取证，实则各方都有充分材料作为支撑，关键在于如何判定相关证据的性质及程度，不同的立场和视角很可能得出大相径庭的判断。说到底，类似话题并非呈现为非黑即白的逻辑方式，其中包含了太多的纠缠不清和暧昧不明，难以形成一个明确的说法。肯定早期启蒙说的学者可以认为，"从明代嘉靖至崇祯十七年（16 世纪 30 年代至 1644 年），古老的中国、烂熟的社会结构开始发生异动，中国传统社会开始其向现代化转型的早期阶段"[4]，反对者则强调，遑论明清之际，即使到了乾嘉时期，"被称为资本主义萌芽的部分却有增无已，但仍旧是封建经济的附庸。……这个超稳定的，僵化的，凝固的社会形态，凭其自身的发展，何时才能进入资本主义社会，实在难于断定。任何主观拟断，都只能是算命先生的臆语"[5]。即使是在尊奉早期启蒙说的学者内部，分歧同样存在。譬如说当萧萐父、许苏民将清乾隆到道光三十年视为早期启蒙发展的第三阶段并予以高度表彰时，朱义禄则认为：

在持续达一个半世纪的专制主义的文化氛围中，在主要矛头针对知识分子的高压环境中，要对业已蔚为社会思潮的启蒙学说作进一步的发展是不能的。不可否认戴震（1724—1744）在文化史上的贡献……可以视为明清之际启蒙思潮的回响。

〔1〕 田云刚《早期启蒙说的当代使命》，《中国哲学史》2015 年第 2 期。

〔2〕 详参邓晓芒《20 世纪中国启蒙的缺陷》（《史学月刊》2007 年第 9 期）、《启蒙的进化》（《读书》2009 年第 6 期），许苏民《为"启蒙"正名》（《读书》2008 年第 12 期）、《晚霞，还是晨曦？——对"早期启蒙说"三种质疑的回应》（《江海学刊》2010 年第 3 期）等文。

〔3〕 许苏民《晚霞，还是晨曦？——对"早期启蒙说"三种质疑的回应》，《江海学刊》2010 年第 3 期。

〔4〕 萧萐父、许苏民《明清启蒙学术流变》，第 21 页。

〔5〕 陈庆坤《中国近代启蒙哲学》，第 10 页。

但这毕竟只能搅起小小的微澜，像戴震那样有见识的思想家委实太少了。……乾嘉学派……在古代典籍的整理与考订方面是有功绩的，然而这一学派的学者的眼光是短浅的。他们囿于古籍而不知世道，蔽于文字而不晓人的个性；他们有对以往的众多疑问，独独缺乏对将来社会的追求。[1]

你有你的明确结论，我有我的细致剖析，似乎都有一定的道理可言，个中是非，殊难论定，如此一来，所谓的举证很容易变成自说自话的游戏。

再多的证据、再多的交锋，似也难以从根本上解决问题，可能的结果只会是各自愈发坚定自己的立场，顺势发展，这样极易造成偏狭的格局。早早地自我设限，一应讨论都要沿袭既定套路，必然只有量的累增而无质的突破。甚而很多时候，种种曲解、误解的产生，也与这种心态有关，对此我们可举一例予以说明。有学者认为，"童心的具体内容有两个方面：一是指市民阶层的思想意识"，因为"童心为'好察迩言'后所得的'本心'。'迩言'本为浅近之言，李贽则以劝人好货、好色、多积财富为'真迩言'……迩言即为童心之言，是同市民阶层的谋利牟私的本性相联系的"。[2] 此种解说错谬极大。首先，正如论者已经意识到的，李贽标举"迩言"，是要"反而求之，顿得此心"，迩言是认识"此心"的方式、媒介，跟"此心"并非一回事，并且他还郑重声明："然此好察迩言，原是要紧之事，亦原是最难之事。何者？能好察则得本心，然非实得本心者决必不能好察"，因此，说"迩言即为童心之言"是简单化、庸俗化的理解。其次，李贽所谓的"迩言"确指"如好货，如好色，如勤学，如进取，如多积金宝，如多买田宅为子孙谋，博求风水为儿孙福荫"之类，是所谓"凡世间一切治生产业等事"，似乎不只是"市民阶层"的诉求。且李贽只描述世人的真实想法，何来"劝人"之说？就李贽本人而言，他"所好察者，迩言也。而吾身之所履者，则不贪财也，不好色也，不居权势也，不患失得也"。他固然承认"趋利避害，人人同心"，为的是从真切的事实出发，教化世人，反对的是不了解世人的真实状况，强以道德说教教化世人，这不免自欺欺人，其结果必然是"其谁听之"[3]。就此来说，认为"童心说"

---

[1] 朱义禄《逝去的启蒙——明清之际启蒙学者的文化心态》，河南人民出版社1995年版，第317页。
[2] 朱义禄《逝去的启蒙——明清之际启蒙学者的文化心态》，第253页。
[3] 李贽《答邓明府》，《焚书》，中华书局2009年版，第39-42页。

反映了市民阶层的思想意识可谓莫名其妙。此类缺失与其归咎于能力，倒不如说是观念问题。当事先具有明确的立场和宗旨时，所谓的阐释不免由开放状态收缩到指定路径，极力渴望每一条材料都能为证实和强化自己的观点服务，或者说戴着有色眼镜审视每一条材料，过于浓重的倾向和情感难免在不经意间影响甚至扭曲论证的逻辑。这一思维模式的影响或者说弊端甚大，后随着早期启蒙思想被引入文学研究后，愈加明显。

对立双方尽管泾渭分明，但或许他们都没有差错，这正是其时社会性质的多元繁复所在，诚如王汎森所说，"必须注意晚明以来有很多思潮在竞争的，而且有起有落，我们应该把发展看成竞争的过程，在过程中有主旋律与次旋律一直在变换，这种起伏、竞争、扩充、萎缩等现象都值得深入了解"[1]。即使是认可早期启蒙思潮的学者，也坦诚彼时思想文化状况的复杂，特别是其中的不彻底，譬如侯外庐即强调：

上面所讲的是从启蒙学者主观理想所表现出的共同的纯真态度来分析的，然而这不等于说他们中间客观上就没有代表某些集团的阶级倾向。相反地，他们是有着派别的。……王夫之虽然在哲学体系上是更进步的，傅山虽然敢在京师做平民运动，但他们的思想倾向却接近于代表城市中等阶级的反对派（不要误会为中小地主）；颜元虽然在方法论上是复古的，但他的思想倾向却接近于代表城市平民反对派。[2]

朱义禄更加认为：

明清之际的启蒙学者，不可能一下子跳出他们所处的时代。占统治地位的还是封建君主专制与传统的意识形态，新的社会力量与社会思潮还是比较薄弱的。……启蒙学者力图摆脱传统意识，但总显得那么拖泥带水，污渍斑斑。要想寻找出一个干干净净的启蒙思想家，那只是一种理想，决非历史的真实。[3]

假使我们不怀疑上述论断的合理性，那就意味着，过往历史本就呈现出多元面貌，对立各方都在一定程度上触及了部分事实，那便很容易引发一个疑问，即有关明清

〔1〕 王汎森《天才为何成群地来》，社会科学文献出版社 2019 年版，第 212 页。
〔2〕 侯外庐《中国思想通史》第 5 卷《中国早期启蒙思想史》，第 35—36 页。
〔3〕 朱义禄《逝去的启蒙——明清之际启蒙学者的文化心态》，第 335 页。

之际异端思想的描述，是否一定要假"启蒙"之名？仅仅强调当日多元脉络中的一端，是否会在凸显的同时造成遮蔽？包遵信就说，"我对所谓'启蒙说'就一直表示怀疑"，进而认为"对明清之际思潮的特点、性质和历史作用，似乎还有必要进行深入的探讨"。[1]

20 世纪 80 年代，在多种因素推动下，形成了文化研究热，中心议题即"传统文化现代化"，其中"有关明清之际是中国文化近代化开端的观点，如异军突起，引人注目"。[2] 伴随此一话题的展开，有关中国封建社会晚期"社会转型"问题引起众人关注，明代后期或曰晚明部分同样是重点关注对象。针对中国历史"停滞论"之说，有学者宣扬"发展论"，认为"中国古代社会经历长期而艰难的跋涉，至明代后期（16 世纪初叶至 17 世纪中叶）已经开始起步向近代社会转型"。[3] 其中的典型成果当属万明主编的《晚明社会变迁：问题与研究》（商务印书馆 2005 年）及张显清主编的《明代后期社会转型研究》（中国社会科学出版社 2008 年）二书。万著未曾标举"启蒙"二字，张著仅第七章题为"早期启蒙思潮的涌现"，但无论其研究旨趣（强调中国社会自晚明开始启动自我转型）还是研究思路（遍及经济、政治、文化等各领域），都与早期启蒙的探讨如出一辙。从总体格局来看，早期启蒙思想发展引领和推动了"变迁"或"转型"，"转型"和"变迁"呼应和证实了早期启蒙思想发展，二者本就同属一体。就此来说，张著特意辟出专章，可谓多此一举。但两相比较，不只是名目的不同。首先，不使用"早期启蒙"的名义，而标举"变迁"或者"转型"，既相对契合和客观，也避免了可能的理论束缚和观念混淆，有利于探讨的深入和全面。其次，往日的举证之所以陷入泥淖，另有一个致命的缺陷在于仅是简单胪列一些事实，缺少对相关问题的系统和深入考察，究其实仍只能算是一种理论层面的空谈，而类似著作则深入社会结构各层面做系统、全面的探究，更显说服力。

尽管如此，此类研究依然免不了要涉及定性问题，依然无法呈现唯一的或鲜明的答案，故而同样沿袭了早期启蒙说的流弊。我们并不否认晚明社会的多元景致，

---

〔1〕 包遵信《晚霞与曙光——论明清之际的社会思潮》，《湖北社会科学》1988 年第 6 期。
〔2〕 刘志琴《晚明史论——重新认识末世衰变》，江西高校出版社 2004 年版，第 160 页。
〔3〕 张显清《明代后期社会转型研究》，中国社会科学出版社 2008 年版，第 1 页。

尤其是突破色彩，但这意味着我们应当具有多元视角和多重视域，细致寻绎其中的可能意义，但过于强调某一因素，无论是"启蒙""转型"还是"变迁"，都不免早早地贴上了"标签"，专横霸道地强行往一种思路上靠拢，所谓的探究变成了搜寻或借助具体实例来证实既有结论，"主题先行"的嫌疑过于明显，既阻碍了也拒绝了多元探讨的可能。挖掘新意，某种程度上变成了赋予新意，毕竟我们的最终目标和宗旨是明确的，展开方式和逻辑也是规定的，从正确的开始走向正确的结局，根本不会有歧出的可能。这样的思路本就让人存疑，更不必说在"靠拢"的过程中，时时需要依靠引申、比附等方式，弥漫着过度阐释、曲意迎合的色彩。这是我们必须慎重思量的问题，也是现有研究最大的缺失所在。

三、"早期启蒙"说的可疑影响

早期启蒙学说还面临着另一重疑问，即它的实际演进脉络以及对后世启蒙思潮的影响。虽说不少学人倾向于认可明清之际孕育了一股新思潮，但有关它与近代启蒙思潮的关系，大家的认识存在分歧。

彭平一认为，随着清王朝的建立，在封建专制统治的严重倾轧下，"随之而来的是启蒙思想的夭折。中国早期启蒙思想的'理性法庭'没有导致'理性王国'的建立，甚至它本身也被封建专制主义的文字狱'法庭'判处了死刑"，基本认为早期启蒙思想已经胎死腹中，未能持续稳定向前发展。其后，"西方殖民主义又破门而入。伴随着民族危机的深化，中国思想界面临着前所未有的大变局。一些敏感的知识分子……一方面继承了 17 世纪中国早期启蒙思想家的思想材料，另一方面又接受了伴随着殖民者入侵而涌入中国的西学思想，从而逐步形成了带有明显资本主义性质的近代启蒙思想"。[1] 综合考虑继承和吸收两方面的因素，看似融通，但所谓的"自我批判"由于历史因素的制约胎死腹中，再次重现天日并发挥影响也建立在外部思想涌入的基础上，是在西学的参照下，通过回溯的方式予以确认，因此，它并非自足发展的有机力量。换言之，论者一方面承认两种启蒙形态的存

---

[1] 彭平一《启蒙思潮史话》，第 2 页。

在，并认可"早期启蒙"思潮对后世的影响；另一方面，则对"早期启蒙"思潮的命运表示莫大的遗憾，至于其成效也未有系统的正面肯定，则所谓影响更多在于象征层面，故而他在梳理中国启蒙思潮发展史时，从鸦片战争后开始，以为此时形成的思想"尽管没有形成完整的理论体系"，但却"开启了一代新的学风，并给后世以新的启示，成为近代启蒙思潮的萌芽"。[1]

有学者则认为，早期启蒙思潮的发展虽在清朝遇到了极大阻力，但并未断绝，"随着乾嘉时期资本主义萌芽的复苏，戴震、汪中、焦循、章学诚、曹雪芹、李汝珍、袁枚、洪亮吉等一批早期启蒙思想的自觉承继者们，也试图奋力冲破清朝文化专制主义的束缚，积极推展王夫之等人所开创的启蒙业绩"，虽说"他们的新思想也不过是乾嘉朴学这棵大树上所突出的几枝嫩芽"，但毕竟好似一股涓涓细流，始终在前行，最终汇入到新时代的洪流中去，"把早期启蒙文化的种子传递到了狂飙突进的近代社会"。[2] 另有些学者的态度要更为乐观，以为"从晚明到五四，历时三百多年，中国的启蒙思潮经过漫长而曲折的发展，就其思想脉络的承启贯通而言，确可视为一个同质的文化历程"。如此来说，早期启蒙思想并非仅历史记忆或者理论遗产，自晚明以来，它就是一股自足的发展力量，不断推进，日渐壮大，至鸦片战争以后全面喷发，"中国走出中世纪、迈向现代化及其文化蜕变，是中国历史发展的产物；西学的传入起过引发的作用，但仅是外来的助因"。[3] 类似观点实则包含密切相关的两个层面，即启蒙的自足发展与现代化的自主实现，前者是后者的必备条件。但自足发展的提出，实则是早期启蒙研究的一项重大突破，同时也是对学人的重大挑战。既往学人固然承认在明清之际孕育了一股新生力量，也肯定其对后世造成了深远影响，但我们往往是强调某些人的思想元素中出现了异质因子，或是发现特定时期涌现出了不少现代意识，此类新思想、新理论往往是片段的、零散的，既难有完整体系而言，也未呈现稳步演进轨迹，但如今却号称这其中有着"同质的文化历程"，便不是要论证早期启蒙思想的有无，而意在构建中国早期启蒙思想发展史的事实存在。

---

[1] 彭平一《启蒙思潮史话》，第3页。
[2] 唐明邦主编《中国近代启蒙思潮》，第17-18页。
[3] 萧萐父、许苏民《明清启蒙学术流变》，第18页。

类似想法不只是口号或宣言，部分学人已在积极践行，并渗透到晚明诗学研究领域。详细审视相关著述，可疑者颇多。其一，此类想法更加大胆，难度自然也大幅飙升。我们或许不怀疑早期启蒙的发展有其内在要求和必然趋势，但要求和趋势毕竟只是意图，如何呈现将有复杂过程，譬如说彼此之间如何接受、衔接甚至超越便不易落实。譬如说，上面提及，有学人认为近代启蒙思潮的孕育系早期启蒙思潮长期演进的必然结果，但其具体依据何在？或认为明中叶以来的早期启蒙学术获得了近代学者的广泛认同，具体包括对早期启蒙者倡导科学的认同、对早期启蒙者的初步民主思想的认同、对早期启蒙学术中的新道德观的认同等等，[1] 甚而"从鸦片战争到五四新文化运动，无论是洋务派、维新派、革命派还是五四学者，都从不同的层面对早期启蒙学术表示过肯定，或直接将早期启蒙学者的思想视为自己的先驱"。[2] 但这些只是皮相，未能深入肌理，并不能就此证明早期启蒙思想与近代启蒙思想的内在联系。所谓认同，可能是真心信服，也可能是策略使然，即为了使外来思想便于理解和传播，借助传统资源作为接引，这在中国历史上可谓屡见不鲜。且即使奉作先驱，他们首要继承的也只是使命，不见得就是其主张。更何况，继承不同于延续，不能无视甚至抹平其间的断裂或缺口。更何况在早期启蒙思潮演进过程中，前后主张存在诸多分歧和对抗，我们如何消除分歧将其纳入统一演进轨迹中？

其二，若是按照相关学人的描述，似乎中国历史进程就是按照计划图，在曲折中稳步有序推进，这一前提实在有违历史的客观发展规律，具体的论证过程无论怎么完善精妙，也难以消除可能的疑问。王汎森指出：

所谓的延续显然不是简单的连续，现代人的"后见之明"每每把历史中一些顿挫、断裂、犹豫的痕迹抹除，使得思想的发展，看起来是一个单纯而平整的延续。各种以"origin"为题的思想史研究，很容易加深这种单纯延续的印象。另外，各种选编、各种资料集，也往往给人一种印象，以为特定议题是单纯的前后相连，这些文章原来分散在各种刊物、分刊于不同时间，但是在选编或资料集里往往去除了这种零散感。而且因为简单连续的感觉比较强大，人们每每忽略了前后几十年

---

〔1〕 萧萐父、许苏民《明清启蒙学术流变》，第15-18页。
〔2〕 萧萐父、许苏民《明清启蒙学术流变》，第15页。

间，即使是相同的词汇或概念，其实质意涵已经有所不同。[1]
恰可给我们足够警示。所谓的连续实则可以呈现为多种形态与方式，却很难是持续
不断、无缝对接的，然而持早期启蒙学说者强调的正是这样一种状态。至于原因倒
也不难理解，因为只有保证了纯粹的连续，才能证明发展的自足，症结还是落在了
有关中国社会发展进程的探讨上。虽说他们都强调中国近代启蒙思潮的兴起是内外
因相结合的产物，但无论是感情色彩还是论证倾向，都落在了内因上，因而会有这
样的假设：

> 活跃在 16、17 世纪之际的社会思潮，预示晚明社会有可能成为孕育新社会的
> 母胎，但是真正催生新社会的经济动因却先天不足……晚明社会毕竟开始跃动社会
> 变革的曙光……如果没有新兴的清兵入关重整封建统治……明代缘此不是没有可能
> 走出不同于以往，也不同于西方的道路，步入新的时代。……可以预测，中国的近
> 代化可能提前到来，早期启蒙思潮给了这一信息。[2]

历史显然不能预测，也不必预测，但这种心态颇值思量，思想革命往往需要来自外
部的刺激，欧洲的文艺复兴受惠于阿拉伯保存的古希腊经典，启蒙运动在伏尔泰、
孟德斯鸠等人的东方先进论思潮中渐次发动，西方思想史研究者并不想证明西方启
蒙是“独立自主”的内生事件，而毫无疑问受到西方冲击才进入现代化的中国，
为什么还要有这样的纠结呢？[3]

有关早期启蒙的探讨尚有不少深入空间，但此并非我们的题旨所在，暂且收
束。基于上述考察，我们应明确两点。第一，在思想史研究脉络中，存在两套启蒙
话语，且各自内部尚有诸多分歧，迄今也无定论，致使该论题呈现出多维且驳杂的
局面。许苏民在接受访谈时指出：

> 至于您说的何干之、丁守和从鸦片战争或洋务运动开始论述中国启蒙的生成，
> 李泽厚、姜义华和邓晓芒等人从“五四”运动开始论述中国启蒙的生成，我以为
> 未尝不可。每个人的学问都有自己比较专精的领域，也有自己不大熟悉的领域，我
> 也是如此。能够贯通当然更好，但事实上人的精力总是有限的。讲到德国哲学，我

---

〔1〕 王汎森《启蒙是连续的吗？——从晚清到五四》，《近代史研究》2019 年第 5 期。
〔2〕 刘志琴《晚明史论——重新认识末世衰变》，第 172-173 页。
〔3〕 这一观点得益于我的同事，于西方古典学有精深研究的胡镓博士。

也是战战兢兢，生怕说错了，说错了还要请晓芒指正。[1]

观点极为通脱，但于开明的同时也留下了隐患。专门研究者有清晰的知识体系和理论脉络，能够在各自畛域中进行学理讨论，但对于大量受其影响的人来说，并不了解个中究竟，也很少细致研习，往往径直袭用一套成说以为研究参照，看似同在"启蒙"框架下探讨问题，实则各有论述话语，以致混乱、冲突不断。第二，在建构早期启蒙学说的过程中，其思维方式和操作手段存有"先天不足"，流布之后更是平添不少流弊，诗学研究在参照该理论时也一并沿袭了相关缺失，于开拓文学研究的同时也导致了大量误解与曲解。凡此种种，皆需从源头上厘清头绪，正本清源，或者说，明了问题所在，并积极矫正，才是我们的改进之方。

---

[1] 冯琳、彭传华《关于早期启蒙说的相关问题——许苏民教授访谈录》，《江海学刊》2017 年第 1 期。

论李泽厚的新儒学

朱汉民　喻剑兰 *

[内容提要]

　　李泽厚晚年学术致力于"新内圣外王之道"的思想建构，这代表了他认可的"新儒学"思想的成型。针对牟宗三、杜维明的儒学三期说，他提出儒学四期说。李泽厚认为，原典儒学是孔孟荀奠定的"内圣外王之道"，代表儒学一期；汉儒董仲舒发展出外王之道儒学，是儒学发展的第二期；宋明理学发展出内圣之道儒学，是儒学发展的第三期。李泽厚通过"新内圣外王之道"的论述，展望儒学四期的发展，表达了他本人的现代新儒学观及其广义道统论。李泽厚希望新儒学在面对现代化的挑战时，不仅要回归原典儒学道统的脉络，同时要学习吸收马克思主义与西方现代化思想，推进儒学的转化性创造，复活儒学的文化生命力。李泽厚通过新儒学的思想建构，表达了他对儒家道统的担当意识。

[关键词]

李泽厚；新儒家；新内圣外王之道；道统论

----

* 朱汉民，湖南大学岳麓书院教授；喻剑兰，湖南大学岳麓书院博士研究生。本文系国家社科基金重大项目"宋学源流"（19ZDA028）阶段性成果。

一、绪 论

李泽厚是当代中国最有影响力的哲学家。他一生涉猎的领域十分广阔，不同时期的思想聚焦往往发生变化，故而学界对他的定位也不太确定。他曾经分别被学界称作"新马克思主义者""新康德主义者""新儒家"。李泽厚从事学术生涯的数十年，正是中国历史和思想发生巨大变迁的特别历史时期，他的思想焦点往往会随着时代而不断改变。在当代多元化价值观念、学术思潮中，李泽厚究竟可以归于哪一家呢？

首先，说李泽厚是"新马克思主义者"，确实是有道理的。李泽厚对有人问他是否是马克思主义者，曾经作出"yes and no"的回答。他说"no"的理由很多，因为他并不赞成马克思主义的阶级斗争、暴力革命、剩余价值等学说；而他说"yes"的理由只有他认为最重要的一条，那就是他赞同历史唯物主义的基本原理：制造与使用工具的群体实践活动是人类起源和发展的决定性因素，制造工具、科技、生产力和经济是自古至今人类社会生活的根本基础。也就是说，他不赞成"革命"的马克思主义，而赞成"建设"的马克思主义。但是他又认为，应该补充和完善马克思历史唯物论工具本体的不足，因此需要儒学的心性论与康德的主体性哲学。[1] 所以，李泽厚精心建构的主体性实践哲学，不仅仅继承、弘扬了马克思主义，还是一种补充和发展马克思历史唯物主义的"新马克思主义"。

其次，将李泽厚称为"新康德主义者"，也有充分理由。李泽厚出版了在学界影响很大的《批判哲学的批判》，该书在系统研究康德的基础上提出希望回归康德。他在一次重要的国际学术会议上提出"宁要康德不要黑格尔"[2]，学界有人还认定"可将李泽厚的主体性实践哲学称之为新康德主义"[3]。一方面，李泽厚系统阐发了康德的主体性哲学的启蒙意义，肯定其认识论、道德论、审美论在挖掘

---

〔1〕 李泽厚《儒学、康德、马克思三合一》，《社会科学报》2016 年 12 月 15 日。

〔2〕 许景行、顾伟铭《纪念康德、黑格尔学术讨论会在北京召开》，《哲学研究》1981 年第 10 期。

〔3〕 薛富兴《新康德主义：李泽厚主体性实践哲学要素分析》，《哲学动态》2002 年第 6 期。

人类主体内在生命、建构人类文化心理结构方面的重要贡献。李泽厚
哲学所追求的普遍性和理想性比强调特殊、现实的反普遍性具有更久长的生命力。
另一方面，李泽厚又强调康德哲学的不足，提出需要将马克思历史唯物主义关于人
类起源的实践论哲学引入康德哲学研究，以解释康德人类先验理性的来源，使康德
的精神主体性获得人类学的支撑。[1] 由于李泽厚以马克思的历史唯物主义、儒家
的外王之道弥补了康德主体性哲学的不足，故而其康德主义又具有"新"的特点
和意义。

本文立足于李泽厚思想成熟的晚年，主张李泽厚是当代新儒家类型之一。李泽
厚本人对"新儒家"身份有所认同。1993 年，李泽厚在回答《原道》杂志访谈
"如果把您称为新儒家，您愿意吗"的提问时，他直接回答："愿意。但不是现在
港台那种新儒家。"[2] 虽然李泽厚将自己与港台新儒家区别开来，但是他还是认
同"新儒家"身份。李泽厚数十年漫游古今中西不同学术领域，最后集中在他希
望完成的"人类学历史本体论"的哲学体系。关于这一体系的基本构架，他明确
表示："人类学历史本体论以孔夫子为主，吸收和消化 Kant（康德）与 Marx（马
克思）。"[3] 在孔子、康德、马克思三者之间，他明确自己是以孔子为主而吸收和
消化康德与马克思，与宋代新儒家以孔子为主而吸收和消化老庄与释迦牟尼的学术
建构路径十分接近。他曾经称这一"人类学历史本体论"体系就是"新内圣外王
之道"，以表明这一学术体系代表了他的"新儒学"。

国际哲学界其实早已关注和认同李泽厚与儒学哲学的重要关系。2014 年 10
月，世界儒学文化研究联合会在美国夏威夷大学举办了"儒学价值观与变革中的
世界文化秩序"的首届会议，会议上有一个小组专门讨论李泽厚与儒学的关系。
2015 年 10 月，在世界儒学文化研究联合会的支持下，又在夏威夷大学开了一个
"李泽厚与儒学哲学"的专门小型会议。会议最后出版了论文集《李泽厚与儒学哲
学》，主编安乐哲、贾晋华在"导论"中认为，"李泽厚的全部著作肯定能成为儒

---

[1] 李泽厚《儒学、康德、马克思三合一》，《社会科学报》2016 年 12 月 15 日。
[2] 李泽厚《与陈明的对谈》，《世纪新梦》，安徽文艺出版社 1998 年版，第 331 页。
[3] 李泽厚《由巫到礼 释礼归仁》，生活·读书·新知三联书店 2015 年版，第 238 页。

学哲学在当代持续演进的思想资源"〔1〕。这一本论文集作者来自东亚、北美、欧洲的 10 个不同国家与地区。

要了解李泽厚重建"内圣外王之道"的新儒家思想，必须进入到他的"儒学四期"的思想主张之中，进而考察这些思想所蕴含的新儒学思想及道统论。

二、李泽厚论儒学四期

首先考察李泽厚的"儒学四期"说。牟宗三、杜维明的"新内圣"道统论与他们的儒学三期说密切相关，而李泽厚针锋相对，提出儒学四期发展的观点。李泽厚进一步解释说，这不仅仅是一个儒学的历史分期问题，其实还包含着对儒家思想体系的整体认知、历史演变以及现代传承紧密相关的一系列重大问题；当然，这一个问题也会涉及李泽厚的哲学体系与儒学的继承关系问题。为了解决上述一系列问题，李泽厚晚年专门撰写了《说儒学四期》的文章，系统阐述了他对儒学分期的看法。

李泽厚承认他的儒学四期说缘起于牟宗三、杜维明的儒学三期说。牟宗三、杜维明将儒学发展分为三期：孔孟创建儒学，是儒学第一期；孟子死后儒学不得其传，宋明儒者继承孔孟而重建儒学，是为儒学第二期；清三百年儒学又失其传，熊十力、牟宗三等开始继承宋儒道统，推动儒学的复兴和发展，是为儒学第三期。这一分期说也包含了他们对儒家道统论以及道统传承的理解。李泽厚认为牟宗三、杜维明的儒学三期说既有理论上的困难，又有实践方面的问题。从理论上说，牟宗三、杜维明以心性论的内圣之道来概括儒学是"失之片面"，李泽厚也不赞成牟宗三的"内圣开外王""超越而内在"的说法，认为它们存在"更为重要的理论困难"。所以，李泽厚将港台新儒家看作是宋明理学在现代的"隔世回响"，认为儒学要复兴的话，必须在宋明理学之外"另辟蹊径，另起炉灶"〔2〕。

李泽厚强调，儒家哲学不仅仅是内圣之道，还应该是完整的"内圣外王之

---

〔1〕 安乐哲、贾晋华编《李泽厚与儒学哲学》，上海人民出版社 2017 年版，第 2 页。

〔2〕 李泽厚《说儒学四期》，收入氏著《己卯五说》，中国电影出版社 1999 年版，第 13 页。

道"，他以此为依据将儒学及道统发展分为"四期"。

李泽厚认可的第一期儒学是指孔子、孟子、荀子，肯定他们的思想代表了原始儒学的"内圣外王之道"。牟宗三、杜维明继承了宋明理学，以内圣之道为依据，将持性恶论、礼法论等外王之道的荀子排在儒家道统之外。而李泽厚的儒学分期说以内圣外王之道为依据，荀子代表了早期儒学中发展了外王之道的重要方面，完全应该纳入他理解的儒家道统之中。李泽厚在《孔子再评价》《荀易庸记要》两篇文章中指出，孔子继承了周公的文化传统，并以仁释礼，创建了修身与治平、正心诚意与齐家治国、内圣与外王相对统一的儒学，也就是后人说的"内圣外王之道"。在孔门后学中，孟子发展了孔子注重道德修身的内圣之道，建立起儒家的道德主体，并发展出尽心、养气这一套内向的工夫论；荀子则发展了孔子注重以礼治国的外王之道，荀子大讲刑政、并称礼法，成为从战国到秦汉的过渡人物。将先秦孔孟荀思想统一起来，就构成儒学第一期的"内圣外王之道"。

李泽厚认为，汉代董仲舒继承、发展了先秦儒家之道，构成儒学发展第二期。汉代儒家"将先秦原典儒学的基本精神，移植到法家政刑体制内，进行了'转化性的创造'，使之成为这一体制的灵魂和基石"[1]。李泽厚认为汉代儒学将孝慈、仁义、德政、王道等原始儒家的重情观念通过天人宇宙图式移入法家政刑体制内，从而形成了"儒法互用，礼法交融"的汉代儒学形态。如何看待这一种"儒法互用，礼法交融"的儒学形态？从宋代儒家到现代新儒家对这一种"外王之道"往往持批评和否定的态度，认为汉代儒学完全背离了孔孟之道的儒学道德精神。但是学界历来就有不同的看法，如历史学家陈寅恪就认为，"二千年来华夏民族所受儒家学说之影响，最深最巨者，实在制度法律公私生活之方面"[2]。与陈寅恪的看法相一致，李泽厚也是从这一个角度肯定汉代儒学，他不仅充分肯定汉代儒学对华夏民族的文化—心理结构的形成起到了某种决定性作用，而且对这一种"儒法互用，礼法交融"的现代意义也做出了充分肯定。他相信，通过转化性创造的"儒法互用"形态，可以探讨一条比以原子式个人主义为基础、以理性与契约来维持

---

[1] 李泽厚《说儒法互用》，《己卯五说》，第80页。

[2] 陈寅恪《冯友兰中国哲学史下册审查报告》，收入《陈寅恪史学论文选集》，上海古籍出版社1992年版，第511页。

国家秩序更为圆满的现代化道路。

牟宗三、杜维明认为宋代儒家心性之学传承了孔孟之道，故而将其看作儒学发展的第二期。李泽厚也认为宋明儒学在面对佛老之学的挑战时，入室操戈以吸收和改造释道哲理，重建了儒学的"内圣之道"，故而代表了儒学发展的第三期。李泽厚对宋明儒学发展有着肯定的评价，认为宋明儒学提出的理、气、心、性等各种不同的宇宙论、心性论哲学，其实质都是为了建构儒家的伦理主体，希望将儒家伦理"提到'与天地参'的超道德的本体地位"[1]。李泽厚对宋明儒学的评价也立足于华夏民族的文化—心理结构的形成，肯定这一思想对中华民族注重气节、重视品德、以理统情、自我节制等主体意志结构方面的建立的实际历史影响。他认为，宋明理学在哲学理论上把道德自律、意志结构，"提扬到本体论的高度，空前地树立了人的伦理学主体性的庄严伟大。在世界思想史上，大概只有康德的伦理学能与之匹敌或相仿"[2]。但是，李泽厚也批评宋明儒学的片面性，即使内圣之道脱离外王之道。与此同时，李泽厚认为，熊十力、牟宗三是自传承宋明儒学的内圣之道而来，并没有新的发展，所以他在《略论现代新儒家》一文中，认为现代新儒家代表人物及其思想，如熊十力的"践履"、梁漱溟的"修己"、冯友兰的"境界"、牟宗三的"圆善"，传承的仍然是宋明理学的"内圣之道"，故而只是"现代宋明理学"，即宋明新儒学与"现代新儒学"其实均是儒学第三期。

李泽厚认为，当代儒学面临第四期复兴和发展，其目标应该是重新建构"内圣外王之道"，即通过回归先秦原典儒学，回应、同化现代西方的自由主义、马克思主义、存在主义以及后现代理论等各种思想资源，以推动儒学第四期的发展。李泽厚将未来的第四期儒学称为"新内圣外王之道"，或者称为"人类学历史本体论"。这一种新儒学避免了儒学第二期仅仅发展儒家外王之道、儒学第三期仅仅发展儒家内圣之道的片面性，以回归、复兴孔子为代表的原典儒学的"内圣外王之道"。李泽厚将这四期儒学的基本范畴和思想特点做了一个简要的概括，他说：

如果说，原典儒学（孔、孟、荀）的主题是"礼乐论"，基本范畴是礼、仁、

---

[1] 李泽厚《宋明理学片论》，收入氏著《中国古代思想史论》，风云时代出版公司1990年版，第262页。

[2] 李泽厚《宋明理学片论》，《中国古代思想史论》，第298页。

忠、恕、敬、义、诚等等。……第二期儒学（汉）的主题是"天人论"，基本范畴是阴阳、五行、感应、相类等等，极大开拓了人的外在视野和生存途径。……第三期儒学（宋明理学）主题是"心性论"，基本范畴是理、气、心、性、天理人欲、道心人心等等，极大地高扬了人的伦理主体，……那么，第四期的儒学主题，对我来说，则将是"人类学历史本体论"，其基本范畴将是自然人化、人自然化、积淀、情感、文化心理结构、两种道德、历史与伦理的二律背反等等。[1]

由此可见，李泽厚将儒学第四期看作是"新内圣外王之道"或"人类学历史本体论"，是对他毕生从事不同领域学术研究的全面概括和系统总结。他毕生的学术研究，其实就是儒学第四期发展的哲学建构，这是他同意"新儒家"身份认同的基本原因。

三、李泽厚的新内圣外王之道

尽管李泽厚自己认同"新儒家"的学术身份，但是在当代中外学界很少有人将他作为新儒家看待。甚至十分关注李泽厚且与儒家思想关系密切的安乐哲也认为："李泽厚是一位具有广阔的全球兴趣的、自成一格的哲学家，不应被削足适履以求符合任何现有的中国或西方派别。"[2] 故而本文必须进一步解释李泽厚的"新儒家"身份。

李泽厚以毕生精力完成的学术体系足以表明他拥有现代哲学家与新儒家两重身份，我们从他的哲学体系拥有"人类学历史本体论"与"新内圣外王之道"两个不同命名就可以看出来。作为现代哲学家，他的哲学体系则应该称之为"人类学历史本体论"，这是一个非常"哲学化"的名称，体现出李泽厚对以康德为代表的西方世界一系列哲学问题的回应；作为新儒学人物，他将自己的学术体系称为"新内圣外王之道"，体现出他对原典儒学周孔之教的道统认同。但是，李泽厚以《人类学历史本体论》为书名而未考虑以《新内圣外王之道》为书名，而且从该书

---

〔1〕 李泽厚《说儒学四期》，《己卯五说》，第30页。
〔2〕 安乐哲、贾晋华编《李泽厚与儒学哲学》，第2页。

的内容和形式来看，也与康德的三大批判有关。李泽厚思考的问题、使用的范畴、建构的体系，均表明他是一位深受西方康德、马克思、海德格尔哲学思想影响的现代哲学家。

既然如此，李泽厚为什么认为自己的人类学历史本体论是以孔子思想为主，吸收和消化康德与马克思的思想呢？李泽厚说："历史本体论所继承的是中国儒家哲学的'神'——生存智慧（度，proper measure）、实用理性（pragmatic reason）、历史意识（consciousness of history）、乐感文化（culture of optimism）、仁学结构（the structrue of humannenss，见拙文《孔子再评价》）、情本体（emotion as substance）、关系主义（guanxiism）等等，而非'形'——仪式、制度、服饰、词语、章句、讲疏等等。"[1] 李泽厚表明，他作为一个现代的"新儒家"学者，并不在意儒家礼仪或经学注疏等外在之"形"，而继承的是儒家思想之"神"，也就是分散在《人类学历史本体论》中的情感本体、度的艺术、乐感文化、仁学结构等代表儒家思想精髓的内容。就理论体系的"形"而言，李泽厚建构的体系是具有西方现代哲学特征的"人类学历史本体论"；就这一体系的"神"而言，则体现出以孔子思想核心为基础的"新内圣外王之道"。质言之，李泽厚建构的"新内圣外王之道"，恰恰体现在他以儒家思想传统来解决现代人类面临的哲学问题和现实困境。李泽厚在《人类学历史本体论》中大讲他的新儒学思想，显然是希望以儒家"内圣外王之道"的基本精神建构其未来中国或人类的哲学基础，他将这一学说看作是对儒家道统的真正继承。

所以，我们需要进一步探讨李泽厚提出的"内圣外王之道"和"新内圣外王之道"。二者密切相关但有很大不同：前者是他理解的儒家思想传统的实质和整体，后者是他追求的儒学第四期发展目标。

首先讨论李泽厚认可的儒家"内圣外王之道"。李泽厚对儒学的整体看法是："'内圣外王'是儒学的主要课题。"[2] 故而学界往往以"内圣外王之道"来概括儒学。但是从宋明理学到港台新儒家有一个共通的主张，那就是强调"内圣"的

---

〔1〕 李泽厚《有关"人类学历史本体论"》，《人类学历史本体论》附录，青岛出版社 2016 年版，第649 页。
〔2〕 李泽厚《说儒法互用》，《己卯五说》，第 72 页。

根本性、至上性、优越性，并在"内圣之道"的哲学建构方面作出了积极贡献。李泽厚认为，宋明理学将原典儒学的"周孔之道"改造为"孔孟之道"偏离了儒家"内圣外王之道"的完整性，主张回归原典儒学的"周孔之道"。他认为，儒家思想的精髓和道脉其实均源于周公奠基、孔子完成的"内圣外王之道"，这一个过程分成两步："第一步是'由巫到礼'，周公将传统巫术活动转化性地创造为人际世间一整套的宗教—政治—伦理体制，使礼制下的社会生活具有神圣性。第二步是'释礼归仁'，孔子为这套礼制转化性地创造出内在人性根源，开创了'壹是皆以修身为本'的修齐治平的'内圣外王之道'。"[1] 李泽厚认为，代表儒家思想"真骨血""道统之精"的"实用理性""乐感文化""情感本体""一个世界"，均根源于继承了华夏文化中悠久巫史传统的"周孔之道"。

由周公、孔子奠定的"内圣外王之道"，在后来的两千多年儒学史中得到进一步的发展，但是往往是一种片面性发展。如先秦时期"孟子和荀子，是孔子的两翼：一个由外到内，另一个从内到外。"[2] 孟子重视"内"，发展出一套内圣之道；荀子之所谓"外"，发展出一套外王之道。李泽厚不满宋明理学、现代新儒家对荀子的否定或偏见，因为荀学不仅决定和影响了汉代儒学，而且构成儒学的第二期发展，即将先秦原典儒学的道德精神与法家政刑体制结合起来，使儒学成为一种儒法互用的政治儒学。而宋明儒学继承了孟子的内圣之道，将"周孔之道"改为"孔孟之道"，建构出一种儒道（兼佛）互补的心性儒学。李泽厚坚持认为，不能够像宋明理学家那样，仅仅肯定孔、孟、周、程、朱、陆、王的内圣一派是儒学正统，必须将孔、荀、董、王、陈、叶、黄的外王一派合起来，才能够构成完整的儒家内圣外王之道。在中国思想史上，儒家一直居于核心与主体地位，尽管儒家的外王之道吸收了法家、阴阳家、兵家等不同流派的学说，儒家的内圣之道吸收了道家、佛教等不同流派的学说，但是二者均是将它们补充到以周孔之道为核心的儒家"内圣外王之道"体系中。

其次讨论李泽厚倡导的新儒家的"新内圣外王之道"。将儒学归结为"内圣外

---

[1] 李泽厚《由巫到礼 释礼归仁》，第 142 页。
[2] 李泽厚《为儒学的未来把脉》，安徽文艺出版社 1998 年版，第 137 页。

王之道"，其实只是作为一个思想史家的李泽厚对儒学的知识建构与历史描绘，而将未来儒学四期发展勾勒成"新内圣外王之道"，则体现出一个以"新儒家"自期的李泽厚对未来儒学的展望和自己"继绝学"的文化承担。前者只需要"形而上学沉思"式的哲人智慧，后者则需要具有重建"天下有道"理想的士君子情怀。李泽厚明确表示，他之所以提出"儒学四期"的问题，源于中国传统儒家正面临近代以来从欧美带来的现代化挑战。与他之前的现代新儒家一样，李泽厚首先肯定西方近代思潮对儒家外王之道挑战的严峻性。由欧美传入的现代化思潮包括科学技术、民主政治、市场经济，以及与之相关的个人主义及其权利、自由、平等的观念，对传统儒家的外王之道构成最强有力的挑战。中国如果希望实现现代化，就必须接受现代科技、民主政治、市场经济，那么儒家外王之道显然已经不适应现代化的要求而面临被淘汰的结局。港台新儒家基本上是不认可儒家的外王之学，他们希望将儒家传统的内圣之学与现代化的科学、民主的"新外王"结合起来。但是，李泽厚的新儒学不同。一方面，他认为儒家的外王之道其实包含着强大的生命力，故而在迎接现代化挑战之后仍然可以纳入"新外王之道"。另一方面，他又认为儒家的内圣之道同样面临现代化的挑战，现代新儒家的内圣之道通过应对基督教神学、精神分析学、存在主义以及各种后现代主义思潮挑战之后，方可以纳入"新内圣之道"。

李泽厚一直有一个基本信念，就是中华民族在数千年的历史中，不断积淀和形成一种十分稳定的文化—心理结构，从而建构出一种巨大的时空实体。李泽厚的儒学史、中国思想史研究，就是要挖掘中华民族文化—心理结构的思想史根源。他反复论述的儒家传统如"实用理性""乐感文化""情感本体""一个世界"，就是这一文化—心理结构的不同体现，其源头可以追溯到周孔之道的巫史传统中。李泽厚要对这一思想传统实现"转化性创造"，为完成中国的现代化走出一条新的道路。他期望"新内圣外王之道"的兴起是"第二次文艺复兴"，他说："面对当前如洪水般的悲观主义、反理性主义、解构主义，儒学是否可以提供另一种参考系统，为创造一个温暖的后现代文明作出新的'内圣外王之道'（由某种乐观深情的文化心理结构而开出和谐健康的社会稳定秩序）的贡献呢？从而，儒学命运难道不可以在崭新的解释中获得再一次生存力量和世界性的普泛意义吗?"[1]

还有一点值得补充,那就是李泽厚所谓"新内圣外王之道"的普遍意义。现代新儒家往往将儒学复兴与中华民族复兴联系起来,但是李泽厚还关注第四期新儒学的人类意义,这或许是他将第四期新儒学又称为"人类学历史本体论"的原因之一。李泽厚曾经将他的"新内圣外王之道"的重建理解为人类的"第二次文艺复兴"。他在《答高更(Paul Gauguin)三问》中提出:"第一次文艺复兴是回归希腊,把人从神学、上帝的束缚下解放出来,然后引发了宗教改革、启蒙运动、工业革命,等等,理性主义、个人主义盛行,也导致今日后现代的全面解构。我希望第二次文艺复兴将回归原典儒学,把人从机器(高科技机器和各种社会机器)的束缚下解放出来,重新确认和界定人是目的,发掘和发展个性才能。由'道始于情'而以国际和谐、人际和谐、宗教和谐、民族和谐、天人和谐、身心和谐为标的,使人类走向光明的未来。这就是'为生民立命,为往圣继绝学,为万世开太平'(张载),但这又仍然需要人类自身的努力奋斗。"[2] 由此可见,李泽厚期望的儒学四期发展,之所以需要同化现代和后现代的种种思想资源,他显然是希望这一新的哲学体系能够为未来的人类社会做出贡献。

四、李泽厚的道统建构

"新儒学"理论建构总是与道统论建构联系在一起。宋代新儒家创建了道统论,而现代新儒家则传承了宋儒的道统论话语。李泽厚似乎没有"道统"话题的专论,但是,他自我认同的新儒家身份注定会对道统思想作出积极回应。李泽厚的道统思想,其实是他新儒学思想的核心精神。

余英时曾经提出:"自熊十力起,新儒家都有一种强烈的道统意识,但是他们重建道统的方式则已与宋明以来的一般取径有所不同。"[3] 余英时将现代儒家的

〔1〕 李泽厚《初拟儒学深层结构说》,《己卯五说》附录,第188页。
〔2〕 李泽厚《人类学历史本体论》,第13页。
〔3〕 余英时《钱穆与新儒家》,《余英时文集》第5卷,广西师范大学出版社2006年版,第24页。

道统论区分为"狭义"和"广义"两种：熊十力、牟宗三以复兴儒家心性论为宗旨，是一种狭义道统观；钱穆等历史学家以研究和复兴中国文化传统为宗旨，是一种广义的道统观。按照余英时的这一分法，李泽厚对儒学的研究和传承，主要是思想文化的广义视角。他特别关注中华民族的文化—心理结构，注意探讨儒学的"大传统"和"小传统"的结合，尤其强调儒学是一种内圣外王之道，故而李泽厚的新儒学包含一种广义的道统观。现代新儒家中，张东荪也是从儒家内圣外王之道的视角，特别是从"新外王"的建构方面切入，明显不同于熊十力、牟宗三的心性道统论，而学界也认同张东荪的广义道统论。

考察李泽厚的道统论思想，可以从更加广阔的思想文化视角探讨儒学复兴的现代意义。那么，李泽厚是如何通过他的"儒学四期""新内圣外王之道"，以表达一个新儒家学者的广义道统意识呢？李泽厚的道统意识体现在下列三个方面：

（1）作为一种具有道统意识的儒家学者，李泽厚对儒家思想有一种强烈的文化认同感，希望复兴其核心文化价值；特别是在面对新的历史剧变、西方文明的挑战时，能够回归儒家传统。

李泽厚在从事中国古代思想文化史的研究过程中，越来越认同以儒学为主体的中国思想文化。面对现代西方纷纭复杂的各种学术流派、文化思潮，李泽厚逐渐发现它们所存在的问题，他希望从儒家的内圣外王之道中找到解决问题的答案。李泽厚将未来中国或世界文化的构想称为"新内圣外王之道"，他认为，儒学的"一个世界""情理结构""实用理性""乐感文化"均是能够化解现代西方思想困境的重要思想。他呼唤在西方宗教与哲学面临困境时，"该中国哲学登场了"。而且，李泽厚希望回归的儒家传统是上古时代的原典儒学。

宋儒否定汉代儒学而回归孔孟之道以寻求道统，这一道统仅仅是内圣之道；李泽厚则从孔孟之道回归周孔之道，因为周孔之道包含了内圣外王之道的道统。李泽厚还进一步从"巫史传统"来说明周孔之道的源头，他认为周公"制礼作乐"，创造了一套"宗教—政治—伦理"的制度体系；而孔子"释礼归仁"，为这套礼乐制度创造出内在的心性根源，最终完成了修齐治平的内圣外王之道。他强调："周、孔使中国传统从人文和人性两个方面在相当早的时代获得了一条实用理性之途"，

"有周、孔才有内圣外王"。[1] 儒学中的特质以及有生命力的思想诸如"一个世界""情理结构""实用理性""乐感文化"，其实均与此周孔之道有关，21 世纪的新儒学应该是内圣外王之道的全面复兴。

（2）李泽厚之所以是"新"儒家，还因为他不是固守儒家传统不变的学者，而是敢于大胆学习吸收现代化过程中出现的种种新的思想，推进儒学的转化性创造，重建一种复活文化生命力的新儒学家。

李泽厚认为，汉代儒学敢于吸收法家、阴阳家、兵家的不同思想，才能够建构完成儒学第二期的发展；宋代儒学出入释老，大胆吸收佛学、道家的不同思想，才推动了儒学第三期的发展。而近代以来，儒家文化遇到前所未有的思想挑战，儒学要能够在全球范围内的现代化运动中不变成博物馆的"历史遗存"，还能够成为影响中国和世界的思想文化，就必须多维度地学习、吸收影响现代世界的各种思潮、流派的重要思想。李泽厚期望的儒学四期发展，其实是一种同化了现代和后现代的种种营养和资源，包括自由主义、马克思主义、存在主义、精神分析学、后现代主义、基督教神学等等的发展。李泽厚坚持儒家道统必须是完整的"内圣外王之道"，在他重新建构的"人类学历史本体论"中，就包括了对世界范围内的各种现代思想、后现代思想的吸收。

李泽厚还提出一个饱受争议的"西体中用"思想。新儒家大多持"中体西用"观念，即以中国儒家内圣之道为体，以西方的科学民主为外王之道为用。其实，李泽厚所说的"体用"内涵发生了重要变化，他反复强调自己所谓的"体"是一种"新解"，"体"不是"中学"或"西学"，他说："'体'应该指'社会存在的本体'，即人民大众的衣食住行、日常生活。"[2] 他还以"形神"关系来说"体用"关系，即人的社会存在、日常生活是"体"，也可以看作是"形"；而思想文化是"用"，可以看作是"神"。[3] 中国人接受西方现代化生活方式其实是从"形"而言，而坚持和传承以儒学为主的中国文化却是"神"。他认为，"中体西用"论者引进的"西用"，其实与他的"西体"有相通之处。他说："'西体中用'通由

---

〔1〕 李泽厚《由巫到礼 释礼归仁》，第 142 页。
〔2〕 李泽厚《再说西体中用》，《世纪新梦》，第 175 页。
〔3〕 李泽厚《再谈理性与本能》，《人类学历史本体论》，第 145 页。

'中体西用'的方式和理论以实现自己，整个'中体西用'成为'西体中用'之'中用'过程中的组成部分或阶段。"〔1〕

（3）李泽厚作为一个保持道统意识的儒者，并不会是一个置身事外的纯粹哲学家，而是像儒者一样承担社会责任和文化使命，拥有宋儒"为天地立心，为生民立命，为往圣继绝学，为万世开太平"的人文情怀。

李泽厚通过他的"儒学四期""新内圣外王之道"的论述和展望，表达了他对儒家"道统"的建构和承担。李泽厚是一个写了大量哲学、美学、思想史著作的哲学家，又是一个有着强烈现实人文关怀的儒者。他认为自己表述的内圣外王之道源于周孔之道，这就蕴含着一个思想前提：他希望"转化性创造"而建构的"新内圣外王之道"，才真正继承了这一"道统"。李泽厚之所以要通过复兴周孔之道以重建新儒家的"新内圣外王之道"，而不是采取打破传统、重建一种新文化思想的"革命"路线，源于他在思想文化上的长期主张，文化建设只能够在继承传统文化的基础上实现"转化性创造"。读李泽厚的《人类学历史本体论》，可以发现他为儒学四期复兴而从事"转化性创造"的苦心。可见，李泽厚的道统论与牟宗三的道统论有相通之处，那就是二者均认定从孔子以来就建立了一个代表儒学基本精神并且从古代一直延续下来的"道统"，他们均将自己的学术看作是对这一"道统"的传承和发展。但是，他们的道统论又存在很大的差别，牟宗三认为道统是"内圣之道"的统绪，李泽厚则强调完整的"内圣外王之道"。

而且，李泽厚还进一步从儒学的表层结构和深层结构思考儒学的复兴。他认为，儒学不仅仅是一套经典学术、精英思想，同时还是一种"百姓日用而不知"的文化心理、风俗习惯。李泽厚强调："儒学之所以能成为华夏文化的主流、骨干，主要在它已化为民族的文化心理状态。正因为此，不但在'大传统'中，而且也在'小传统'中，儒学都占据统领地位。"〔2〕所以，李泽厚不仅仅是从纯学术的表层结构研究儒学，还特别从儒学的深层结构研究儒学，即探讨普通中国人的

---

〔1〕 李泽厚《有关"西体中用"》，《人类学历史本体论》附录，第652页。
〔2〕 李泽厚《初拟儒学深层结构说》，《己卯五说》，第180页。

文化—心理结构中的儒学。他认为,儒学的"大传统"与"小传统"之间是互动的,主张从事儒学"大传统"研究的学者要能够使儒学"小传统"由日用而不知的文化心理转化为一种自觉意识、理性认知,以指导儒学深层结构的建设和发展;另外,儒学"小传统"的文化—心理也能够支持儒学"大传统"获得生生不息的顽强生命力。

在 20 世纪末出版的《说儒学四期》的结束语中,李泽厚表达了他自己对未来儒家文化复兴的殷切期望:"儒门淡泊,已近百年;贞下起元,愿为好望。"[1]

---

[1] 李泽厚《说儒学四期》,《己卯五说》,第 31 页。

理学与湖湘学

胡五峰性本、中和、察识诸问题的内在理路辨证

马　俊[*]

[内容提要]

胡宏的理学思想有着一以贯之的内在逻辑：其中"性本"论是其理学大厦的地基，性作为宇宙万物的本体，同时也是人之为人的内在本质，性由心显，因此性属未发、心属已发，由于未发之物不可把捉，故工夫便聚焦于察识已发之端倪，从而有"觉仁""观过"等入手处。在胡宏哲学中，性本、中和、察识诸说环环相扣，体系严密。从胡五峰心性论的内在理路出发，可以澄清诸多误解，也可以把握湖湘学派理学思想的主要特色和理论旨趣。

[关键词]

胡五峰；性本；中和；察识

* 马俊，教育部人文社会科学重点研究基地中华伦理文明研究中心、湖南师范大学哲学系讲师。本文系湖南省社科基金项目"胡宏《皇王大纪》整理与研究"（20YBQ071）阶段性成果。

湖湘学派是理学史上承上启下的重要流派。自朱子《知言疑义》刊行以来，对于湖湘学派创立者胡宏（号五峰）哲学的理解便引发了许多争论，直至今日，部分研究者仍囿于朱学的立场，对五峰哲学采取批判的态度，缺乏同情而真切的理解。对于《知言疑义》，牟宗三曾一度澄清了其中的不少误解，但又带来了一些新的问题。现代学者如向世陵、朱汉民、王立新、曾亦、陈代湘等人，以客观中立的态度来研究胡五峰，在很大程度上还原了其思想的基本面貌。本文力图在前人研究的基础上，综合学界最新研究成果，概括出胡五峰心性论的内在理路，以现代哲学语言勾勒胡五峰心性论的基本脉络，以期澄清围绕胡五峰心性论的一些常见的误解。

一、性　本

五峰哲学最具特色的当属性本论，而争议最多的也是性本论。从理论渊源上看，胡五峰的性本论可以追溯至《乐记》《系辞》等经典文献。《乐记》云："人生而静，天之性也。感于物而动，性之欲也。"这里的"天之性"与《系辞》讲的"继之者善也，成之者性也"以及孟子所讲的"性"是否是同一个性，这个问题曾在理学家那里引起反复的讨论，二程对此展开过深入的思考，认为"盖'生之谓性'，'人生而静'以上不容说，才说性时，便已不是性也。凡人说性，只是说'继之者善也'，孟子言人性善是也。夫所谓'继之者善'也者，犹水流而就下也。"[1]明道在《识仁篇》中更详此意，云："此道与物无对，大不足以名之，天地之用皆我之用。"其《定性书》亦云："夫天地之常，以其心普万物而无心，圣人之常，以其情顺万物而无情。"这里的逻辑是，本然之性既然是超越对待的绝对体，就必然超越善与恶的对待，称之为"至善"不是因为它是最高的善，而是因为它是终极的实在。胡安国（号文定）进一步发挥了明道的观点，认为"孟子道性善云者，叹美之辞也，不与恶对"[2]。在文定那里，性成了超越善恶的绝对者，

〔1〕 程颢、程颐《二程集》，中华书局2004年版，第10页。

〔2〕 《胡宏集》，中华书局1987年版，第333页。

不能用现象层面的善来加以界定和描述，因此，所谓"性善"只是一种面对崇高事物时无以言说的"叹美之辞"。文定的这种理解在儒家传统中的确是较为独特的，朱子认为文定的观点得自龟山，而龟山则得自禅师常摠。[1] 这种说法已为牟宗三、[2] 向世陵[3]等先生所驳，兹不赘述。事实上，文定并非否定性之善，而是认为此"善"不是与恶相对的那个善，亦即不是表价值判断的善。文定的观点并不难理解，因为只要将性看作超越经验现象的终极实在，就能合乎逻辑地得出"善不足以言性"的结论，所谓"东林常摠"之说，乃朱子想当然耳，并无切实根据。实际上，朱子本人也承认："本然之性固浑然至善，不与恶对，此天之赋予我者然也。然行之在人，则有善有恶。"[4] 后来王阳明讲"无善无恶心之体"也面临这个问题，方以智更是一针见血地指出："无善无恶者善之至也。"[5] 可见，此义实为本体论的题中应有之义，无论是性本论、理本论抑或是心本论，都无法回避。

文定对"性"的看法深刻影响了五峰，但五峰并没有停留在文定的理解上，而是建构了一套完整严密的性本论体系。主要表现在如下几个方面：

（1）提出"性以立有"解决存有问题。从五峰存世文集来看，"性"是明确地作为本体提出来的，其云："性，天下之大本也"[6]，"性也者，天地之所以立也"[7]。性作为宇宙的终极实在，也是宇宙万物得以成立的原因，正是在这个意义上，我们将其本体论学说概括为性本论。[8] 当然，五峰的性本论还有辟佛的深

---

[1] 黎靖德编《朱子语类》，中华书局1986年版，第2586页。

[2] 牟宗三《心体与性体》（中），吉林出版集团2013年版，第381-383页。

[3] 向世陵《善恶之上——胡宏·性学·理学》，中国广播电视出版社2000年版，第108页。

[4] 黎靖德编《朱子语类》，第2585页。

[5] 方以智《东西均注释·一贯答问》，中华书局2016年版，第457页。

[6] 《胡宏集》，第328页。

[7] 《胡宏集》，第333页。

[8] 就五峰基于性论而建立起来的哲学体系而言，的确有别于程朱理学、陆王心学与张王气学，至于是否应当另立一系，目前学界还有不同看法，部分学者并不认可"性学"或"性本论"的分系，如杜保瑞教授就认为"胡宏并没有性本论"（杜保瑞《南宋儒学》，台湾商务印书馆2010年版，第25页）。多数学者主张另立一系，但内部意见尚不统一，比较有代表性的观点是两种：一种是牟宗三的"三系说"，即将胡五峰与刘蕺山划为一系（即"五峰蕺山系"），与象山阳明系和伊川朱子系鼎足而立，代表宋明理学中的"圆教模型"。另一种观点则主张在理学、心学、气学之外再立一"性学"，主要代表人物为向世陵、朱汉民、王立新等人。

层用意。佛家认为万物本性空幻不实，五峰则针锋相对地提出"性立天下之有"，性成立的正是万物的客观实在性，而非佛家所宣称的空性实相，因此五峰强调"有而不能无者，性之谓欤!"[1] "有"是隐藏在万物背后的大共名，是对于万物的实存性的基本肯定。"万物皆性所有也"[2]，性是宇宙万物的统一性基础，性的实在性与遍在性使得整个宇宙成为一个统一的实存成为可能。

（2）提出"性气合一"解决构成问题。五峰云："非性无物，非气无形。"[3] 性是构成物的形式（内在本质或原理），气则是构成物的质料。在五峰那里，性与气是不可分割的，任何事物都是由性与气共同构成的，不存在只有质料而无形式的物，也不存在只有形式而无质料的物。五峰又说："气之流行，性为之主。"宇宙中一切生灭变化的现象背后其实是气化流行，正是气的周流不息、往来无穷造就了宇宙的运动，而气化流行则根源于性的主导，因此性与气的运动本质上是一体的。

（3）提出"性具万理"解决性理关系问题。五峰云："大哉性乎，万理具焉，天地由此而立矣。世儒之言性者，类指一理而言之尔，未有见天命之全体者也。"[4] 在五峰这里，性与理是普遍与具体的关系：性是普遍的理，理是具体的性。一方面，性是天地得以成立的根本，见性即见天地之大全；另一方面，性涵括万理，见万理方见性之全体大用。因此在五峰哲学中，是"性大而理小"，"性"取代了二程理学中"天理"所具有的超然地位，他对于"性"的理解突破了二程的理学体系。

（4）提出"性一分殊"解决一多问题。一方面，性总摄一切现象，是一切现象的共有本质，不应具有任何规定性，一旦给予性某种规定性，那它就成了某一具体的物，而不是统摄万有的性了，这就叫"性无定体"；另一方面，性一旦贯通于万物之中，就与具体事物结合而表现出不同的特点，这就是"散而万殊"。因此在

---

〔1〕《胡宏集》，第21、28页。
〔2〕《胡宏集》，第28页。
〔3〕《胡宏集》，第22页。
〔4〕《胡宏集》，第28页。

五峰那里，性可以区分为两个层次，即包括统摄万有的超越之性与散而万殊的现象之性。[1] 就人而言，亦有天命之性和人心（即伊川所言之"气质之性"）的区别。所谓"天命为性，人性为心"[2]，天地之性所赋予人的是"本然之性"。本然之性同天地之性一样，也是超越于一切对待的，不能添加任何限定，甚至不能加一"善"字，"才说善，便非本然之性"[3]，正是在这个意义上，五峰说孟子道性善是赞叹之辞。"本然之性"这个概念重在揭示宇宙的统一性与人的内在本性的贯通为一。当本然之性结合人之气禀后，构成了人的气质之性，从而表现出善恶之相。那种把五峰所讲的"性"简单地理解为"本然之性"，且认为言之"太过"的看法是站不住脚的。[4] 所谓"太过"，不过是揭示了性作为绝对实体的超越面向罢了，这是性本论的题中应有之义，若将这里的"性"替换成"理"或"心"，同样会得出类似的结论。要之，五峰的性论并不能归为某种"性无善恶"说，准确的概括应是"性超善恶"说。

（5）提出"性体心用"说以解决心性关系问题。胡五峰建立起以性为本的宇宙本体论后，又将"性本"的观点贯彻在其心性论中。前文已经提到，五峰所讲的性具有本体之性与现象之性两种用法，作为本体的性超越善恶，而作为现象的性则表现为现实人性，进而表现为念念相续的心念活动（亦即人心），而这个"人心"是有善有恶的。五峰不用"气质之性"这个概念，是因为"性"作为形上之体，无法与形而下的"气质"连用，否则就造成矛盾。但现实人性有善有恶是一个经验事实，五峰熟稔二程、横渠之学，自然明白"论性不论气，不备；论气不论性，不明"的道理，因此依据其性本论体系，既然人心是性的发用，那么用"人心"这个概念代替了"气质之性"也就顺理成章了。就此言之，五峰绝非"不

---

[1] 王立新教授则将五峰的性区分为超越之性、自然之性和经验之性三个层次：第一层次的性是天地万物无不具有的根本属性，这是最普遍、最原初的和最终极的性。第二层次是人与动物共有之性，近于自然之性。第三层次的性是经验层面的人性，属于价值判断所指涉的范围。（《从胡文定到王船山——理学在湖南地区的奠立与开展》，中国社会科学出版社 2014 年版，第 288 页。）

[2] 《胡宏集》，第 4 页。

[3] 王立新点校《胡宏著作两种》，岳麓书社 2008 年版，第 51 页。

[4] 乐爱国《朱熹评胡宏〈知言〉"善不足以言性"——旨在批评将"本然之性"与"气质之性"分成两截》，《哲学分析》2020 年第 5 期。

承认现实人性"[1]，或者不讲"气质之性之有善恶"[2]，只是它们都被收摄到了
"人心"这个概念里。质言之，五峰所说的"心用"，其实就是性的已发，也就是
二程、横渠所讲的"气质之性"，关于这一点，多数学者没能很好地理解。同样
地，五峰所说的善也并非只有现象之善，其亦有"至善"的含义，与其对性与心
的理解一样存在两个层次。朱子把恶理解为善的不完满，乃受后天气禀影响而生，
这与五峰的理解并无实质冲突。也就是说，五峰所说的恶亦是后起的，性发而不中
节即表现出恶，绝非有什么内在的根据。五峰云："好恶，性也。小人好恶以己，
君子好恶以道。"（《知言疑义》）关于此句的误解最多，朱子将这里的"好恶"
理解为一种知觉活动，从而指其混同于佛家的"作用是性"；牟宗三则理解为"好
善恶恶"。[3] 这两种理解都是有问题的。事实上，五峰意在表明，所有人的"本
然之性"都是一样的，并无君子与小人之别，但是"本然之性"表现为现实人心
却是有差别的，这个差别即通过一个人的好恶表现出来，有些人用道德来规范自己
的好恶，因此是君子；有些人的好恶则总是基于一己私欲，因此是小人。

总之，在五峰哲学中，性既是宇宙万物的本体，也是人的本然之性，因而是沟
通天人的枢纽，"性"这个概念也就贯通了他的宇宙论与心性论。胡五峰全部哲学
的起点是"性体"说，以性体贯通形上世界与经验世界的两层存有系统。"性体"
说是胡五峰在二程理学的基础上思索"天道性命相贯通"的理论成果，同时也隐
含了对抗佛家心性论的深层用意，反映了他为了抗衡佛学与挺立斯文而作出的卓越
努力。

二、中　和

"中和"问题又称"未发已发"问题。如果说性本论是五峰哲学的基础，那么

---

[1] 洪明超《"善不足以言性"还是"性善"？——对朱子批评胡宏"性"论的阐释与申说》，《知与
行》2020 年第 2 期。
[2] 乐爱国《朱熹评胡宏〈知言〉"善不足以言性"——旨在批评将"本然之性"与"气质之性"分
成两截》，《哲学分析》2020 年第 5 期。
[3] 牟宗三《心体与性体》（中），第 374 页。

"中和"说就是五峰哲学的支柱，后者建立在前者的基础之上，而二者又共同决定了其心性论的核心架构。五峰对于未发已发的讨论是从批评其老师龟山开始的，他在《与曾吉甫书》[1]中说：

> 杨先生《中庸解》谓："中也者，寂然不动之时也。"按子思说，喜怒哀乐未发谓之中，则是杨先生指出未发时为寂然不动也。顷侍坐时尝及此，谓"喜怒哀乐未发"，恐说"寂然不动"未得。[2]

五峰不同意龟山将"喜怒哀乐未发"与"寂然不动"混在一起说。在他看来，善恶是属于现象层面的东西，性作为超越之体是无所谓善恶的，"未发之中"与"寂然不动"并不是同一层次的概念。由此，五峰进一步推论，未发是就性之本体处言，而已发是就心之流行处言，既然性体是超越动与静的，那么未发之性自然也是超越动与静的，因此所谓"寂然不动"和"感而遂通"便只能是指现象层面的心而言的，从而也就不存在"静中体验未发"[3]的问题了。五峰进一步指出：

> 未发之时，圣人与众生同一性；已发，则无思无为，寂然不动、感而遂通天下之故，圣人之所独。夫圣人尽性，故感物而静，无有远近幽深，遂知来物；众生不能尽性，故感物而动，然后朋从尔思，而不得其正矣。若二先生以未发为寂然不动，是圣人感物亦动，与众人何异？尹先生乃以未发为真心，然则圣人立天下之大业，成绝世之至行，举非真心耶？[4]

五峰坚持圣人之性与众人之性本质上是同一的，未发之时心念尚未发动，只有一个先天之性，此时圣凡之间不存在差别，区别只发生在已发之后。圣人尽性，发而皆中节，所以能够寂然不动、感而遂通；普通人不能尽性，总是感物而动，思虑不定，故不得其正。五峰还从逻辑上分别指出了龟山（杨时）与和靖（尹焞）的问题。首先，龟山以未发为寂然不动，以已发为感而遂通。这意味着，在未发阶段，圣人与凡人都是寂然不动的；而在已发阶段，圣人与凡人又都感物而动，这样一来

---

[1] 《与曾吉甫书》是阐发湖湘学派工夫论的重要文献，后来朱子与湖湘学派的论战中，很多争论都是围绕信中内容所展开的，而双方的论战其实根源于对心性关系的不同理解。

[2] 《胡宏集》，第115页。

[3] "静中体验未发"被视为道南学派一脉相承的指诀，但朱子虽然重视涵养于未发的工夫，却并不像他的老师李侗（延平）那样强调静坐，而是发挥伊川的"平日涵养"说。

[4] 《胡宏集》，第115页。

就等于取消了圣凡之别。其次，和靖以未发为真心，而已发则不属于真心，如果是这样的话，那就意味着圣人所做的入世事业都不是出自真心了。通过这两个归谬，五峰否定了心分体用的观点，得出了"未发只可言性，已发乃可言心"[1]的结论。五峰虽然没有直接批评伊川，但他通过批评龟山与和靖二位先生，事实上已经否定了伊川的思路。他说："二先生，万夫之望，百世师表，所言但当信从，不可妄议其失。然审问明辨，《中庸》之训也。"[1]《中庸》"博学之，审问之，慎思之，明辨之，笃行之"一语本是做学问的一般原则，五峰在这里搬出《中庸》，其用意正是借这部儒家圣典来打破弟子对于二程门人的盲目信从。五峰在心性问题上极其慎重，尝称"心性二字，乃道义渊源，当明辨不失毫厘"[2]，他已经意识到了自己与伊川的差别，但经过"反复究观"，仍然坚持自己的观点。由此亦可看出，五峰并不唯二程是从，理论的一贯与自洽才是他首要考虑的问题。

五峰这种"性为未发，心为已发"的观点，其实是伊川早年的观点。伊川晚年因吕与叔之疑重新思考这个问题，转而提出心有体亦有用的说法，其云："心一也，有指体而言者（自注：寂然不动是也），有指用而言者（感而遂通天下之故是也），惟观其所见如何耳。"[3] 也就是说，当心指体而言时，是寂然不动的状态，当心指用而言时，是感而遂通的状态。因此，心是贯通未发和已发的。后来伊川的弟子基本上接受了其晚年的说法，上述龟山、和靖便是如此。五峰与程门中人虽然都认为寂然不动和感而遂通指心而言，但分歧仍然是主要的。归结起来，双方分歧主要有二：一是未发之中与寂然不动是否指同一个东西，龟山、和靖等人都持肯定看法，文定、五峰父子则持否定看法，认为喜怒哀乐未发之中不能等同于寂然不动。二是双方对心的看法有所不同，程门认为心分体用，并且贯通已发未发；五峰则认为心只是用，没有未发之体的意义。在五峰看来，性是本体，而心是性的流行

---

〔1〕《胡宏集》，第 115 页。
〔2〕《胡宏集》，第 115 页。
〔3〕《二程集》，第 609 页。

发用，性是隐而不显的未发之体，心是显而不隐的已发之用，[1] 性体之发用是无意识、无定向的，落在人身上，则以心的活动为意识、为定向，此所谓"性之流行，心为之主"。[2] 由此可见，五峰的"性体心用"说其实是由其"中和"说推理而来：由于未发是指性，而性是体，已发相对未发是用，相应地，已发之心相对于性体而言也必然是用了，这就可以合乎逻辑地得出"性体心用"的结论。

五峰心性论最为精彩之处，还属"心以成性"说。其云："心也者，知天地，宰万物，以成性者也。"[3] 性动而为心，心反过来又著成性，这使得自明道以来语焉不详的心性工夫落实到了心性转化上来，且吻合孟子"尽心知性知天"的思路。正是在这个意义上，五峰哲学被牟宗三推许为正统。五峰所谓的"宰"，是指心的主宰作用，揭橥了心的主观能动性。心在五峰哲学中，具有遍在、永恒、知觉、能动诸义，[4] 而"心以成性"揭示的正是心的能动义。五峰云："天命之谓性，流行发见于日用之间。"[5] 本然之性虽是本体，但处于潜藏的状态，还有待心的"著成"，若"无心之形著之用，则性体流行亦只潜隐自存而已耳"。[6] "心以成性"在五峰这里既是心性论，又是工夫论，朱子不讲"心以成性"，他的工夫论便只能另寻出路，后几经辗转，才最终在伊川那里找到了主敬与致知二途。朱子后来便以此来反对胡五峰，彻底否定了"心以成性"说。

---

[1] 这里值得指出的是，在五峰的心性论中，由于性体属于未发，本质上只是一种潜能意义上的本体。心虽然相对性而言是用，但当良心之苗裔呈现时，心体被主体体证为"仁体"，因此心的确也具有体的意义，只是这个心体是已发之体，而不是朱子所讲的未发之体。心体的潜能义在理学家那里是较为普遍的，如陆九渊的本心、王阳明的心体等皆含此义。在日常生活中，良心常随着习心汩没，这其实是心体尚未呈现自身的状态，当良心呈现出来，主体通过"返身自证"，觉察到良心的存在，良心便将心体占为己有。这就是牟宗三所说的"逆觉体证"的进路。本体的潜能义与已发未发问题是联系在一起的，理学家将未发视为本体，也就包含了将本体视为潜能的要求。要之，"潜能"一义于心性论而言是不可或缺的，却较少为学人所重视。

[2] 《胡宏集》，第22页。

[3] 《胡宏集》，第328页。

[4] 牟宗三总结五峰所说的"心"具有"大"与"久"两性："大"者言其绝对的普遍性，"久"者言其永恒无尽性，"大"是横说，"久"是纵说［参见牟宗三《心体与性体》（中），第357-358页］。陈代湘则将之总结为至大、遍在、永恒三个特性［参见方克立、陈代湘《湘学史》（一），湖南人民出版社2008年版，第208页］。

[5] 《胡宏集》，第39页。

[6] 牟宗三《心体与性体》（中），第359页。

朱子的批评主要集中于三点：一是"尽心"的目的不是"成性"。朱子认为"孟子尽心之意，正谓私意脱落，众理贯通，尽得此心无尽之体，而自其扩充，则可以即事即物，而无不尽其全体之用焉尔"[1]。可见，朱子是以"格物致知"来理解孟子的"尽心知性"，这与五峰从"心以成性"入手来理解"尽心知性"是有本质区别的。二是心有体亦有用。朱子云："程子之意，亦指夫始条理者而为言，非便以'尽心'二字就功用上说也。今观此书之言尽心，大抵皆就功用上说，又便以为圣人之事，窃疑末安。"[2] 朱子认为，心贯通动静、贯通已发未发，因此心不能仅仅视为性的发用。三是情字无下落。朱子云："旧看五峰说，只将心对性说，一个情字都无下落。后来看横渠'心统性情'之说，乃知此话有大功，始寻得个情字下落，与孟子说一般。"[3] 朱子从自己的体系出发推出了"心统性情"的结论，后又在横渠那里获得旁证，益加确信自己的理论，最后将心、性、情三者的关系确定为"性是心之体，情是心之用"，从而彻底抛弃了五峰的"性体心用"模式。当然，五峰并非不言情，他也说"识心之道，必先识心之性情""心妙心情之德"等，相关说法还曾得到张栻、吕祖谦的称许，只是五峰的心性论乃紧扣孟子"尽心知性知天"说而发，因此最终确立为"心性对扬"的格局。有学者认为，五峰既云"善不足以言性"，这样一来必然割裂"性"与现实相对之"善"的关联，使得人性之善无法获得超越层面的价值肯定。[4] 其实，在五峰这里，现实人性与天命之性并非毫无关联，二者通过修身工夫发生关联，本然之性虽然超越于现象界，但并非不能达到，否则就等于抹杀圣人的存在和圣学工夫的必要了，"心以成性"正是由下学而上达的自我肯定、自我提升的成人之路。

五峰还从"已发言心，未发言性"出发推出了"理欲同体"的观点。由于未发状态尚无欲望、念虑之萌动，这个阶段正是《乐记》所言"人生而静"以上事，

---

〔1〕《胡宏集》，第328页。

〔2〕《胡宏集》，第328页。

〔3〕《朱子语类》，第92页。

〔4〕 洪明超《"善不足以言性"还是"性善"？——对朱子批评胡宏"性"论的阐释与申说》，《知与行》2020年第2期。

因此并无所谓天理、人欲之分，故曰"同体"。[1] 也就是说，在未发状态下，对于任何个体来说，在性体上是没有差别的。但在已发阶段，性体动而为心，圣人发而皆中节，凡人则发而不中节，凡圣由此分途，出现了"异用"，五峰所说的"体用"是针对未发已发而言的。朱子将五峰的"理欲同体"说理解为天理与人欲"混为一区"，[2] 显系误读。在五峰看来，天理代表了人性上的合理性，但人欲并不能就此排除在人性之外，至少在未发状态下，人欲是合理的，而在已发状态下，凡人若要恢复本然之性，就必须使其意念、行为皆"中节"，这就强化了修身养性的必要性。五峰在本体论上为人欲争得了一席之地，在理学范围内对人欲做了最大的肯定，这是有理论贡献的。过去批判理学，经常结穴于"存天理，灭人欲"一语，这句话能否代表理学家的最终观点此处暂且不论，单就五峰而言，"存天理，灭人欲"其实应当理解为"存天理，制私欲"。后来刘蕺山说"天理人欲，同行而异情，故即欲可以还理"[3] 便延续了五峰这一思路，至于牟宗三以此句表示儒家的圆教境界，则属别有所见，不在此论范围。

三、察　识

朱子在《与湖南诸公论中和第一书》中批评湖湘学派工夫论时提出了两点重要理由，即"未发之前不可寻觅"与"已发之后不容安排"。[4] 对于后者，湖湘学派是不认同的，而前者倒正是湖湘学派在工夫论上始终坚持的一个原则。由于未发之性不可界定、不可寻觅，因此性体就不能成为工夫的对象，修养工夫便只能放在已发之后，而心属已发，因此修身工夫都在"心"上做，这一思路被湖湘学派归结为"察识"，也就是对自身意识的检察反省。[5]

---

[1] 朱子的理解固然有误，但是牟宗三先生将"同体"解释为同一"事体"，恐亦非是。[参见牟宗三《心体与性体》（中），第374页。]

[2] 《胡宏集》，第330页。

[3] 《刘宗周全集》第3册，浙江古籍出版社2012年版，第348页。

[4] 顾宏义编《朱熹师友门人往还书札汇编》（六），上海古籍出版社2017年版，第3237页。

[5] 胡宏的察识工夫与刘宗周的"诚意"工夫本质上都是对意识的检察反省，属于"返身自证"（或曰"逆觉体证"）一路，正是在这个意义上，二者被牟宗三归结为同一种工夫理路。

湖湘学派工夫论实则包括了"察识"与"涵养"两段工夫。二者有着逻辑上的先后关系，因此又被称为"先察识后涵养"。其中"察识"包括正反两个方面：正的方面是察识良心之萌蘖，即从正面体证内在于自我的良知本心，如"乍见孺子将入于井""齐王不忍牛之觳觫"等，这叫"察识仁体"；反的方面则是察识错误念头，即从观察自己或他人的过错入手，进而躬身向内体证良知本心，这叫"观过知仁"。至于"涵养"，则是在体证到良知本心之后仍不放松，继续存养扩充以至于事事物物。五峰认为，存养是一个长期的过程，功深日久自然就能带来气质的变化和境界的提升，甚而达到"与天地同"的境界。五峰这一工夫论正是紧扣孟子的"尽心知性""存心养性"与明道"先识仁"之理路而来。要之，察识与涵养皆在自心上用功，换言之，二者的作用对象都是自身之意识。

朱子对于湖湘学派上述工夫论多有批评。总结起来，他与湖湘学派"涵养"说的主要分歧有二。一是涵养何物。湖湘学派主张涵养良知本心（或曰本心、仁心），朱子则主张"平日涵养"。湖湘学派认为，心无非道心（良知本心）和人心（经验之心）这两种状态，修养的关键便是以道心对人心加以观照并克制，这便是"以心观心"。[1] 良知本心本质上是性体的呈现，而经验之心既含有良知本心又含有习心。本心无法直接涵养，而经验之心则不能不加分别地涵养，因此修身的入手处便是区分本心和习心，故而湖湘学派强调"先识仁体"，识得仁体之后，再加以存养，这一思路正是发挥明道的"学者须先识仁"[2] 说。朱子则认为湖湘学派这一工夫论不具有普遍有效性，因为这一工夫论的前提是"先识仁体"，如果有人终身无法察识良心之呈现，也就意味着这些人终身无法做工夫。因此朱子主张用"持敬"来代替"察识"，从根本上杜绝良知本心的陷溺。二是涵养于何时。涵养工夫作用于已发之时还是未发之时？或者简言之，是"事前涵养"还是"事后涵养"？双方持截然相反的观点，朱子认为心既有已发阶段，也有未发阶段，因此未发与已发皆须涵养，且应以未发时涵养为本；湖湘学者则认为，未发阶段的良知本心还只是潜藏的状态，善端尚未显露，根本不能为人所察觉，因此也就无从涵养，

---

[1] 朱子与湖湘学派关于"以心观心"问题的争论，笔者已在另一篇论文中详细论述，此不赘述，参见拙文《湖湘学派"觉仁"说探析》，《中国哲学史》2021 年第 5 期。
[2] 《二程集》，第 16 页。

故而涵养工夫只能在已发之心上做，由于湖湘学派不甚强调未发阶段的涵养，故常被朱子批为"缺却平日涵养一段工夫"。

必须承认，朱子的批评的确有合理之处，例如对平日涵养的强调，那种包括洒扫、应对、进退等在内的广义的涵养无疑是有益于身心修养的，且为历代大儒所重视。后来南轩也吸收了朱子的正确意见，主张涵养与察识"并进"。[1]。但朱子的工夫论也并非尽善尽美：首先，朱子的"主敬涵养"是没有具体对象的，"敬"只是一种纯粹的心灵状态，并不指向特定对象，因此涵养的对象可能是良知本心也可能是习心，从理论上来讲有欠周密。其次，由于朱子拒绝承认"心以成性"，只强调以"主敬涵养"来提撕此心，将修身工夫化约为一种收敛凝神的方法，关注涵养的形式而不重视涵养的内容，事实上消解了心性工夫中的价值指向，故吴晦叔有"闭目坐禅"[2]之评，牟宗三亦有"空头涵养"[3]之讥。更重要的是，表面上看，朱子否定的是湖湘学派"心以成性"说，实质上却也否定了孟子与明道所确立的"立乎其大"与"先识仁"的工夫论原则，而这也正是牟宗三等人所不满的地方。再次，朱子将心主要视为一种知觉，[4]亦即具有认识功能的经验之心，而不太强调心的主观能动义，并且由于"尽心"这一环节的缺失，致使"心不能在其工夫论中占有主导地位"[5]，心的宰制义、能动义始终不能透显，人的主观能动性被大大减弱，这就造成了主观受制于客观、良知本心不能豁显畅达的缺憾，从而为陆王心学的发展预留了理论发展的空间。

结　语

从以上分析可以看出，胡五峰的理学思想环环相扣，体系严密。朱子与湖湘学派的论战，本质上是两个理学体系之间的论战。双方所论，互有优劣，但并无绝对

〔1〕《张栻集》，中华书局 2015 年版，第 1133 页。
〔2〕《张栻集》，第 1206 页。
〔3〕 牟宗三《心体与性体》（下），第 193 页。
〔4〕 陈来《朱子哲学研究》，生活·读书·新知三联书店 2010 年版，第 248 页。
〔5〕 吴震《朱子思想再读》，生活·读书·新知三联书店 2018 年版，第 154-155 页。

的是非之分。朱子对湖湘学派的本体论与工夫论皆予以否定，认为其在本体论上"大本已失"，在工夫论上则混同禅学，从而使得论战演变为是非之争。加之这些争论背后还可能隐藏了争夺学术话语权的动机，从而使得论战有了"争正统"的意味。直到现代，湖湘之学仍被史家评为"具有非正宗的倾向"[1]。平心而论，胡五峰的哲学体系虽然规模不大，但胜在缜密严实，相较于程门弟子，表现出了较强的独创性。朱子评价五峰"善思"，这的确是一语中的，正因其善思，故其于性命之理的阐发颇为一贯而系统，确有不可移易者在，即便侧身于"北宋五子"当中，也不能夺其光彩。胡五峰的性学体系与朱子的理学体系，虽有规模上的差异、观点上的分歧，但二者皆是二程理学乃至先秦儒学的重大发展，二者在许多基本问题上是一致的，他们之间的同远远多于异。五峰强调对儒家精神的准确领会，而不是向佛、老取经，[2] 因此他对于二程的某些门人出入佛老不以为然，并有意识地与之拉开距离。他的这种独立思考、不盲从前贤的态度正是性本论产生的主观原因。当然，胡五峰的性本论虽然不同于程朱，却并没有超出儒家的范围。要之，与其以朱子学为标准去衡鉴五峰之学，从而视其为异类，不如将之视为南宋首位消化北宋理学遗产并推陈出新的理学家，这样或许更能够准确地标定其历史地位。对于胡五峰心性论的评价，既不能囿于朱子的立场，也不应代入牟宗三争正统的意图，唯有从其心性论的内在理路出发予以客观的还原才是更为恰当的诠释立场。

---

[1] 侯外庐编《宋明理学史》，人民出版社 1997 年版，第 287 页。

[2] 何俊教授指出，"胡宏的哲学在当时无疑是最深刻的，对儒家精神的把握也是最准确的。他看到了龟山及其弟子将儒学内倾化的思想取向，及时地给予了有力的纠正，这对儒家精神的持守，清理时儒混淆儒佛，无论在理论上与实践上都是至关重要的。而在胡宏的思想建构中，能够把对儒家关注现实的宗旨，通过本体确立于过程这一思想的提出与论证，具有巨大的深刻性，它不仅是为南宋儒学在理论上超越北宋奠定了基础，南宋中期儒学的建设如上所言正是他的思想基础上的两个推进"。（何俊《南宋儒学建构》，上海人民出版社 2013 年版，第 105 页。）

船山、程朱于颜子"不迁怒不贰过"诠释歧异钩沉

陈力祥　陈　平*

[内容提要]

　　孔子以"不迁怒不贰过"盛赞颜回"好学",对这个问题的诠释,船山与程朱之歧异有三:在"不迁怒"问题上,船山以"理御气"辩程朱的"性其情";在"不贰过"问题上,船山以"颜子之过"在"身"驳程朱的"颜子之过"在"心";在价值指归上,船山以"功效双显"完善程朱的"效验处见工夫"。船山与程朱关于颜子"不迁怒不贰过"问题诠释的歧异,实则是船山力图在性情论上对程朱性重于情的思想倾向进行纠偏,同时,也着力于在工夫论层面纠正程朱对"形""气"的忽视。船山的诠释对"不迁不贰"的内涵做了进一步深化,他将"不迁不贰"归结为功效双显,实则是强调为学并无终点,而是一个环环相扣的过程。

[关键词]

王船山;程朱;不迁怒不贰过;性情;工夫

* 陈力祥,湖南大学岳麓书院教授,博士生导师;陈平,湖南大学岳麓书院博士研究生。本文系湖南省社科基金项目"王船山笃孝思想研究"(20YBA045)阶段性成果。

引 言

　　孔子盛赞颜回"好学",并以"不迁怒不贰过"加以佐证,但孔子并未解释为何"不迁怒不贰过"是"好学"的表现。程颐曾在《颜子所好何学论》中,试图从为学的真正目的与入圣的基本门径两个方面对这个问题进行回答。程颐认为:为学的真正目的不是玩味辞章,而是要"学以至圣人之道"[1]。圣人"可学而至",为学之道最重要的就是"正其心,养其性"[2],程颐将这种工夫称为"性其情"。"性其情"就是以人自身天赋的"仁义礼智信"之道德理性去约束人的形体在接触外在事物后产生的"喜怒哀乐爱恶欲"之情。因此,程颐认为颜回"不迁怒不贰过"就是以性制约情,这是孔子称赞颜回"好学"的原因。朱子的诠释基本也是从程颐提供的思路切入,此后,大部分学者对颜回"不迁不贰"的理解,基本上因循程朱的诠释思路。

　　但是,船山在这个问题的诠释上突破了程朱之学的拘囿,展现出与程朱不一样的诠释面向。剖析程朱与船山对"不迁不贰"问题诠释的不同面向,不仅可以更深入地理解孔子以"不迁不贰"盛赞颜回"好学"的原因,也可以管窥理学家对"性情""理气"等重要范畴的不同理解,从而更加深刻地认识到经典中诸多问题的诠释向度和理论张力。现当代亦有学者以此章为据,从心性修养阐释儒学之学的,如:钱穆认为,孔子称颜渊为好学,而特举不迁怒不贰过二事,可见孔门之学,主要在何以修心,何以为人,此为学的。[3] 李泽厚指出,从孔子以"不迁怒不贰过"称赞颜回,可以看出"好学"指的是实践行为和心理修养;并提出,程朱以及整个宋明理学的主要倾向是将情性对立,灭情存性。[4] 此外,还有一些学

---

〔1〕 程颢、程颐《二程集》,中华书局 2004 年版,第 577 页。
〔2〕 程颢、程颐《二程集》,第 577 页。
〔3〕 钱穆《论语新解》,生活·读书·新知三联书店 2018 年版,第 127 页。
〔4〕 李泽厚《论语今读》,生活·读书·新知三联书店 2008 年版,第 176 页。

者注意到了"不迁不贰"一章的重要性，并从不同的维度进行了研究。[1] 但是，鲜有学者注意到程朱与船山在这个问题上的分歧，而这种分歧却折射出程朱与船山在"性情论""修养论"等基本问题上的差异以及对"工夫"与"境界"的不同认知。

一、船山以"理御气"辩程朱之"性其情"

在"不迁怒"的问题上，程颐从"性"与"情"的角度立论，阐发了颜子以"性"制"情"，从而达到"不迁怒"的状态。程颐认为，人天生具有"仁义礼智信"的美好品德，这种真而纯的状态在没有受外界影响的时候就是"性"。但是，人的形体在接触到外界的时候，这种本真状态就会受到影响，于是，"喜怒哀乐爱恶欲"等情感就产生了。所以，程颐认为"学之道"就是要"约其情使合于中，正其心，养其性"。[2] 需要强调的两点是：一方面，程颐并不认为"性""情"是截然对立的；另一方面，尽管程颐认为"性""未有不善"，但是也并不认为"情"一定是恶的。对此，程颐有专门论述：

问："喜怒出于性否？"曰："固是。才有生识，便有性，有性便有情。无性安得情？"又问："喜怒出于外，如何？"曰："非出于外，感于外而发于中也。"[3]

----

[1] 一是对本章词义进行训诂：如，田松对"不二过"与"不误过"两种用法进行了对比，对《论语》的原文进行了质疑（田松《"不二过"？"不误过"？》，《读书》2021 年第 10 期）。马汝军则对田松的观点进行了辨驳与纠正（马汝军《二与贰》，《读书》2021 年第 12 期）。张诒三则专门对"不贰过"进行了详细的考证（张诒三《〈论语·雍也〉"不贰过"索解》，《孔子研究》2018 年第 2 期）。二是将本章放之于思想史的衍变当中加以考察：如，杨蓉注意到汉学和宋学对颜回"不迁怒不贰过"的不同阐释角度（杨蓉《"哀公问孔"的背景及思想史内涵——以〈论语〉为讨论的中心》，《现代哲学》2011 年第 4 期）。三是从义理的层面对"不迁怒不贰过"所呈现出来的哲学意蕴进行分析：如，许家星、张勇认为颜子之所以是孔子认可的真正好学者，是因为颜子具备"不迁怒不贰过"的性情修为，颜子的不迁不贰与克己工夫紧密相连，体现了克己的效果，见证了工夫的落脚点（许家星、张勇《道学之魂"学颜子之所学"》，《哲学动态》2011 年第 9 期）。张斯珉认为，颜回"不迁怒不贰过"体现出了颜子在细微处的省察克制工夫（张斯珉《学以致圣——程颐〈颜子所好何学论〉篇解析》，《人文杂志》2017 年第 1 期）。

[2] 程颢、程颐《二程集》，第 577 页。

[3] 程颢、程颐《二程集》，第 204 页。

又论之曰:

　　性即理也,所谓理,性是也。天下之理,原其所自,未有不善。喜怒哀乐未发,何尝不善? 发而中节,则无往而不善。[1]

从第一个方面论,程颐认为"性""情"不仅不能截然对立;相反,从本质上来看,"情"出于"性",从表现形式来看,"性"又要通过"情"表现出来。从第二个方面论,程颐将"性""理"并提,说明"性""未有不善",而由"性"生出来的"情"在未发之时亦如"镜悬水止",无有善恶。情感的呈现要符合中正之道:一是要在该呈现之时自然流露,程颐以"舜诛四凶"为例,说明舜也会有怒的情感,但是舜的怒不是因为内心修养不够而产生的,而是在接之于"四凶"之后的当怒则怒。二是要做到"怒甲不迁乙"[2],即不将对一人或一事的愤怒转移到与之不相干的他人或他事之上。程颐认为,尽管这个看起来很容易,但是要做到"当怒则怒"以及"有怒不迁",就必须用道德理性去加以节制和约束,不使情感的呈现漫溢和失当。程颐认为:"小人之怒在己,君子之怒在物。小人之怒,出于心,作于气,形于身,以及于物,以至无所不怒,是所谓迁也。"[3]这是对"迁怒"更为深刻的反思,不合理的情感抒发是自己本心已经动摇或为情感所左右,当人以这种状态接之于外物时,必然会被情感所控制。如此一来,"性"的寂然不动状态就被破坏了。而君子之怒,是外界的事物投射于自身,在"性"的是非善恶判断下,人自然而然流露出来的情感。就像外界事物投射到镜子当中,镜子只是真实地呈现事物本来的面貌,镜子的明鉴功用不会被破坏。要之,程颐所论的"性其情"是在道德理性的引导下让情感的呈现适当其时与恰如其分。

　　朱子基本上认可程颐的观点,他认为喜怒哀乐都是人的正常情感,不应该强行压制,而是要做到"当怒则怒"。朱子十分重视于思虑萌动中做工夫,他认为"性其情"是要在情感发动处合理宣发自己的情感:

　　敬之问:"'不迁怒,不贰过',颜子多是静处做工夫。"曰:"不然。此正是交滚头。颜子此处无他,只是看得道理分明。……当怒即怒,当喜即喜,更无定时。

---

[1] 程颢、程颐《二程集》,第292页。
[2] 程颢、程颐《二程集》,第210页。
[3] 程颢、程颐《二程集》,第306页。

只当于此警省，如何是合理，如何是不合理。如何要将心顿放在闲处得？"[1]

朱子反对死守和压制，他认为，颜子"不迁怒"并非"不怒"。当应该表达愤怒的时候，不应该求"静"，而是要在情感宣发之时"警省"。"警省"也就是"惺惺"。朱子曰："敬则此心惺惺。"[2] 可见，要让情感的宣发合情合理，就必须时常保持诚敬之心，做到机敏警觉。程颐认为"性其情"就是"正其心，养其性"，朱子则在此基础上提出用"敬"与"警省"的方式去涵养性情，他认为这才是学者修养的明确路径。

与程颐不同的是，在性情关系上，朱子更倾向于张载的"心统性情"说：

> 性是未动，情是已动，心包得已动未动。盖心之未动则为性，已动则为情，所谓'心统性情'也。欲是情发出来底。心如水，性犹水之静，情则水之流，欲则水之波澜，但波澜有好底，有不好底。[3]

朱子"心统性情"说并不能理解为"心"是"性"与"情"的统帅，而是说作为主体知觉的"心"具备动与静两个方面的功能：静者为未发，是性；动者为已发，是情。程颐认为情在未发之时是无所谓善恶的，但是朱子却认为"情有善恶，性则全善"[4]。之所以会有这种差异，是因为在程颐看来，"情"也有已发未发之分，如程颐指出，"喜怒哀乐未发，何尝不善？发而中节，则无往而不善。凡言善恶，皆先善而后恶"[5]。可见，情感在未发的时候是没有善恶属性的，只有在情感宣发之后，才有善恶之分。但是朱子明确指出"情有善恶"。在讲到"怒"的时候，朱子曰："怒是个难克治底。所谓'怒，逆德也'。虽圣人之怒，亦是个不好底事物，盖是恶气感得恁地。"[6] 正是因为"怒"是"逆德"，是"不好底事物"，因此朱子认为"怒"是要克制的。如此一来，是否就与朱子所认可的"当怒则怒"相矛盾呢？实则不然，试析之：

> 问："……颜子之学见得此理分明，必欲约其情以合于中，刚决以克其私。私

[1] 黎靖德编《朱子语类》卷30，中华书局1986年版，第772页。
[2] 黎靖德编《朱子语类》卷18，第402页。
[3] 黎靖德编《朱子语类》卷5，第93页。
[4] 黎靖德编《朱子语类》卷5，第90页。
[5] 程颢、程颐《二程集》，第292页。
[6] 黎靖德编《朱子语类》卷30，第773页。

欲既去，天理自明，故此心虚静，随感而应。或有所怒，因彼之可怒而怒之，而己无与焉。……为学工夫如此，可谓真好学矣。"曰："所谓学者，只是学此而已。伊川所谓'性其情'，大学所谓'明明德'，中庸所谓'天命之谓性'，皆是此理。"[1]

朱子引入"气"的范畴，说明怒的产生是人感得"恶气"，这个时候情已经偏离了正道，因此，在这种情况下所呈现出来的情感必然不符合中正之道。这时，人就要以内心的道德理性引导自己的情感，让情感的抒发合乎道德理性，确保情感的萌发不掺杂私欲。因此，朱子所说的克制并不是克制情感本身，而是要克制在私欲影响之下的情感失当。只有私欲去除殆尽，才能呈现出心之本体虚静的状态，只有心之本体虚静无染，才能客观地评判事物本来的面貌，方能做到事事皆合于理。尽管在程朱视域下，性和情并非截然对立，但是程朱的基本倾向是以"性"约束或引导"情"的表达，这一观点也是程朱一派对"性其情"的基本态度。

船山则在"性"与"情"的关系问题以及颜子"不迁怒"的问题上给出了不同的解释。船山恪守气本论，以阴阳理论来阐释性情关系：

情元是变合之几，性只是一阴一阳之实。……性自行于情之中，而非性之生情，亦非之感物而动则化而为情也。[2]

又曰：

故知阴阳之撰，唯仁义礼智之德而为性；变合之几，成喜怒哀乐之发而为情。性一于善，而情可以为善，可以为不善也。[3]

可见船山并不认可程朱"情"出自"性"的观点，也不认可"性"接触外物而产生"情"的说法。我们看到，无论是"情出自性"还是"性感物而生情"，"性"与"情"始终都具有实在性。但是，船山认为"性"是"一阴一阳之实"，而"情"则是"变合之几"。这样看来，只有"性"具有实在性，"情"则只是一种内部机制。所以在阴阳二气的变动中，仁义礼智之德是"性"，而阴阳二气的变动不居则是"情"。船山云："阳之摈阴，先之以怒；阴之干阳，先之以喜。喜者气

---

[1] 黎靖德编《朱子语类》卷30，第776页。
[2] 王夫之《读四书大全说》卷10，中华书局1975年版，第674页。
[3] 王夫之《读四书大全说》卷10，第677页。

升，怒者气沉；升者亲上，沉者亲下；各从其类以相际。"[1] 喜怒之情不过是阴阳二气升降浮沉、强弱较量的结果。船山认为，情感的变化能够体现"性"："于性见性易，于情见性难；不迁怒，则于情而见性。"[2] 孔子能够透过颜回"不迁怒"的外在表现，发现颜子纯粹的资质，这就是"于情见性"。继而，船山又提倡"循情定性"。船山曰："见情者，无匿情者也。是故情者，性之端。循情而可以定性也。"[3] 所谓"见情"不仅是要发现自己的情感端倪，也要看到他人的情感变化，这样才不至于埋没情的功用。船山认识到，颜子"不迁怒"的状态是自身情感的稳定呈现，因此孔子透过颜子"不迁怒"的状态，洞悉颜子的本性，是"循情而定性"。

既然"性""情"不对立，"情"也非"性"所生，那从理论基础上讲，程朱以"性其情"论颜回"不迁怒"就并不成立。船山对这个问题的阐述，仍然从气本论出发，提出了"理以御气"的观点：

> 若吾心之虚灵不昧以有所发而善于所往者，志也，固性之所自含也。乃吾身之流动充满以应物而贞胜者，气也，亦何莫非天地之正气而为吾性之变焉合焉者乎？……虚灵之宰，具夫众理，而理者原以理夫气者也，理治夫气，为气之条理。则理以治气，而固托乎气以有其理。[4]

船山认为，人心虚灵不昧，可应万事万物，这是"性"之本然状态。而气贯于一身，周流不殆，在应事接物时所体现出来的恰恰就是"性"的状态。虚灵之宰实际上就是指人心，船山认为心体圆满，众理兼具，尽管有气才有理，但是理是气流行贯通的内在依据，所以从这个层面说，在气运行的过程中，理在内部是起到调节作用的。船山曰："理居盈以治气，乃不迁怒；理居中以察动，乃不贰过。"[5] "理居盈"是指在"气"的流行中，"理"能够主宰"气"的运行方向和呈现状态，所以"不迁怒"的状态不是"性其情"而是"理御气"。船山论道："怒者缘

[1] 王夫之《周易外传》卷1，中华书局1977年版，第33-34页。
[2] 王夫之《读四书大全说》卷10，第281页。
[3] 王夫之《诗广传》卷2，中华书局1964年版，第43页。
[4] 王夫之《读四书大全说》卷8，第531-532页。
[5] 王夫之《读四书大全说》卷5，第278页。

己之有余。气有余者，众人之怒也；理有余者，圣人之怒也。其以攻己之所异，则一而已矣。今不敢谓颜子之无异于圣，然不迁怒者，圣学之成，圣功之至也。颜子非学圣而何学？学而不与圣人合，何云好学？区区于此较量浅深，固矣夫！"[1]船山认为怒的产生有两种情况：一种是"气有余"；一种是"理有余"。"气有余，则将与理扞格而不受其复"[2]，这个时候气与理相抵牾，气处于漫溢不受控制的状态，所以怒之情也会不受约束，这是常人之怒。而圣人之怒是"理有余"，理充盈则可以制约气，此时，怒的宣发始终在理的节制之下，所以情不会漫溢。因此，船山指出："唯奉理以御气，理足在中而气不乘权，斯可发而亦可收，非天理流行充足者不能也。"[3] 显然，颜子身上所体现出来的恰恰是"理御气"的状态，颜子之所以能够做到"不迁怒"，是因为理不受气的干扰与控制，情的呈现是"可发而亦可收"的自然状态。船山曰："以理御气，周遍于万事万物，而不以己私自屈挠，天之健，地之顺也。"[4] 能做到"以理御气"，就能够在应事接物的过程中不掺杂自己的私欲，达成健顺之道。从这个意义上看，颜子之境界已经达到了圣人的境界，其工夫也达到了圣学之工夫。

船山用"理以御气"来阐释"不迁不贰"，最主要的考虑在于：性、情的范畴不易把握，若将为学之工夫过多地执着于"性情"之上，必将导致空谈。而"气"是可以在日常生活与学习实践当中把握到的，这样一来，人们可以在具体的事物当中来做"学"的工夫，因此"学"也就变得实在起来。

二、船山以"颜子之过在身"驳程朱"颜子之过在心"

在"不贰过"的问题上，朱子的学生叶贺孙曾请教朱子"不迁怒，不贰过"与"三月不违仁"之别，朱子答道："只一个是死后说，一个是在生时说。"[5] 朱

---

〔1〕 王夫之《读四书大全说》卷5，第280页。
〔2〕 王夫之《读四书大全说》卷5，第278页。
〔3〕 王夫之《读四书大全说》卷5，第278页。
〔4〕 王夫之《张子正蒙注》卷5，中华书局1975年版，第169页。
〔5〕 黎靖德编《朱子语类》卷30，第771页。

子之意是，夫子盛赞颜回"不迁怒，不贰过"是一句盖棺定论的话，说明孔子见过颜回有不善的地方，然后也发现颜回不会重复犯错，因此才会给出颜回"不迁怒，不贰过"的定论。船山对此说得更为直接明了："盖不迁怒者，因怒而见其不迁也；不贰过者，因过而见其不贰也。"[1] 这说明，朱子和船山一致认为颜回确有"过"。

但是，在颜回有何"过"的问题上，朱子和船山有较大分歧。朱子指出："过只是过。不要问他是念虑之过与形见之过，只消看他不贰处。"[2] 朱子将"过"分为两种：念虑之过与形见之过。朱子没有明确解释两者到底为何，但是船山对此进行了说明，船山曰："盖曰'心统性情'者，自其所含之原而言之也。乃性之凝也，其形见则身也，其密藏则心也。"[3] 因此，念虑对应的是"心"，形见对应的是"身"。黄榦曾对程颐及游酢"不贰过论"进行过评述：

> 伊川曰："颜子之怒，在物不在己，故不迁。有不善未尝不知，知之未尝复行，不贰过也。"游氏曰："不迁怒者，……不贰过者，一念少差而觉之早，不复见之行事也。盖惟圣人能寂然不动，故无过。颜子能非礼勿动而已，故或有不善始萌于中，而不及复行，是其过在心，而行不贰焉。"但其间正心、修身之说，若以不贰过作正心，不迁怒作修身，亦可。……今从伊川游氏之说。……先生曰："游说不贰过，乃韩退之之意，与伊川不同。伊川意却与横渠同。"[4]

程颐认为颜回在有差失之后能够察觉，然后不让其再犯。游酢则认为，颜回在念虑萌发之前便已觉察到了差失的存在，并及时将思虑的差失克制住了，因此不会让这种错误见之于事。根据游酢的说法，颜回是无过的，这显然与程颐的说法大相径庭。进而，游酢又解释道，颜回能够以礼克制自己念虑上的偏差，即便是有偏差也不会让这种偏差见之于事，所以他认为，颜回"是其过在心"。基于这种理解，黄榦总结为，颜回"不贰过"是"正心"之事，并认为程颐和游酢的理解都是正确的。但是朱子洞悉了程颐之说与游酢之说的差别，并认为游酢之说不妥。朱子将程

---

[1] 王夫之《读四书大全说》卷5，第274页。
[2] 黎靖德编《朱子语类》卷30，第766页。
[3] 王夫之《读四书大全说》卷1，第8页。
[4] 黎靖德编《朱子语类》卷30，第777-778页。

颐、游酢之说与张载、韩愈之说进行类比，认为程颐之说与张载之说更为接近，而游酢之说与韩愈之说更为接近。下录张、韩二说析之：

（张载）昔谓颜子不迁怒为以此加彼，恐颜子未至此地，处之太高，此则直是天神。颜子未必能寂然而感。故后复以为不迁他人之怒于己。不贰过，不贰己之过，然则容有过，但不贰也，圣人则无过。[1]

（韩愈）故惟圣人无过。所谓过者，非谓发于行，彰于言，人皆谓之过而后为过也，生于其心则为过矣。故颜子之过，此类也。不贰者，盖能止之于始萌，绝之于未形，不贰之于言行也。[2]

张载认为颜子还未到圣人境界，因此未必能够在接之于事的时候做到寂然不动，所以颜回心有偏差，并且这种偏差已经见之于事。韩愈则认为颜回固然心有偏差，但是能够在偏差萌动之初及时克制，所以不会见之于事。尽管张氏与韩氏、程氏与游氏之说有差异，但是有一点是他们共同认可的，即颜回之过在念虑。

朱子亦认同颜回之过在念虑：

问"三月不违仁"。曰："三月，只是言久尔，非谓三月后必违也。此言颜子能久于仁尔，虽念虑之间间有不善处，却能'知之而未尝复行也'。"[3]

又：

问："颜子之过如何？"曰："伊川复卦所言自好。未到'不勉而中，不思而得'，犹常用力，便是心有未顺处。只但有纤毫用意处，便是颜子之过。"[4]

朱子认为，圣人应事接物都是符合中正之道的，因此圣人能够做到从容舒泰。颜子之所以会存在念虑之过，就是颜子还未达圣人之境，因此需事事提防、警醒，这种状态不免拘迫、不自然。朱子指出："人之持敬，若拘迫，则不和；不和，便非自然之理。"[5] 可见，圣人之境自然宽大、从容不迫，无需事事检点提防。

船山不赞成"颜子有念虑之过"之说，他批评朱子后学许衡"颜子虽有心过，

〔1〕 张载《张载集》，中华书局1978年版，第317-318页。
〔2〕 韩愈著，刘真伦、岳珍校注《韩愈文集汇校笺注》卷4，中华书局2010年版，第529页。
〔3〕 黎靖德编《朱子语类》卷31，第781页。
〔4〕 黎靖德编《朱子语类》卷30，第771页。
〔5〕 黎靖德编《朱子语类》卷22，第516页。

无身过"的主张，并认为许衡是"以愚贼之心诬圣贤"。[1] 这表明，船山在"颜子有何过"的问题上走向了程朱一系的反面。

首先，船山区分了两个重要概念："过"与"失"。船山认为："心动于非，迷而谁觉之乎？心之有恶，则谓之慝，不但为过。若其一念之动，不中于礼，而未见之行事，斯又但谓之此心之失，而不成乎过。过者有迹者也，如适楚而误至于越也。"[2] 心中奸邪，这个叫作"慝"，念虑萌动不合于礼，但又未见之于事，这称之为"失"，"慝"与"失"都不是"过"。船山认为，"过"是有迹可循的，是行为上的偏失。念虑萌动产生的差失不可见，但行为上的偏失则不可以掩藏。船山进一步指出："倘于心既有不可复掩之愆，徒于容貌动作之间，粉饰周遮，使若无瑕疵之可摘，是正孔子所谓乡原。"[3] 如果心中已经产生了过错，但是在行为举止上又对这种内心的过错加以掩饰，让别人看起来没有瑕疵可以挑剔，这就变成了伪君子。船山这个论述指出程朱一系在颜子"不贰过"问题上的理论缺陷，即，如果认为颜子心有过错，但在应事接物中又以君子的形象出现，那么颜子就是伪君子，这显然是非常荒唐的。船山之所以要对"过"与"失"进行区分，是要力证颜子之过不是"心过"而是"身过"。

其后，船山又分析了为何颜子之过不是"心过"，而是有见于形的"身过"。船山指出：

盖唯颜子心德已纯，而发见于外者，不能几于耳顺、从心之妙，则如曾子袭裘而吊之类，言动不中于礼者，时或有之；乃其心体之明，不待迟之俄顷，而即觉其不安，是以触类引申，可以旁通典礼，而后不复有如此之误矣。[4]

颜子心德纯正，具备上等资质。因此，船山曾赞美颜子："既能得之于己，则至道皆成家珍，了了识念，使以之立教，可无恍惚亿中、不显不实之病矣。"[5] 颜子不仅资质高，而且能对大道了然于心，所以不会在思虑处有不中正的地方。但是，

---

〔1〕 王夫之《读四书大全说》卷5，第280页。
〔2〕 王夫之《读四书大全说》卷5，第280页。
〔3〕 王夫之《读四书大全说》卷5，第280页。
〔4〕 王夫之《读四书大全说》卷5，第281页。
〔5〕 王夫之《读四书大全说》卷2，第95页。

在伦常日用当中，颜子的言行举止有可能做不到完全符合礼节的规定。船山举曾子"袭裘而吊"的例子，说明即便是德行很高的人，在视听言动中也偶尔会出现不当之处。只不过如颜回、曾子这样心体明净的人能够很快意识到自己言行举止的不当之处，然后产生不安的心理，并以此为戒，触类旁通，不让这样的错误再犯。

最后，船山从气禀说的角度分析了"身过"产生的原因。船山曰：

（许）衡云"无身过易"，何其谈之容易也！心者，性情之所统也，好学者之所得而自主也。身者，气禀之所拘，物交之所引者，形质为累，而患不从心。自非盛德之至，安能动容周旋而一中于礼！故以曾子之临深履薄，而临终之顷，且忘易大夫之箦。[1]

人受形气的牵累，在应接事物的时候往往不能完全遵从于自己的内心。当然，船山也指出："虽气禀物欲相窒相梏，而克自修治，即可复健顺之性。"[2] 尽管人身受气禀的拘束，没有办法做到"动容周旋"都符合礼的要求，但是只要克己修身，也能够复归于健顺之性。

船山之所以认为颜回之过在身而不在心，一方面是他认识到现实生活中的人都要受形气的约束，因而不可避免地会出现差失。另一方面，船山认为"念虑之过"不易发现，若将心过隐匿不外露，那么势必会导致很多人成为名副其实的道德伪君子。

三、船山以"功效双显"深化程朱的"效验见工夫"

程朱与船山对"不迁不贰"的诠释，最终回归到了工夫与效验的问题之上。船山曾指出："朱子既云'不迁怒、贰过，是颜子好学之符验'，又云不是'工夫未到，而迁怒贰过只且听之'，只此处极不易分晓。"[3] 这说明船山认为朱子对"不迁不贰"是工夫还是效验的问题阐述并不清晰。为何船山认为朱子在这个问题上会出现并不圆融的阐述，船山又是如何定性"不迁不贰"的呢？

---

[1] 王夫之《读四书大全说》卷5，第281页。
[2] 王夫之《张子正蒙注》卷1，第5页。
[3] 王夫之《读四书大全说》卷5，第274页。

　　工夫与效验的问题是理学家十分重视的问题，朱子将"工夫—效验"的探讨贯穿于其经典诠释大系当中。在诠释颜子"不迁不贰"的问题上，朱子曰：

　　不迁不贰，非言用功处，言颜子到此地位，有是效验耳。若夫所以不迁不贰之功，不出于非礼勿视勿听勿言勿动四句耳。[1]

又曰：

　　问："学颜子，当自'不迁怒，不贰过'起？"曰："不然。此是学已成处。"又问："如此，当自四勿起？"曰："是。程子云：'颜子事斯语，所以至于圣人，后之学者宜服膺而勿失也。'"[2]

朱子很明确地将"不迁不贰"归之于效验，也就是说，达到"不迁不贰"之境界便是颜子"学已成处"。至于如何才能达到"不迁不贰"之境，朱子认为应当做到"非礼勿视勿听勿言勿动"。朱子之所以将"四勿"当作工夫，将"不迁不贰"当作效验，是因为"不迁不贰"已是"不动心"状态。显然，工夫是要见之于行的，朱子曰："行之于身谓之行，措诸天下谓之事。"[3] 工夫要于事上见，而非礼勿视听言动，恰恰就是在事上见工夫。朱子认为"四勿"是"身之用"，是"由乎中而应乎外，制于外所以养其中"[4]。因此，"四勿"实则是"正心""养性"之事，而"不迁不贰"则是"正心""养性"之后的事，从次第上讲，"四勿"是工夫，"不迁不贰"是效验。

　　尽管朱子认为"不迁不贰"是效验，但是，朱子的本意还是要将修习的重点落实到工夫之上。朱子认识到，对大多数人来说，根器尚浅，若无工夫的加持，则难做到学以至圣。因此，朱子发现，"不成道我工夫未到那田地，而迁怒、贰过只听之耶？"[5] 当克己工夫还不成熟的时候，就不能达到"不迁不贰"的境地，因而，这个时候需要管照自己的情感与心境，在不迁怒、不贰过上下功夫。朱子曰："须是子细体认他工夫是如何，然后看他气象是如何，方看他所到地位是如

[1]　黎靖德编《朱子语类》卷30，第767页。
[2]　黎靖德编《朱子语类》卷30，第767页。
[3]　朱熹《四书章句集注》，中华书局1983年版，第307页。
[4]　朱熹《四书章句集注》，第132页。
[5]　黎靖德编《朱子语类》卷30，第767页。

何。……颜子固是于念虑处少差辄改。而今学者未到颜子地位，只须逐事上检点。"[1] 达到"不迁怒不贰过"境界就会宽大从容，自然舒泰，但是这只是圣人和资质上乘的人所达到的境界。对于大部分人来说，还是需要时时警醒，事事用力，确保自己在应事接物中无过失，视听言动皆符合中正之道。朱子也明确指出："非礼勿视听言动，是夫子告颜子，教他做工夫。要知紧要工夫却只在这上。"[2] 因此，日常用功之处就是要做到非礼勿视听言动，若动容周旋皆中于礼，自然就会功到效成。

船山则明确指出，"不迁怒，不贰过"既是效验，也是工夫。船山认为，不迁怒是在怒之后，考察其是否"迁怒"；不贰过则是在有过之后，考察其是否重复犯错。但是如果人在没有怒、没有过的时候，就一无所学吗？显然不是。船山认为，学习是一个不间断的过程，颜回能做到"有不善未尝不知"，在知道自己存在不足之后又能做到"知之未尝复行"，前者是学已成处，是效验，后者是用力之处，是工夫。基于此，船山指出，颜子"不迁不贰"是"亦效亦功，并行不废"的。船山认为，尽管朱子在"不迁不贰"是效验还是工夫的问题上有些前后不一致，但是内在逻辑却是圆融的：

若无怒、无过时，岂便一无所学？且舍本以治末，则欲得不迁而反迁，欲得不贰而又贰矣。故曰"却不是只学此二事。不迁不贰，是其成效"。然无怒无过时，既有学在，则方怒方过时，岂反不学？此扼要处放松了，更不得力。故又曰"但克己工夫未到时，也须照管"。总原要看出颜子心地纯粹谨严、无间断处，故两说相异，其实一揆。[3]

又云：

朱子不说效验之语，为问者总把这两件说得难，似无可下手处，而一听之克己既熟之后，则直忘下临几加慎一段工夫，故不嫌与前说相背。[4]

显然，船山在这里有断章取义之嫌，因为朱子始终坚持"不迁不贰"是效验，而

---

[1] 黎靖德编《朱子语类》卷30，第769页。
[2] 黎靖德编《朱子语类》卷30，第768页。
[3] 王夫之《读四书大全说》卷5，第274页。
[4] 王夫之《读四书大全说》卷5，第275页。

用功之处在非礼勿视听言动之上的论断。但是，船山在朱子的基础上，对理论的深度做了推进。一方面，船山认为，从横向来看，学习的广度不应当局限于达到"不迁不贰"之境地，"不迁不贰"只是学成之后所达到的一种状态，从这个层面看"不迁不贰"是效验。另一方面，船山又指出，从纵向来看，学习的深度是层层推进的，朱子曾说"一层了，又一层"，因而即便是到了"不迁不贰"的境地之后，也要格外用功。从这个层面看，"不迁不贰"又是为学的一个环节，也可以说是达到更高境界的修习工夫。船山以发展的眼光，将"不迁不贰"放之于学圣乃至成圣的全过程当中加以考察。继而，船山总结道："怒但不迁而即无害于怒，效也；于怒而不迁焉，功也；则亦功、效双显之语也。然夫子于颜子既没之后，追论其成德，则所言功者，亦已成之词矣。"[1] 这既是船山对"不迁不贰"是效验还是工夫这个问题的总结，也是船山对此之定论。

船山将颜子"不迁不贰"定性为"功效双显"，这说明为学的过程是环环相扣的，"不迁不贰"不仅是颜子克己为学所达成的效验，也是颜子在"学以至圣"的过程中用功至深的表现。

结　语

船山以鲜明的气本论的立场对程朱视域下"不迁不贰"之诠释进行了理论辨析与完善。一方面，船山将气本论融入对"性""情"的诠释当中，以阴阳二气之消长运动作为"性""情"产生和变化的原因。在"颜子之过"的问题上，也以气禀说解释颜子之过在"形迹"而不在"念虑"。气本论的优势在于，无论是谈本体，还是谈心性，都可将探讨的对象归之于可循、可见之物。船山认为，无论是正心还是养性，最终都是要见之于行的，这样的修习才有价值、有意义。在学术追求上船山并不满足于心性修习，船山认为颜子"不迁不贰"是"以理御气"，而非"性其情"，其原因恰恰是因为"性""情"是不见形迹的，而"气"则是具体的。"以理御气"就是要把修习放到具体生活当中，去从容应对有形有迹的伦常日用。

---

[1]　王夫之《读四书大全说》卷5，第275页。

另一方面，船山又将"不迁不贰"放于"学以至圣"的全过程。他认为"不迁不贰"是功效双显，这说明学习的环节是层层推进的，即便是到了"不迁不贰"之境界，也需勤加用功，时时警觉。船山的这种理解也对理学中"效验"与"工夫"的理论做了重大的推进。

关于颜子"不迁不贰"的讨论还涉及颜子是否是"圣人"的讨论。尽管程朱与船山并未在这个层面加以详细探讨，但是程朱与船山围绕"不迁不贰"对"学"的本质、为学工夫、为学效验等层面的论述却为颜子是否是"圣人"的问题做了很好的理论铺垫。在颜元、戴震等思想家对颜子的画像中，可以看到程朱与船山的思想痕迹，同时也能看到思想家对这个问题所做的进一步深化。这些都很好地体现出中国哲学在发展的过程中"照着讲"与"接着讲"交相辉映的魅力。

自然、习性与政教：王船山的夷夏观探析

郭 征[*]

[内容提要]

面对明清鼎革的现实，王船山将夷夏问题作为其思考的重心之一。在对待九州外夷狄的态度上，船山强调"夷夏之防是古今之通义"。在论述严夷夏之防的理由时，船山除了凸显不同自然地域之上形成的不同族群之外，还围绕人性论展开深入的论述，试图将中国何以成为中国等问题纳入。这表明船山的夷夏观背后有着更为深刻的问题意识即文明的延续问题，而自然地域、人性论及圣王的政教传统构成其思考夷夏问题的主要线索。

[关键词]

王船山；夷夏观；自然地域；人性论；礼乐教化

---

* 郭征，华侨大学哲学与社会发展学院讲师，哲学博士。本文系国家社科基金重大项目"明清朱子学通史"（21&ZD051）的阶段性成果。

生逢明清鼎革之际的王船山，将他所处的时代视作华夏文明传统的衰亡。[1]
如何认识周边民族与华夏民族之间的文明关系问题即传统所谓夷夏问题，始终构成
其思考的重心之一。在思考夷夏问题时，船山既着眼于自然区域上形成的不同种
族，以此作为严防夷狄的理由；又试图将文化传统的存亡、中国何以成为中国等问
题纳入，从而使其提出的"夷夏之防是古今之通义"这一核心观点呈现出深刻的
内涵。

目前学界已从不同角度对船山的夷夏观进行了深入研究。例如以船山解释
"春秋"学的著述为研究内容，指出王夫之对清朝入主中原的强烈不满和存续中华
文化的良苦用心[2]；从文教的角度指出，"文野之分"而非"民族沙文主义思想"
是王夫之华夷之别的最本质区别；[3] 从华夏地理区域与文化传统联系的角度指
出，"仁义之德只施于华夏，为了保仁义之德必得保华夏"[4]；从"华夷之辨包含
着文教、种族、地理三个层面"的角度指出，明清之际，"夷夏之辨的文教意义和
种族意义得到了双重的突显"；等等。[5] 在前人的研究基础上，本文试图以人性
论为线索，围绕自然地域、习性和政教等三个面向，系统地展现王船山思考夷夏问
题的逻辑建构。

一、自然地域与生活习性：种族意义上的夷夏之别

王船山对夷夏关系的思考，建立在他对身处不同地理区域的人们的品性、性情
做出区别的基础上：

> 天以洪钧一气生长万族，而地限之以其域，天气亦随之而变，天命亦随之而
> 殊。……地形之异，即天气之分；为其性情之所便，即其生理之所存。[6]

〔1〕 船山没有直接评论明朝失去天下这一事件，但是他对南宋的灭亡有不少议论，两者承载了相似的
道理，即"汉唐之亡，皆自亡也。宋亡，则举黄帝、尧、舜以来道法相传之天下而亡之也"。王
夫之《宋论》，《船山全书》第11册，岳麓书社2011年版，第335页。
〔2〕 张学智《王夫之〈春秋〉学中的华夷之辨》，《中国文化研究》2005年第2期。
〔3〕 吴根友《王夫之"文明史观"探论》，《中国哲学史》2020年第1期。
〔4〕 林安梧《王船山人性史哲学之研究》，东大图书股份有限公司1991年版，第67页。
〔5〕 唐文明《彝伦攸斁——中西古今张力中的儒家思想》，中国社会科学出版社2019年版，第124页。
〔6〕 《读通鉴论》，《船山全书》第10册，第485页。

中国之与夷狄，所生异地；其地异，其气异矣；气异而习异，习异而所知所行蔑不异焉。乃于其中亦自有其贵贱焉，特地界分、天气殊而不可乱。[1]

船山指出，被阴阳五行之气所生养的人类自成一类，因而身处不同族群的人们具有共通的普遍人性，人类构成了与植物或其他动物相区别的存在，即"人者动物，得天之最秀者也"[2]。但是不同的地域环境使得天气在不同地方的表现也有所不同，人们在性情禀赋方面呈现出地域特殊性；在现实生活中，居住在不同区域的人由此形成了世代相因的不同的风俗传统。两者共同塑造出人类族群的地域性一面，最终展现为夷夏百姓在习得道理以及具体行为等方面产生了区别。

船山强调，由于夷夏之民无法进行相互有效的感通，导致夷夏百姓间生活习性的隔阂被无限放大，有时达到无法相信夷狄任何行为的地步。[3] 与此同时，生活于九州之内的人们之间有了更密切的联系：

天地之情，形见于山川，而情寓焉。水之所绕，山之所蟠，合为一区，民气即能以相感。中国之形，北阻沙漠，西北界河湟，西隔大山，南穷炎海，自合浦而北至于碣石，皆海之所环也。形势合，则风气相为嘘吸；风气相为嘘吸，则人之生质相为俦类；生质相为俦类，则性情相属而感以必通。[4]

可以看出，中国在地理上是由山水环绕形成的相对封闭的区域构成，由于被相同的天之气所生养，人们在性情禀赋等方面具有共性，这使得生活于中国区域内的百姓自成一类。进而，同类之间是可以感通的，这也意味着生活于中国与中国之外的民人之间存在着气质上的隔阂。

当王船山用这种视角来看待夷夏问题时，就将夷夏的不同分为两个层面，即不仅将其视作地域、种族的差别，而且深入到性情的区别。通过呈现地理区域塑造出的不同族群，王船山指出夷夏之防主要围绕九州内之夏与九州外之夷展开。

在船山看来，不同族群占据着天地间的各类地理区域，[5] 生长于不同的自然

---

[1]《读通鉴论》，《船山全书》第 10 册，第 502 页。

[2]《张子正蒙注》，《船山全书》第 12 册，第 104 页。

[3] "非我类者，心不可得而知，迹不可得而寻，顷刻之变不可得而测；与处一日，而万端之诡诈伏于谈笑，而孰其知之?"《读通鉴论》，《船山全书》第 10 册，第 467 页。

[4]《读通鉴论》，《船山全书》第 10 册，第 126 页。

[5] "夫既有其土，则必有其人以居之。"《读通鉴论》，《船山全书》第 10 册，第 761 页。

环境，使得不同族群的民人之间形成了不一样的生活习性。对于华夏与周边的夷狄来说，表现为居住在草原上的夷狄形成了猛悍、粗犷、生活简略等习性，即"朔漠荒远之乡，耐饥寒、勤畜牧、习射猎，以与禽兽争生死"[1]，这与华夏百姓在农业耕作中形成的习性有了极大的区别。因而对于华夏与夷狄来说，对地理区域的保护，也让百姓有了适合其习性的栖身之地。由此船山建立起地理区域、人的性情以及后世生活方式之间的紧密联系：

> 语曰："王者不治夷狄。"谓沙漠而北，河洮而西，日南而南，辽海而东。天有殊气，地有殊理，人有殊质，物有殊产，各生其所生，养其所养，君长其君长，部落其部落，彼无我侵，我无彼虞，各安其纪而不相渎耳。[2]

在论述夷夏之防这一行为的必要性时，船山试图展现出温和的面向，即通过严防九州外的夷狄，随之分别保存了适合中国人与夷狄成长的土地和生活。在同样作为人类的意义上，夷狄的生活也有意义，当他们没有对中国造成切实的危害时，不能以不同种族的借口去残害他们的生命。因而，中国与九州外夷狄之间理想的相处方式是各安其所，达到"两相忘、交相利"的状态。在此基础上，船山说道：

> 有一人之正义，有一时之大义，有古今之通义；轻重之衡，公私之辨，三者不可不察。以一人之义视一时之大义，而一人之义私矣；以一时之义视古今之通义，而一时之义私矣；公者重，私者轻矣，权衡之所自定也。……不以一时之君臣，废古今夷夏之通义也。[3]

船山将严夷夏之防的论点放在公私、轻重的角度进行讨论。在他看来，当一人之义、君臣之义与夷夏之防发生冲突时，后者显然居于更高的地位。相对于一人或者一时之义，夷夏之防有着更为普遍的根基。换言之，出于保护华夏族群、保护适合中国人生存的土地以及华夏与夷狄之间不可感通等缘由，船山强调"夷夏之防是古今之通义"。

总体上来看，王船山在思考夷夏关系的时候，他把视野更多地放在了华夏民族与周边的游牧民族关系上。此外，船山论述的夷夏关系还包括九州内之夏与九州内

---

[1]《读通鉴论》，《船山全书》第 10 册，第 436 页。
[2]《宋论》，《船山全书》第 11 册，第 174 页。
[3]《读通鉴论》，《船山全书》第 10 册，第 535—536 页。

之夷这一面向，这使得他的夷夏观念还具有一层历史的厚度：

> 以中夏之治夷，而不可行之九州之外者，天也。其不可不行之九州之内者，人也。[1]

> 越之不可不收为中国也，天地固然之形势，即有天下者固然之理也。……顾使山围海绕、天合地属之人民，先王声教所及者，悍然于彝伦之外，弗能格焉。代天子民者，其容恝弃之哉！[2]

可以看出，虽然九州内的百姓之间也存在着夷与夏之分，作为古今通义的夷夏之防这一原则只适用于九州外的夷狄。在他看来，由同一块山水环绕的地形所塑造出的天气孕育着九州内的夷夏民人，即便他们的生活方式暂时存在着文野之别，但这并不意味他们属于不同的种族，九州内之夷拥有着成为华夏百姓的潜在可能。船山指出，对于九州内的蛮夷，是践行用夏变夷的原则还是贯彻防备夷狄的方针，是由不同的历史条件决定的：

> 居重驭轻，先内后外，三代之法也。诸侯各君其国，势且伉乎天子；故县内之选，优于五服，天子得人以治内，而莫敢不正，端本之道也。郡县之天下，以四海为家，奚有于远近哉？[3]

在此段材料中，船山着重凸显了封建制下天子与诸侯分治天下这一境况，此时天子更多依靠道义、礼制而非政治集权来维持政治秩序。在船山看来，封建制下的天子需要依照内外、轻重的次序来实现天下的治理；对于此时的天子来说，理应首先关注王畿内的治理，而非九州内蛮夷的文教状况。也就是说，尽管九州内的戎狄与华夏人民属于同一族群，没有使其进于文明并不构成天子的失职。对于郡县制下的帝王来说，情况却发生了不同。

总之，船山强调九州与九州之外族群意义上的区别背后有着形而上学方面的考虑。一方面，由于山川形势、水土风气的影响，不同区域的人们形成了具有不同性情禀赋和生活习性的族群，因而夷夏之别是天地之情的体现，为了保护适合华夏百姓生存的土地，需坚守夷夏之防。另一方面，由于九州内人们气质相似，礼乐教化

---

[1]《宋论》，《船山全书》第 11 册，第 175 页。
[2]《读通鉴论》，《船山全书》第 10 册，第 126–127 页。
[3]《读通鉴论》，《船山全书》第 10 册，第 792 页。

必须施及九州内之夷；然而封建与郡县时代所处时势的不同，虽然用夏变夷的理想应在九州内践行，但是在封建时期不得不防九州内之夷。船山的种族意义上的夷夏之别，正是建立在地理区域的界定以及封建、郡县的辨析基础上，围绕儒家的夷夏之防观念展开的。

二、圣王与政教：文明野蛮意义上的夷夏之别

船山在强调严防夷狄的必要性时，经常将衣冠礼乐与九州地理区域放在一起论述，这意味着中国这块地理区域承载着更多的意义："同为人类，而何以待之严也如此哉？唯彼不知有父，不知有君，是以膺之也。"[1] 船山强调由于夷狄的生活没有围绕人伦展开，因而即便夷狄同样作为人类，也需要严夷夏之防。当船山以文野之分作为夷夏之别的理由时，随之而来的问题是：文明从何而来，以及夷狄为何不能进于中国。

在船山看来，五帝三王之前，九州内外虽然形成了不同的族群，但严格来说这仅是作为人类意义上的不同种族。他说："唐虞以前，无得而详考也，然衣裳未正，五品未清，婚姻未别，丧祭未修，狉狉獉獉，人之异于禽兽无几也。"[2] 此时，中国百姓与九州外夷狄在行为上都表现为"直情径行"，船山将其称为"戎狄之道"。

但是圣王的出现改变了这一局面："五帝、三王劳其神明，殚其智勇，为天分气，为地分理，以绝夷于夏，即以绝禽于人，万世守之而不可易，义之确乎不拔而无可徙者也。"[3] 船山指出，人的性情禀赋与风俗传统，除了受地形、天气的影响之外，还会受到礼乐政教的影响。圣王"为天分气"，通过政教传统不断变化着生养人的天之气，气之理随之发生改变，进而使得华夏百姓逐渐摆脱野蛮的状态。

对于在中国区域内文明产生前后，人、夷狄、禽兽之间的关系，船山说道：

> 故吾所知者，中国之天下，轩辕以前，其犹夷狄乎！太昊以上，其犹禽兽乎！

---

[1] 《四书训义》，《船山全书》第 8 册，第 396 页。
[2] 《读通鉴论》，《船山全书》第 10 册，第 763 页。
[3] 《读通鉴论》，《船山全书》第 10 册，第 536 页。

禽兽不能全其质，夷狄不能备其文。文之不备，渐至于无文，则前无与识，后无与传，是非无恒，取舍无据，所谓饥则呴呴，饱则弃余者，亦植立之兽而已矣。……文去而质不足以留，且将食非其食，衣非其衣，食异而血气改，衣异而形仪殊，又返乎太昊以前，而蔑不兽矣。[1]

在他看来，中国历史上以太昊、轩辕为分界点，人们的生活呈现禽兽、夷狄、人三种形态。禽兽于人之为人的"质"尚不完全，夷狄有人之"质"而文不备，人之为人则在于他能文质兼备。此处的禽兽、夷狄是指远离文教的生活状态，而非强调种族上的差别。虽然夷狄先天具有质朴、不同于禽兽的一面，但是倘若没有"文"的规范，人们很容易丧失质朴的状态，以至于失去是非之心、沦为只知饥饱的禽兽。这里的"文"指的是"君臣父子之伦、诗书礼乐之化"。由此可以看出，船山强调礼乐教化对于人们生活的意义。

由此，在塑造和延续文教的意义上，圣王、圣人的作用得以彰显："河北者，自黄帝诛蚩尤以来，尧、舜、禹敷文教以熏陶之，遂为诸夏之冠冕。"[2] 船山指出，自黄帝以来圣人不断展开的政教生活，使得华夏族群持续受到熏陶，从而具有了可以进于文明的性情；对于中国来说，礼乐教化与九州区域合二为一、不能分离。在此意义上，严防夷狄的背后更具有了保护文明传统的意义，这意味着必须保护五帝三王之天下。

但是以此作为严防夷狄的理由带来了另外一个问题：既然文教的功用对于人们来说有着重要的意义，为什么不能使夷狄进于中国？在性、情、习、气的论述框架下，船山对此作出解释：

天以其阴阳五行之气生人，理即寓焉而凝之为性。故有声色臭味以厚其生，有仁义礼智以正其德。[3]

人之皆可为善者，性也；其有必不可使为善者，习也，习之于人大矣。……故曰："习与性成。"成性而严师益友不能劝勉，醲赏重罚不能匡正矣。[4]

---

〔1〕《思问录》，《船山全书》第 12 册，第 467 页。
〔2〕《读通鉴论》，《船山全书》第 10 册，第 976 页。
〔3〕《张子正蒙注》，《船山全书》第 12 册，第 121 页。
〔4〕《读通鉴论》，《船山全书》第 10 册，第 374-375 页。

在船山看来，阴阳五行之秀气在孕育人类生命的同时，也赋予了其仁义礼智的善性，以及声色臭味的自然欲求，这意味着每个人都具有为善的能力与可能，理论上夷狄也拥有进于文明的可能。但是对于人性的实现，并不是对于完美无缺的先天之性的复归，而是需要在后天的生活之中磨炼展开，即"人的在世过程就是一个不断地受命成性的过程"[1]。在此意义上，圣王开启的政教传统，使得生长于华夏的民人远离了茫然无知的生存处境，进入了一个成就人性、彰显自身存在的历史之中。

与此相对，"夷狄之有余者，猛悍也；其不足者，智巧也。非但其天性然，其习然也。性受于所生之气，习成于幼弱之时"[2]，"先天之性天成之，后天之性习成之也"[3]。上述材料中，"非但其天性然"的"天性"指的是受到不同区域的天气所熏染的天赋能力，"先天之性"的"性"指的是人们所禀受的仁义礼智的善性，"后天之性"的"性"指的是人们在生命历程之中不断塑造出来的人性。可见，尽管每个人的天命之性都是善的，但是由于受到地理的区隔以及后天生活中不同习染的影响，最终成就着华夏与夷狄的不同品性。

在他看来，文野意义上的夷夏之别，不仅仅体现为两种不同的生活方式，它同时也在时刻影响着人们的行为习惯：

> 以要言之，天下之大防二，而其归一也。一者，何也？义利之分也。生于利之乡，长于利之涂，父兄之所熏，肌肤筋骸之所便，心旌所指，志动气随，魂交神往，沉没于利之中，终不可移而之于中国君子之津矣。[4]

> 天与之才，习成其性，不可移也，此之谓天秩，此之谓人官。帝王之所以分理人物而各安其所者，此而已矣。[5]

由生活环境塑造出来的人性，意味着九州外夷狄将对利益的考量作为行动的准则，他们的行为被利益牵引，从而不可能踏入君子之道。换言之，人性的形成除了禀受天的洪钧之气，也受到后天习染的影响，在悠久的历史中，夷狄由于其生活的

---

[1] 陈赟《回归真实的存在——王船山哲学的阐释》，复旦大学出版社2007年版，第302页。
[2] 《读通鉴论》，《船山全书》第10册，第90页。
[3] 《读四书大全说》，《船山全书》第6册，第964页。
[4] 《读通鉴论》，《船山全书》第10册，第503页。
[5] 《读通鉴论》，《船山全书》第10册，第855页。

地理环境以及逐利的后天生活方式的缘故，最终形成了远离文明的人性。

当船山具体探讨圣王的行为与人们生活之间的联系之后，继而把"继善成性""习与性成"等观点纳入讨论的范围，[1] 从而完整地展现出他将人性问题与夷夏关系联系起来的思路。

首先来看他对人性的分梳，天以洪钧之气孕育了人类族群，在这一层面人类都有着禀受仁义礼智之善性的普遍性一面，此时夷夏之间只是不同族群意义上的区别，他们都有着实现善性的可能。在具体的生活中，华夏的区域性及圣人彰显的生活方式打开了实现人的普遍性的可能；比较而言，由于九州外的周边民族完全受到自然区域、生活环境的影响，其失去了进于中国的可能，只能限于所在的特殊地域性之中。

其次展现在对待九州外夷狄的态度上，王船山虽然有时从人的普遍性这一角度来看待夷狄，指出当他们不再构成威胁之时不能残害他们的生命。但是船山更重视人的地域性是否可以通往人的普遍善性这一面向，他强调后天的习染、生活环境最终塑造出人的性情。

总之，王船山的夷夏之别更多出于文化上的考量，强调作为文明实体的中国具有的意义。在他看来，圣王的出现让中国这块土地不再处于荒蛮状态，中国进入了承载价值的历史进程之中。为了保护已经存在于这块土地上的文化传统，也为了保存华夏之民实现人的普遍善性的可能性，需要严夷夏之防。

三、防备夷狄与延续文明：作为古今通义的夷夏之防

王船山强调，仅仅诉诸防止夷狄的侵入中国这一政治手段，并不能完全实现保

---

[1] 冯琳指出，在船山看来"我们的道德诉求并不是如何恢复孟子所说的先验的道德本性，即如何'成命'；而是'成性'，即如何在后天的社会实践和道德实践中实现人性和完成人性"。参见冯琳《"一本万殊，而万殊不可复归于一"——王船山的人性论及其形上基础研究》，《文史哲》2018 年第 6 期。更多涉及船山人性论思想的研究，参见陈来《诠释与重建：王船山的哲学精神》，北京大学出版社 2014 年版；林安梧《王船山人性史哲学之研究》；陈赟《回归真实的存在——王船山哲学的阐释》；周广友《王夫之"继善成性论"中的哲学建构》，《中国哲学史》2020 年第 3 期。

护文化传统的目的。在船山看来，当华夏之民把追求利益而非践行仁义作为有德与否的标准时，这便意味着中国面临着沦为夷狄的可能，即"'何知仁义，以享其利者为有德。'犹且自诩孝慈以倡率天下，中国之不狄、人之不禽也，几何哉?"[1]可以看出，对文明的延续最终使得中国成其为中国。

与此同时，天之气、人之性情并非固定不变，礼乐教化的延续面临着诸多挑战：

> 民之易动于犷悍惝淫、苟简喙息，而畏礼法之检束，亦大化之流所易决而难防也。古之圣王忧之切，故正其氏族，别其婚姻，域其都鄙，制其风俗，维持之使若其性。而民之愚也，未能安于向化而利行之也。[2]

船山指出，人们的本性中先天还含有易动难静、追逐情欲的面向。具体到生活中，体现为百姓倾向于躲避礼法带来的约束处境以及对获取利益的向往。圣王通过礼乐教化改变了人们的生活方式，从而使得人们在生活实践中实现其普遍的善性成为可能。尽管如此，对于人们来说，过分追逐情欲的诱惑依然存在。可以看出，文明的生活方式并不是一劳永逸的，人性中对于情欲过分追求的倾向，会使得其延续遭到断裂的危机。

由此，船山强调严防夷狄进入中国具有的意义。他说"盗贼之与夷狄，亦何以异于人哉? 志于利，而以动人者唯利也"[3]。在他看来，夷狄追逐利益的习性与华夏民众好动难静的天性相合，与先王"节情正性"的礼乐教化背道而驰；如果夷狄与内地民众杂居相处，会使得华夏百姓受后天习染的影响趋利弃义，人们面临着退为夷狄的可能。船山强调，较之夷狄直接入侵中国，夷狄与华夏百姓的杂居会造成更隐蔽且更大的危害。[4]

因而，对于后世统治者来说，作为古今通义的夷夏之防不仅包含着对于华夏百姓生活区域的保护、对于夷狄的防备，还包含了另一层面的内涵，即君主需要持续不断地努力承担起礼乐教化的职责。他接着说：

---

[1] 《读通鉴论》，《船山全书》第10册，第838页。
[2] 《读通鉴论》，《船山全书》第10册，第272页。
[3] 《读通鉴论》，《船山全书》第10册，第918页。
[4] "祸莫重于相引，而相害者为轻；害知御，引不知避也。"《读通鉴论》，《船山全书》第10册，第272页。

耳目口体之各有所适而求得之者，所谓欲也。君子节之，众人任之，任之而不知节，足以累德而损于物。[1]

立说者之患，莫大乎忿疾一时之流俗，激而为不必然之虑，以鄙夷天地之生人，而自任以矫异。于是刻核寡恩成乎心，而刑名之术利用以损天地之和。……唐初略定，夙习未除，又岂民之固然哉？伦已明、礼已定、法已正之余，民且愿得一日之平康，以复其性情之便，固非唐虞以前茹毛饮血、茫然于人道者比也。[2]

船山指出，人们对情欲的欲求本身并没有好坏之分，最终呈现为好抑或是坏，取决于人们在生活中实现情欲的尺度。尽管百姓的天性中有着追逐情欲这一面向，在生活中人们有时也会展现出不好的行为，但这并不是君主刻薄对待百姓的理由，他必须创造良好的环境，努力帮助百姓追求其普遍的善性。船山强调，夷狄的威胁是持续不断的，不能因为夷狄的暂时衰落而沾沾自喜、放松警惕，[3] 统治者需要践行固本自强之道，通过切实的责任担当防止百姓的夷化：

人不自畛以绝物，则天维裂矣。华夏不自畛以绝夷，则地维裂矣。天地制人以畛，人不能自畛以绝其党，则人维裂矣。是故三维者，三极之大司也。昔者周之衰也，誓诰替，刺雅兴，镐京沦，东都徙，号祭存，纲纽佚，诅盟屡私，数圻日兼，故抱器服而思烹溉者，日恻恻然移玉之为忧。而圣人之所深长思者，或不在此。作《春秋》，明王道，内中夏，外戎狄，疑号者正其辜而终徕之，外会者斥其贱而等摈之。[4]

在船山看来，人类与他物、华夏与夷狄、君子与小人三者之间的界限是不可以被打破的，其背后体现着礼乐教化对于华夏百姓的意义。东周末年，面对周天子的衰微，孔子更为担心文化传统的存亡与延续问题，这体现在夫子作《春秋》时对待夷狄的态度以及所寄托的微言大义之中。对于后世的君主来说，君王之所以能够成为天下之君，并不仅因为他能保护百姓的生死，更重要的是在坚守华夷地理界线的同时，通过礼乐教化调和百姓的性情，彰显上天赋予百姓的仁义之心。由此可

----

[1]《读通鉴论》，《船山全书》第 10 册，第 1151 页。
[2]《读通鉴论》，《船山全书》第 10 册，第 762—764 页。
[3]"夷狄之势，一盛一衰，必然之数也。当其衰而幸之，忘其且盛而无以御之，故祸发而不可止。"《读通鉴论》，《船山全书》第 10 册，第 761 页。
[4]《黄书》，《船山全书》第 12 册，第 501—502 页。

见，船山在更为宽广的历史维度以及地理空间中持续不断地关注一个深刻的话题，即文明的延续问题。

综上，从明清鼎革的现实出发，王船山在思考夷夏关系时，将视野放在华夏民族与周边游牧民族的关系上，他甚至用了"可禅可继可革而不可使夷类间之"的观点来表明对待种族不同的夷狄时应该采取的坚决态度。[1] 在船山所处的时代，华夏文化传统可能遭受的冲击，使他更注重严夷夏之防的面向。在他看来，虽然圣人开创的礼乐教化具有普遍性的维度，它并不是只能存在于中国的特殊生活方式，但是在悠久的历史中，九州外的周边民族在不同的地域中以及在逐利的生活环境中被世代塑造，最终形成了不可进于文明的人性。

因此，地理和种族意义上的中国作为一个历史性存在，船山试图为保全此种意义上的华夏寻求更深刻的依据，并最终将目光落脚在对文化传统的关切上。船山强调，"今族类之不能自固，而何他仁义之云云也哉"[2]。换言之，地理区隔意义上的夷夏之防是为了让礼乐传统有一个最低限度的依存之地。在他看来，圣王、圣人彰显的生活方式成就了中国，当文明的延续中断之后，中国与九州外夷狄之间除了种族不同之外，并不具有更多的意义。

---

[1] 《黄书》，《船山全书》第 12 册，第 503 页。
[2] 《黄书》，《船山全书》第 12 册，第 538 页。

书院与儒学

庙学相依，毓圣化民

——尼山书院的历史演变及运行机制论析

蔡佳辰　傅永聚[*]

[内容提要]

依托孔子及儒家文化发源地而建的尼山书院，历史悠久，源远流长。虽起源较早，但成型较晚。就其建筑规制而言，尼山书院是典型的"庙学合一"，颇具中国风格和中国气派。从其历史定位来看，尼山书院是重在祭祀、兼具教化、偶有讲学的纪念性书院。它不是传播思想的讲学机构，也不是科举取士的备考机关，只是一个春秋两季为祭祀和纪念孔子及先圣先贤而专门设置并内含民间教化的场所。书院内没有日常性的师生活动，更没有走出盛极一时的硕学大儒。换言之，尼山书院具有非科举、非讲学的特点。如果说尼山书院里面有短暂的讲学活动，那么一方面它确实在讲，但另一方面更多的是纪念。作为曲阜孔庙的缩略版，尼山书院同样由孔府管理，设学录主奉祀事，并依靠祭田维系运转。

[关键词]

庙学；书院；祭祀；教化；讲学

* 蔡佳辰，曲阜师范大学历史文化学院博士研究生；傅永聚，曲阜师范大学孔子文化研究院教授，历史学博士，博士研究生导师。本文系国家社科基金重大项目（滚动资助）"历代孔府档案文献集成与研究及全文数据库建设"（13ZD108）阶段性成果。

谈及曲阜的历史文化遗存，人们最先想到的便是孔庙。不可否认，作为祭祀孔子的庙宇以及曲阜的文化地标，孔庙因与孔子和儒家文化的渊源而为世人所熟知。可以说，孔庙撑起了曲阜的半壁江山。没有孔庙，曲阜的文化底蕴就不浓厚。但需要明确指出的是，曲阜不仅有孔庙，还有书院。曲阜的书院同样是一种充满传统气息、凝聚教育意蕴、传承儒家文化的古老建筑。在儒学重振、书院复兴特别是传统文化大发展、大繁荣、寻突破、求创新的今天，这样一种特色鲜明的建筑遗存理应引起人们的重视。曲阜书院名目繁多，规模各异。既有专为教育生徒而设的讲学性书院，也有专为纪念孔子而设的祭祀性书院。在众多书院当中，创建时间最早、建筑规模最大、保存最为完整的是尼山书院。因此，本文拟以尼山书院为例，从汉文化复兴的角度，对曲阜书院的历史演变、活动扫描及其运行机制进行考察，力求最大限度地还原千年以前曲阜书院的整体面貌。

一、庙与学的兴衰沉浮：尼山书院之历史演变

历史上的尼山书院似乎并不出名。与其他书院相比，它并没有培养出许多显赫一时的名家硕儒，几百年来，始终处于默默无闻的状态。然而就是这样一所平平无奇甚至无人问津的书院，却存续了千年之久，至今仍在有序运转。究其原因，重圣迹也。尼山书院又名尼山诞育书院，距曲阜县东南六十里，坐落于尼山五老峰东麓。相传孔子降生于斯，后人为了纪念这一事迹，便在此立庙奉祀，世代相沿。尼山书院的前身是尼山孔庙。就其建筑布局而言，是典型的"庙学合一"之制。从其历史演进来看，尼山书院共经历了有庙无学、即庙为学、庙学并存、重庙轻学和庙存学废五个阶段。

（一）后周时期，有庙无学

尼山有庙，始建于后周显德年间。《阙里志》载："尼山圣庙在县东南六十里尼山之上。周显德中（954—960），鲁守赵某始于其地创庙以祀夫子。"[1] 庙的具

---

[1] 陈镐纂修《阙里志》，《四库全书存目丛书》，史部·传记类第 76 册，齐鲁书社 1996 年版，第 165 页。

体规模及修建过程，因年代久远已无从考证。在尼山建庙奉祀孔子，其初衷只是为了纪念孔子降生这一事迹。因此，尼山圣庙是一座专门祭祀的纪念性庙宇。[1] 与同一时期建立的其他文庙不同，此时的尼山圣庙里面并无读书肄业之人，所以称其为"尼山孔庙"或"尼山孔子庙"[2] 更为确切。通过尼山圣庙的名称及其性质不难发现，"庙"的存在是显而易见的。

从"学"的角度来看，尼山孔庙延师授徒的可能性微乎其微。原因在于，五代时期，战乱频仍，作为大本营的曲阜孔庙日渐式微，时兴时废，不仅得不到及时修缮，连自身运转都难以维持，更无暇顾及其他分庙。尼山孔庙也不例外，奉祀几近荒败，延师授徒更是无从谈起。其次，尼山孔庙位于尼山之上，人烟稀少，且距离曲阜东南约六十里，在交通并不便利的古代，来回往返会花费大量时间。从地势、交通等方面考量，尼山孔庙都不是一个开展日常性教育教学活动的最佳场所。而且，孔氏生员主要在家学接受教育，寻常百姓子弟则在曲阜官学接受教育。五代时期，孔氏族人多在外地为官散居，曲阜阙里仅第四十二代孙孔光嗣担任泗水主簿。直到宋代大中祥符三年（1010），孔子四十四代孙、孔氏"中兴之祖"孔仁玉第四子、时任曲阜知县的孔勖上书朝廷，请求"于家学旧址，重建讲堂。延师教授"[3]，以训孔氏子孙，朝廷准其奏。这样，孔氏族人才逐渐稳定下来，教育子孙的场所也由原来的孔氏家学改为曲阜"庙学"，地点在今曲阜孔庙之东。通过对"庙"与"学"的分析可以发现，尼山孔庙自后周时期立庙之始，便一直处于"有庙无学"的状态。

---

〔1〕 王秀萍等在《曲阜孔庙与尼山孔庙之辨析》一文中，将孔庙分为四类，即"国庙（皇家孔庙）、家庙（祖庙）、学庙和纪念性孔庙"。（王秀萍、袁磊《曲阜孔庙与尼山孔庙之辨析》，载李文主编中国孔庙保护协会第十七届年会论文集《孔庙文化功能的当代价值》，广西人民出版社 2014 年版，第 44 页。）

〔2〕 孔祥林在《世界孔子庙研究》一书中将奉祀孔子的庙宇分为五类：第一类是国立各级学校奉祀孔子的庙宇，正式名称为"文庙"；第二类是孔子故里的本庙即"至圣庙"，亦即曲阜孔庙，因"有庙无学，不能属于文庙"；第三类是孔子行迹地或纯粹为纪念孔子而建造的庙宇，但它并没有列入国家祀典，应该称作"孔子庙"；第四类是书院建造的奉祀庙宇，"虽然书院也有教育的功能，也是设在学校内，但国家没有为它制定祭祀的礼仪，不能称作文庙"，为与其他文庙有所区别，故称之为"书院孔子庙"；第五类是散居在世界各地的孔子后裔建造的奉祀家庙。[孔祥林等《世界孔子庙研究》（上），中央编译出版社 2011 年版，第 1-4 页。]

〔3〕 孔继汾《阙里文献考》，山东友谊书社 1989 年版，第 617 页。

（二）北宋时期，即庙为学

宋代重文，尊孔崇儒之风甚盛。景德三年（1006），宋真宗诏令"天下诸郡咸修先圣之庙。又诏庙中起讲堂，聚学徒，择儒雅可为人师者以教焉"[1]。各地纷纷响应朝廷号召，由郡及县，在地方官的主持下，开始了大规模的建庙兴学活动。曲阜作为圣人之乡，自然也不例外。宋庆历三年（1043），孔子第四十六代孙、袭封文宣公、时任曲阜知县孔宗愿于尼山"即庙为学"，[2] 对原有的尼山孔庙进行扩建，在"庙"的基础上增加了"学"的成分。如此一来，尼山孔庙的性质也随之发生了改变。尼山孔庙已不再是一座单纯地用以纪念和祭祀孔子的庙宇，而是作为"庙学合一"的场所，有了更高的身份认证。此时的尼山孔庙已经完成了由"庙"向"庙学"的进阶，因此，在名称上称其为尼山庙学似乎更为确切。

建成后的尼山庙学焕然一新，大成殿、讲堂、学舍等基本建筑规制应有尽有。"作新宫，有庙，有夫子之殿，有夫人之位，有讲堂，有学舍，有祭田。"[3] 此外还设有祭田，收取租银作为庙学的日常修葺之资，维系庙学的正常运转。但需特别指出的是，尼山庙学内没有修建作为藏书之所的尊经阁。这是其与寻常庙学相比的独特之处。其原因在于，尼山庙学并不开展日常性讲学活动，而是伴随春秋两祭前后才偶尔开展讲学活动。所以尼山庙学不藏书，不设藏书机构。总体来说，尼山庙学规模初具，在配置上已经达到了延师授徒的硬性标准。而紧随其后的庆历兴学，更是直接将其推上了发展的快车道。

庆历四年（1044），即尼山庙学建立后的第二年，在时任参知政事范仲淹的主持下，北宋开始了第一次兴学运动。此次兴学的首要任务是普遍设立州、县、地方学校，作为命运共同体的各地庙学自然备受关注。尼山庙学也因此获得了良好的发展契机。然而遗憾的是，庆历兴学仅存续一年之余便被迫中止。同全国大多数庙学一样，尼山庙学也随之陷入发展的低谷期。此后，北宋又相继进行了二次和三次兴学。尽管三次兴学都是"政治革新的重要组成，且伴有改革受挫、新政措施的被

---

〔1〕 徐松辑、刘琳等点校《宋会要辑稿》，上海古籍出版社2014年版，第2762页。
〔2〕 杨朝明主编《曲阜儒家碑刻文献辑录》第3辑，齐鲁书社2017年版，第377页。
〔3〕 杨朝明主编《曲阜儒家碑刻文献辑录》第3辑，第91页。

颠覆，但客观上确实助推了地方庙学的发展"[1]，最终使得各地庙学恢复了往日的生机与活力。

（三）元朝时期，庙学并存

元代是少数民族掌权的朝代，总体上奉行民族歧视的文教政策，对汉文化不加重视。尽管如此，仍有少数开明之君提倡尊孔崇儒，元朝开国皇帝忽必烈就是其中之一。中统二年（1261），为防止战争对各地庙学造成破坏，元世祖忽必烈下令保护庙学。"先圣庙，国家岁时致祭，诸儒月朔释奠，宜恒令洒扫修洁，今后禁约，诸官员、使臣、军马毋得于庙宇内安下，或聚集理问词讼及亵渎饮宴，管工匠官不得于其中营造，违者治罪。管内凡有书院，亦不得令诸人骚扰。"[2] 据资料统计，有元一代，书院总数为 406 所。[3] 就整个山东地区而言，书院的数量达 23 所之多。[4] 尼山庙学与孔子的关系最为密切，也在此时受到更多的关照。但遗憾的是，不知从何年起，由于风雨侵蚀、战乱兵革与维修不及时等诸多原因，尼山庙学也难逃衰败的结局。"自是历宋至于今，盖三百余年矣，宫不知何年废。"[5]

除元世祖忽必烈外，元朝的最后一位统治者妥懽帖睦尔同样是一位开明的君主。元顺帝妥懽帖睦尔汉文化修养极高，他执政期间尊孔崇儒，重视教育，尼山庙学由此得以重建。至顺三年（1332），孔子第五十四代孙、袭封衍圣公孔思晦上奏朝廷，请求重建尼山孔庙，置官师奉祠，并推荐江西临川人彭璠。此时正值皇位更替之际，元顺帝妥懽帖睦尔还未登基，根基不稳，无暇顾及文化教育事业，因此修庙之请便被暂时搁置。元顺帝即位后，政局渐稳，修庙事宜才被提上日程。然而，修庙立祠非寻常小事，孔思晦所请并非一朝一夕所能完成，需要经过逐级上报、层层审议等程序，才能决定是否当行。"事闻中书，送礼部议。奎章阁大学士康里公夔时为尚书，力言其事当行，议上。至元二年（1336）丙子，中书左丞王公懋德

---

〔1〕 赵国权、温玲捷《教育史域下的两宋庙学活动考》，《宁波大学学报（教育科学版）》2019 年第
 6 期。
〔2〕 王颋点校《庙学典礼》，浙江古籍出版社 1992 年版，第 12 页。
〔3〕 邓洪波《中国书院史》，东方出版中心 2006 年版，第 189 页。
〔4〕 邓洪波《中国书院史》，第 191 页。
〔5〕 陈镐纂修《阙里志》，第 297 页。

率同列执政者白丞相，置尼山书院，以璠为山长。"〔1〕孔思晦在至顺三年提出的申请，到至元二年才审议通过，前后长达四年之久，由此可见元朝政府审批程序之繁杂。

彭璠于至元三年（1337）六月到任，他安顿完毕后便立刻召集当地的乡亲父老，将庙学兴废之故告诉他们。次日，他便带领他们除荆棘、彻瓦砾，得殿门之旧基，诸舍之所在依稀可见。恰逢此时，时任山东东西道肃政廉访使的杨讷途经此地。杨讷十分热心教育事业，并以此事为己任，首出己俸以为先，其他随行官员及士民乡绅也纷纷解囊相助。"监州李彦博、邹县令张士谦与郡邑之官属，暨大宗子孔克坚、袭曲阜令克钦，宗族子孙，凡齐鲁之境贤卿大夫士民之好事者，出钱而劝成之。"〔2〕经过数月的辛苦劳作，重建工役完成。

与宋代即庙为学相比，重建后的尼山庙学规模宏敞，殿、堂、斋、塾等主体建筑完备，此外还增建了门、亭、祠、厨等附属建筑。虽曰重建，实则扩建。"作大成殿、大成门、神厨，作明伦堂、东斋、西斋、东塾、西塾，作毓圣侯庙、观川亭。"〔3〕不仅如此，还在庙学旁边单独建造了一座学宫，作为专门讲学之所。"学宫在庙之西，仿国子监制也。"〔4〕值得一提的是，尼山庙学此时的建筑布局已经不再是宋朝时期的即庙为学或庙中有学，而是右庙左学。因学宫仿国子监而建，所以与"庙"的地位不相上下。而且，此时的尼山庙学已经改头换面，有了新的称呼，叫尼山书院。由彭璠担任山长，民间俊秀子弟充当生员。因此，尼山庙学冠以书院之名，可以说是名副其实，同时也可以看出"学"的分量不低。有元一代，尼山书院庙学并存。"庙"始终受到统治者的庇护，"学"逐渐受到统治者的青睐，最终形成"庙显、学盛"的稳固局面。

（四）明清时期，重庙轻学

元明交替之际，一统南方的朱元璋进行北伐，以"驱除胡虏，恢复中华"为口号，推翻了元朝在中原的统治。处在战乱动荡的焦灼时期，尼山书院也无法独善

---

〔1〕 陈镐纂修《阙里志》，第298页。
〔2〕 杨朝明主编《曲阜儒家碑刻文献辑录》第3辑，第92页。
〔3〕 陈镐纂修《阙里志》，第294页。
〔4〕 陈镐纂修《阙里志》，第298页。

其身，最终在兵燹中倒塌。昔日"庙显、学盛"的光景早已不复，取而代之的是遍地的杂草和残存的故基。"元运既去，毁于兵燹，故址颓基，鞠为茂草，春秋祭祀，扫地而行，触目荒凉，诚为可叹。"[1] 朱元璋即位后，立志接续汉文化，便将"尊孔崇儒"奉为基本国策。出于尊孔的需要，他于洪武元年（1368）冬十一月下诏，"立尼山、洙泗二院"[2]。得益于统治者的重视，尼山书院继元末倒塌后再次重建。明洪武十年（1377），在第五十六代衍圣公孔希学的主持下，尼山书院又一次小规模重修。

明成祖朱棣继承大统后，"丕法成宪，尚惟孔子之道"，[3] 于永乐九年（1411）下诏重修阙里孔子庙。十五年（1417）夏完工。重建之后的孔庙宏伟壮观，成祖皇帝御制碑文以纪成。然而，同样是位于曲阜且是孔子诞育处的尼山书院，却没有受到如此的待遇，其荒凉不堪的状况与阙里孔庙此时的金碧辉煌形成了鲜明的对比。有鉴于此，孔子第五十九代孙、袭封衍圣公孔彦缙偕同五十五代孙、曲阜知县孔克中及五十四代孙、家庭族长孔思楷等召集一众亲属，共同商议重建尼山书院。"阙里庙貌，我太宗文皇帝撤旧更新，既以美矣。惟兹尼山乃圣祖诞育之地，荒凉若是，而不为究心，吾子孙宁不有愧焉乎！"[4] 于是众人齐心协力，开始了重建工程。

此次重建工程于永乐十六年（1418）夏完成。重建后的尼山书院高大宏伟，金碧辉煌。"轮奂之美，视昔有加，构治之规，于今为盛，仰瞻俯视，生气若存。"[5] 然而，遗憾的是，此次重建只是针对"庙"的部分。具体来说，尼山书院此次重建仅涉及大成殿、毓圣侯殿、启圣王殿以及启圣王夫人殿等祭祀性建筑，讲堂、学舍、学宫等教育性建筑则不在重建之列。之所以如此，从书院的角度分析似乎更为合理。明初，朝廷大力发展官学，强化科举考试，规定"中外文臣皆由

---

[1] 潘相纂修，男承煜编《曲阜县志》乾隆甲午新修·圣化堂藏版，山东友谊出版社1998年版，第376页。
[2] 潘相纂修，男承煜编《曲阜县志》，第199页。
[3] 潘相纂修，男承煜编《曲阜县志》，第203页。
[4] 潘相纂修，男承煜编《曲阜县志》，第376页。
[5] 潘相纂修，男承煜编《曲阜县志》，第376页。

科举而进，非科举者毋得与官。"〔1〕在这种背景下，书院无论大小，都逐渐陷入沉寂的局面，名存实亡。近百年间，不见任何重建或新建之举。纵然是著名的白鹿洞书院，自元末毁于兵火，也是一直处于无人问津的状态。尼山书院因受到尊孔崇儒的庇护，还是在百年沉寂中得到了两次重建，延续了文化的火种。

也是从明代开始，尼山书院仅限于祭祀之用，失去了宋元时期延师讲学的风气。讲学场所都没有，讲学活动又如何进行呢？正如有学者所言："书院者，本为春秋讲学而设也，今庙祀虽肃而弦诵之声无闻。"〔2〕成化十六年（1480），明宪宗准从六十一代衍圣公孔弘泰所请，对阙里孔庙进行扩建更新。此次修建工程历时数年，于成化二十三年（1487）始告完成。数年后，即弘治七年（1494），尼山书院因受风雨摧残，得不到及时修葺，已成残破之状，不堪入目。衍圣公孔弘泰随即委托林庙举事，利用阙里孔庙修建余资对尼山书院重新修葺。此后近百年间，尼山书院几乎再无修建之举。直到万历十七年（1589），在知县孔弘复的主持下，又进行了一次小规模重修。

终明之世，尼山书院共修建四次。其中两次重建，两次重修。每次兴建都只涉及"庙"的部分，而不见"学"的踪影。"庙"与"学"如同尼山书院的左膀和右臂，"庙"因"学"而盛，"学"因"庙"而"显"，两者相辅相成，缺一不可。然而自明代起，尼山书院仿佛回到了原点，从原来的即庙为学或庙学并存变为现在的有庙无学或重庙轻学。单从书院的角度来讲，此时的尼山书院已是徒有其表，虽有书院之名，而无书院之实。直到清代，尼山书院重建才又有了"学"的加持，但也仅仅是"庙"的装饰或点缀，实际的讲学活动少之又少，就其实质而言，依然是有名无实。

有清一代，尊孔崇儒之风不减反增。特别是在康熙、雍正、乾隆年间，汉文化得到进一步发展。据统计，雍正年间共修复书院25所、新建书院188所。乾隆年间共修复书院159所，新建书院1139所，位居历朝之首。〔3〕得益于统治者的重视，尼山书院在此期间皆有不同程度的修建。康熙十三年（1674），在六十七代衍

〔1〕 张廷玉等《明史》，山东友谊出版社1998年版，第376页。
〔2〕 潘湘纂修《（乾隆）曲阜县志》，第51页。
〔3〕 邓洪波《中国书院史》，第269页。

圣公孔毓圻的主持下，尼山书院"易围墙以石砖"，[1] 得到了一次小规模重修。然而小型修葺实际成效很低，孔毓圻随即又于十七年（1678）主持进行了一次大修。此次大修，基本形成了尼山书院的现有格局。"中为正殿五楹、寝殿五楹，廊庑斋厅，轮奂众新，门楣台阶，整严非旧。西祀圣父、圣母，而渊源有自；后祀二世、三世，而授受不穷。北立讲书之堂，以教来学。前立毓圣之庙，以安神明。"[2] 可谓气势恢宏，蔚为壮观。除此之外，祀品有厨，祭器有库，俯察仰观，生气若存，由此可见此次工程之庞大。虽曰重修，实则创建。此后近百年时间内，尼山书院又有两次小规模重修，分别是在雍正二年（1724）和乾隆二十年（1755），由第六十八代衍圣公孔传铎与第七十一代衍圣公孔昭焕主持修建。

（五）清末至今，庙存学废

清代尼山书院的最后一次重修是在道光年间，此次重修直接确立了尼山书院的最终布局与规模。今日所见尼山孔庙及书院建筑群之形貌，即为此时所建。尼山书院自乾隆二十年（1755）孔昭焕重修后，近百年间再无修葺之举。到其曾孙孔繁灏袭封七十四代衍圣公时，已是剥风蚀雨，摧残日甚。殿、庑、祠、堂多半残缺，其余从房亦是仅存旧基。孔繁灏承继先泽，袭封世爵后，"夙夜冰兢，以无力修葺为惧"[3] 恰逢此时林庙百户张协庸进而告曰："当今圣天子崇儒重道，屡奉覃恩，诏修圣贤庙宇。我公宠眷特隆，宜请于朝，乞帑重修。"[4] 又因尼山书院近为风雨所摧，坍塌益甚，几乎无法遮蔽风雨、妥栖神灵，兴修之事已十分紧迫，不可再拖。孔繁灏于是备文咨请工部代奏，最终得到皇上批准，并命大吏勘估，拨款三万一千五百余两进行重修。

此次重修工程开始于道光二十七年（1847）春二月，结束于二十九年（1849）夏五月，历时两年有余。值得一提的是，此次兴建是尼山书院有史以来规模最大的一次，其总体建筑布局与单体建筑形态都远超前代。建成后的尼山书院富丽堂皇，美轮美奂，颇具中国风格和中国气派。就"庙"的建筑而言，"大成门三间，大成

---

〔1〕 杨朝明主编《曲阜儒家碑刻文献辑录》第3辑，第377页。
〔2〕 杨朝明主编《曲阜儒家碑刻文献辑录》第3辑，第304页。
〔3〕 杨朝明主编《曲阜儒家碑刻文献辑录》第3辑，第377页。
〔4〕 杨朝明主编《曲阜儒家碑刻文献辑录》第3辑，第381页。

殿五间，东西庑十间，寝殿五间，东西庑六间，讲堂三间，启圣殿五间，寝殿五间，门三座，毓圣侯祠三间，门一间，后土祠一间，内外围墙共一百二十丈"[1]。从"学"的成分来看，"又书院九间，大门一间，茶房一间，围墙三十丈"[2]。通过两者的对比不难发现，"庙"的建筑体量在尼山书院中占有绝对优势。"学"的建筑虽然存在，但主要作为装饰之用，实际的讲学活动很少，其分量不及"庙"的四分之一。换言之，此时的尼山书院"庙"重"学"轻，且基本上处于"庙存学废"的状态。

另外，还需特别说明的是，道光年间的此次兴建，直接将尼山书院中庙和学的建筑空间分离开来，使得尼山书院的建筑布局发生了变化，由原来的庙中有学变为现在的前庙后学，两组建筑互不干扰。正因如此，自元代起，因庙学合一而被绑在一起的整个尼山建筑群落，历经元、明、清三代，直至清末，终于恢复自由之身，不再统称为尼山书院，而是各自单独命名，并沿用至今。其中"庙"的部分称为尼山孔庙，"学"的部分称为尼山书院。民国时期，尼山孔庙及书院又因风雨侵蚀、年久失修导致丹青剥落、日渐倾圮。衍圣公孔德成"欲新之，而款钜，苦无所出"[3]。福建省同安县的郭桢祥听闻此事，慷慨解囊，独自承担了全部修葺费用。此次修建工程开始于 1924 年秋，结束于 1925 年夏，前后共花费银元四万两有余，主要是对尼山孔庙及书院残缺破败之处进行修复加固，使之恢复原貌。"阙者以完，朽者以固，美轮美奂，烂然悉复旧观。"[4]

新中国成立后，尼山孔庙与尼山书院主要由曲阜当地政府进行管理。这一时期基本没进行新的扩修，主要是在原有格局的基础上，按照"整旧如旧"的原则，进行力所能及的维护。另外，为保护文化遗产，政府设立了专门机构，多次发布政令，制定法规，批发转款，对古建筑不断加以修葺，对里面的珍贵文物和文书档案妥善收藏，先后开展了文物陈列和研究工作，尼山孔庙和尼山书院建筑群因此得到了全面的维护。

---

〔1〕 杨朝明主编《曲阜儒家碑刻文献辑录》第 3 辑，第 377 页。
〔2〕 杨朝明主编《曲阜儒家碑刻文献辑录》第 3 辑，第 378 页。
〔3〕 李翠《民国初年孔教运动的缩影——"重修尼山圣庙之碑"研究》，《孔子学刊》2013 年第 4 辑，第 268 页。
〔4〕 李翠《民国初年孔教运动的缩影——"重修尼山圣庙之碑"研究》，第 268 页。

二、祀与教的同生共存：尼山书院之活动扫描

对于大多数书院而言，祭祀、讲学与藏书可以说是它们的三大事业。[1] 然而并非所有书院都是如此，尼山书院便是一个特例。与寻常书院有所不同，尼山书院的历史活动主要是祭祀，兼具教化，且偶有讲学。作为与孔子有直接联系且内含民间教化的纪念性和祭祀性书院，尼山书院自诞生之日起便被赋予了祭祀与教化的双重使命，二者同生共存，如影随形，成为尼山书院千百年来不可或缺的两大支柱。其中，祭祀活动看得见、摸得着，因而具有直接性和外显性。教化活动却与之相反，需要通过祭祀活动的熏陶和感染才能实现，因而具有间接性和内隐性。此外，宋元时期，尼山书院即庙为学并延师授徒，所以讲学活动较为频繁。但自明代起，庙学空间发生变化，讲学活动少之又少。虽有讲堂、学舍等建筑留存，却终日不闻讲诵之声，只有祭祀活动举行依旧。

（一）诞辰讳辰，祭祀为重

尼山书院自后周时期有庙无学，历经宋代即庙为学、元代庙学并存、明清重庙轻学，至今庙存学废。在尼山书院的历史演进中不难看出，"庙"自始至终都受到重视，其建筑体量在整个建筑空间中处于绝对优势地位。与之相对应，祭祀活动可以说是尼山书院最重要的活动。毋庸置疑，作为纪念孔子诞生、依托孔子而建的尼山书院，其存在的主要意义就是祭祀。

与寻常书院的祭祀对象不同的是，千百年来，尼山书院只祭祀孔子及与孔子有直接联系的家人和弟子。其他对书院有创建之举、弘扬之功的乡贤名宦、学术大儒，均不在祭祀之列。尼山书院祭祀孔子，祭祀地点位于大成殿。祭祀孔子的原因有三。其一，孔子降生尼山，于此祭祀是为了表达对孔子本人的追思与怀念，此为祭孔的直接原因。其二，孔子是儒家学派的开山鼻祖，其创立的儒家学说对后世文化影响深远，于此祭祀是为了崇德报功，此为祭孔的重要原因。其三，孔子创立的儒家思想经后世改造后，对于巩固封建统治，维护社会秩序具有重要作用。自汉代

[1] 盛朗西《中国书院制度》，中华书局 1934 年版，第 47 页。

以来便深受统治者推崇。祭孔是为了施行教化，巩固统治，此为祭孔的根本原因。

除主祭孔子外，尼山书院还附祀四配，从祀十哲及七十二贤。四配即复圣颜子、宗圣曾子、述圣子思子及亚圣孟子。四位圣人皆"契夫子之心传，得道统之正脉"[1]。颜子的克己复礼之说，曾子与闻一贯之传，子思发明中庸之道，孟子阐明养气之论。他们都曾直接或间接受教于孔子，继承了儒家的正统思想，对儒学的阐发最为纯正，是儒学正宗的代表，地位仅次于孔子，祭祀他们的地点同样在大成殿。他们的塑像位列孔子左右，如同真人围绕孔子两旁，听从孔子教诲一般，鲜明直观地体现了"尊师重道"的重要思想。十哲及七十二贤都是孔子门下的弟子，相对而言，十哲更受孔子的青睐，尽得孔子真传。因人数众多，十哲及七十二贤便被单独供奉在大成殿两侧的东西两庑，呈一字形排列，同样营造了一种"侍夫子于左右"的氛围。

孔子的直系亲属均是各自分开，单独供祀。具体而言，祭祀孔子父亲叔梁纥的地点在启圣祠或启圣王殿，祭祀孔子母亲颜徵在的地点在启圣祠后面的寝殿，祭祀孔子妻子亓官氏的地点在大成殿后面的寝殿，祭祀孔子儿子孔鲤和孙子孔伋的地点则分别在大成殿之后、寝殿之前的东西两庑。此外，祭祀尼山之神的地点位于毓圣侯祠。祭祀孔子父母，意在表明渊源，彰显功绩。祭祀孔子子孙，意在激励后学，延续道统。"西祀圣父、圣母，而渊源有自；后祀二世、三世，而授受不穷"[2]。至于祭祀尼山之神，则是为了报其毓圣之功。

尼山书院祭祀的时间较为固定，一般是每年春秋二仲月的丁日，即每年农历二月、八月逢丁的日子。确切地说，是在孔子的诞辰（八月二十七）和讳辰（二月十八）举行。书院祭祀由山长或学录主持，按时举行，风雨无阻。这一情况可以从《孔府档案》现存的一份咸丰十一年（1861）八月，尼山书院学录禀告衍圣公的文书中窥探一二。"具禀。世袭尼山学录孔宪璧，为秋祭临期，恳恩核夺事。切尼山书院，每年春秋二丁，职赴山陪祭。今春二月间，缘教匪猖獗，不敢致祭。当时禀明在案，蒙恩移祭。"[3] 由此可以看出，即使是在捻军入境、教匪猖獗的特

---

〔1〕 潘相纂修《（乾隆）曲阜县志》，第6页。

〔2〕 杨朝明主编《曲阜儒家碑刻文献辑录》第3辑，第304页。

〔3〕 张维华主编《曲阜孔府档案史料选编》第3编第21册，齐鲁书社1985年版，第186页。

殊时期，书院祭祀也是如期举行，未有延误。不过是蒙恩移祭罢了。

尼山书院的祭祀仪式主要是释奠礼。《阙里文献考》载："尼山书院以至圣先师诞日、忌日释奠，洙泗书院、圣泽书院并以春秋次丁释奠，各以其书院之博士、学录主祭。仪注、祭品悉如大成殿释奠之仪。"[1] 释奠仪是指在祭典中陈设祭器、呈献祭品，并表演音乐和舞蹈。其仪式最隆重、场面最壮观、参与人数最多。除定期举行的释奠礼外，还有不定期举行的释菜礼。例如弘治年间，李东阳拜谒尼山孔庙时，便以此礼祭拜孔子，并作诗云："苍黄设俎豆，俯仰思仪容。周旋入寝殿，榱栋半已空。"[2] 由"苍黄"二字不难看出，李东阳在祭拜孔子时较为仓促，不用牲牢币帛，是一种从简的礼仪。

释奠的具体程序包括祭前准备、祭中行礼、祭后分胙三个方面。在祭前准备阶段，书院学录首先需要提前二十日向衍圣公府报明丁期，然后由衍圣公府通知四氏学、典籍、司乐、管勾、百户等相关人员各自准备应办事宜。其次需要提前十五日张贴告示，通知相关致祭人员戒誓斋宿。其间，衍圣公要率领相关人员检查肉品是否肥美、菜品是否洁净。随后需要提前十日由孔府属官督率礼乐诸生及匠役人等检查礼器和乐器是否完备，如有短缺或损坏之处，会令其分别补造或修理。若一切完好，则分别由典籍官率礼生、司乐官率乐舞生开始习礼演乐。与此同时，百户官每日率庙户锄草，以保持院落洁净。此外需要提前五日挂牌、填榜、造册、进香、进帛，并依次观礼、听乐。最后一日则是迎牺牲、迎粢盛、习礼作乐、省牲、视膳、验祭、陈设、点榜，做好祭祀前的最后准备。

在祭中行礼阶段，祭祀当日需要更衣、序爵、金名、序昭穆、践位。待一切准备就绪后，庄严的祭祀典礼随着鸣赞的一声"启户，扫除"便正式开始。与此同时，正献官、分献官、陪祭官、陪祭生已就位，奉祀生、乐舞生已就位，执事者各司其事，其他未被安排祭祀任务的族众、四氏生员及普通百姓等一系列与祭人员也列队站好，等待观礼。整个行礼过程大致分为三个环节，即迎神、参神和送神，并有乐舞相伴。参神环节又分为三献，即初献、亚献、终献，各奏宣平之章、秩平之章、叙平之章。其中，大成殿内孔子及四配像前，均由衍圣公上香、奠帛、献爵、

---

〔1〕 孔继汾《阙里文献考》，第456页。
〔2〕 杨朝明主编《曲阜儒家碑刻文献辑录》第3辑，第173页。

叩头。之后，由太祝官读祝，祝文内容为："惟祖昆灵，毓粹尼阜，降祥笃生。我祖扶植纲常，万世永赖。子孙其昌，兹遇诞（远）辰。谨以牲帛、醴斋、粢盛庶品，式陈明荐。以复圣颜子、宗圣曾子、述圣三世祖、亚圣孟子配，尚飨。"[1]读祝后，由各分献官分别致祭书院之启圣祠、二世祖祠、三世祖祠，祭品、行礼皆按照曲阜孔庙释奠启圣祠家庙祔位之仪进行。另外，尼山之神毓圣侯祠则按照曲阜孔庙后土祠之仪，由曲阜县官进行。"毓圣侯庙，祀尼山之神，每岁……曲阜县官祭享。"[2]

礼成后便是最后的分胙，即祭祀结束后把祭祀食品分给大家。整个祭祀现场香烟缭绕，乐舞祥和，祭祀有仪，观礼有序。在这种氛围下，在场人员无不肃然起敬。如此一来，人们举手投足间便能联想起与圣贤有关的点点滴滴，并在日常读书、对话、游览中加深对圣贤的印象。

（二）熏陶感染，兼具教化

祭祀与教化密不可分，二者同生共存，互为表里、形影相连。祭祀活动固然是尼山书院内十分重要的活动，但需要强调的是，祭祀活动并非尼山书院内唯一重要的活动。同等重要的还有祭祀内含的民间教化。如果说，祭祀是一种手段，一种方式，一种外在表象，那么教化则是祭祀的实质，是祭祀需要达到的终极目的。教化需要以祭祀为依托，只有借助祭祀活动才能实现，即"寓教于祀"。正如明侍郎程徐所言："孔子以道设教，天下祀之，非祀其人，祀其教也，祀其道也。"[3]

尼山书院开展教化的方式主要是潜移默化，熏陶感染，寓教于祀。书院祭祀仪式隆重，场面壮观。置身其中，无论是与祭官员、陪祭生徒还是普通民众，都难免心有所动，对于陪祭生徒，教化效果尤为明显。一般而言，参与陪祭的生徒包括礼生、乐生、舞生、四氏生。他们通过习礼、作乐、起舞、叩拜等方式，直接或间接地参与祭祀的全过程。对他们来说，这种直观的感受会化为一种信念，促使他们以圣贤为榜样，学做圣贤，争做圣贤，以圣贤之言砥砺自己。

由此可见，尼山书院的教化主要是道德方面的熏陶和感染，而且是通过潜移默

---

〔1〕 孔继汾《阙里文献考》，第 456 页。
〔2〕 陈镐纂修《阙里志》，第 127 页。
〔3〕 张廷玉等撰《明史》，第 3892 页。

化、寓教于祀的方式进行，这种"无言之教"比起直接的知识灌输似乎更能打动人心。除一般士子外，普通老百姓也在教化之列。如果说一般士子是行礼人员，那么普通老百姓则是观礼人员。对于普通老百姓而言，他们接受的更多的是儒家所倡导的父子有亲、夫妇有别等伦理纲常。此外，尼山书院的教化对象还包括曲阜知县在内的当地官员。对他们而言，教化活动带来的影响是勤于政事、以身作则。因此，当他们看到书院破败或者摇摇欲坠时，基于责任或使命，都会尽力筹资进行修葺，例如万历十七年（1589），曲阜知县孔弘复就曾集资对尼山书院进行重修。由此可见，普通老百姓和当地官员也是尼山书院开展教化不可缺少的重要对象。

与曲阜孔庙相比，尼山书院的教化作用似乎略胜一筹。曲阜孔庙是家庙，由孔氏家族内部祭祀孔子及其长子长孙。它同时兼具国庙的性质，是历代帝王和各级官员专门用来祭祀孔子的庙宇。但无论是家庙还是国庙，其开放程度都相对较低，寻常老百姓难以自由出入。尼山书院却并非如此，每当祭祀活动开展时，一般士子包括老百姓都可以进行观礼。从这一角度来看，尼山书院的教化作用似乎更见成效。

但因尼山书院开展教化的时间主要在一年之内的春秋两丁，即在孔子的诞辰和讳辰，随着祭祀活动的开展而进行，其他时间则较为冷清。尼山书院里面的活动不是经常性的，因此与其他书院相比，其教化作用稍有逊色。例如著名的岳麓书院，便是教化大行的一个典型例证。唐末五季，岳麓书院未建之前，湖南偏僻"风化凌夷，习俗暴恶"[1]。自北宋潭州太守朱洞创建岳麓书院数十载后，潭州"教化大洽，学者皆阵阵雅驯，行艺修好"[2]。其书院教化之成效由此可见一斑。

与同时代的其他庙学相比，其教化作用更是相形见绌。尼山书院自宋代即庙为学，及元代设山长教育生徒，就其性质而言，与传统意义上的庙学相差无几，但其教化成效远不如后者。以同处孔孟之乡的即墨庙学为例，即墨偏居山东一隅，在金代即墨庙学建立以前，当地没有示范效应，因而民风并不淳朴。"县治濒海，土硗而俗恶。"[3] 但自元代即墨庙学建立以来，民风大变。"不数年，政化大行，民心

---

〔1〕 陈谷嘉、邓洪波主编《中国书院史资料》，浙江教育出版社1998年版，第53页。
〔2〕 陈谷嘉、邓洪波主编《中国书院史资料》，第109页。
〔3〕 即墨市史志办公室编《（同治）即墨县志》清·同治版，中国和平出版社2005年版，第573页。

悦服。究其所归，岂但庙学之修而已。"〔1〕 不仅如此，每次修建都会振奋士林。"即墨庙学，自建置来，圮者数矣……每修士风辄振。"〔2〕 由此可见即墨庙学的教化成效之大。概言之，尽管尼山书院的教化作用在曲阜当地可以说有一席之地，但与其他各地书院及庙学相比，却不足称道。

（三）春秋二丁，偶有讲学

首先，从教育教学的角度来讲，尼山书院不是日常性开展教育活动的专门场所，也不是专为圣贤后裔开设的科举备考机关，只是一个伴随春秋二丁祭祀偶尔进行讲学活动的实践基地。尽管它被赐以书院之名，但其首要职能仍然是祭祀。因此，就其定位而言，尼山书院是祭祀与教化重地，而非日常讲学之所。换句话说，尼山书院具有重祭祀、重教化、非讲学、非科举的特点。书院内既无师生日常互动之举，也终日不闻讲诵之声。虽有讲学活动，但也仅是偶尔为之，绝非常态。因此不能将尼山书院与其他常规书院相提并论。

尼山书院的教育对象主要是孔氏子孙。"尼山为我祖至圣发祥地，立庙以妥神灵。置书院以教族姓，由来久矣。"〔3〕 除此之外，四方来学及民间子弟也包括在内。"建为书院，奕世子孙守之，四方学者归之。"〔4〕 "置弟子员，以凡民之子弟俊秀者充之。"〔5〕 需要特别说明的是，尽管尼山书院讲学的受众群体是孔氏后裔，但他们接受日常教育的大本营不在尼山书院，而在曲阜庙学。曲阜庙学是专为四氏生徒接受教育而创建的贵族学校。最初是孔氏家学，建于魏文帝黄初二年（221）。此后几经战乱，及至赵宋以前，设学情况乏善可陈。宋真宗大中祥符三年（1010），孔子四十四代孙孔勖担任曲阜知县，奏请"于家学旧址，重建讲堂"〔6〕，作为孔氏子孙受业的主要场所。"考厥初，止以教孔氏子孙。"〔7〕 宋哲宗元祐年间（1086—1094），孔氏家学开始接收颜氏、孟氏子弟入学。至此，孔氏家学正式转

---

〔1〕 即墨市史志办公室编《（同治）即墨县志》，第341页。
〔2〕 即墨市史志办公室编《（同治）即墨县志》，第354页。
〔3〕 杨朝明主编《曲阜儒家碑刻文献辑录》第3辑，第376页。
〔4〕 杨朝明主编《曲阜儒家碑刻文献辑录》第3辑，第304页。
〔5〕 杨朝明主编《曲阜儒家碑刻文献辑录》第3辑，第192页。
〔6〕 孔继汾《阙里文献考》，第617页。
〔7〕 孔继汾《阙里文献考》，第853页。

变为孔、颜、孟"三氏学"，习业主体由一姓扩展为三姓。明万历十五年（1587），允许曾氏子孙加入，三氏学变为四氏学，习业主体扩展为孔、颜、孟、曾四氏。清代依旧。

除日常在庙学诵读经书、学习礼仪外，每逢祭期，四氏生徒还要供应执事，并随班行礼。"凡朔望释菜、四时释奠，各班生员务要赶庙供应执事及随班行礼。敢有怠惰失仪及点闸不到者，痛决。"[1] 四氏教授、学录亦不例外，每当尼山书院祭期来临时，他们都会带领四氏生徒前往。"遇文庙祭期，则充领班官，率诸生随班陪祭。"[2] 对于四氏生徒而言，只不过是换了一个场所继续接受教育。并且可以将庙学中习得的礼仪知识运用于实践，如有不妥之处，四氏教授、学录可随时进行点拨。若以现代教育模式为参照，曲阜庙学可视为大本营，其地位相当于课内教学场所，而尼山书院则等同于第二课堂，是与课堂教学相配套的课外实践活动基地。如此一来，对孔氏子孙或四氏生徒的教育，就形成了一个以曲阜庙学为主、尼山书院为辅的庞大的教育体系。[3]

尼山书院讲学的主要内容是四圣之学。"书院之诸生尚考求于方策，非四公之学不敢学也。"[4] 四圣即颜子、曾子、子思、孟子。他们都是孔子之道的直接传承者，其学问代表着儒学的正宗。尼山书院所讲之学为四公之学，所讲之道为六经之道。"必以讲六经之道，传圣人心法为职。"[5] 孔子曰："学之不讲，是吾忧也。"[6] 曾子曰："君子以文会友。"[7] 尼山书院位于圣人诞生之地，是文教本源之所在。身为圣贤子孙，在祭祀之余偶尔进行讲学活动，意义有二。其一是为了延续道统，以继圣贤之业。"孔氏颜孟之家皆圣贤之后也，自兵乱以来，往往失学，甘为庸鄙，朕甚怜焉，今以进士杨庸教授孔氏、颜、孟子弟，务严加训诲，精通经

---

〔1〕 徐振贵主编《孔尚任全集辑校注评》，齐鲁书社 2004 年版，第 2211 页。

〔2〕 徐振贵主编《孔尚任全集辑校注评》，第 2203 页。

〔3〕 张国旺《金元时期孔颜孟三氏子弟教育考论》，《首都师范大学学报（社会科学版）》2019 年第 5 期。

〔4〕 潘相纂修《（乾隆）曲阜县志》，第 197 页。

〔5〕 孔继汾《阙里文献考》，第 833 页。

〔6〕 杨朝明《论语诠解》，山东友谊出版社 2013 年版，第 111 页。

〔7〕 杨朝明《论语诠解》，第 228 页。

术，以继圣贤之业。"〔1〕 其二是为了纪念先师。需要说明的是，尼山书院的讲学
活动更多侧重记诵，而不注重阐发。"孔氏后裔这种文化守成的态度与重在祭祀与
纪念的做法，使得书院没有能够产生广有影响的宗师。"〔2〕

除四圣之学外，敦诗说礼也是尼山书院讲学活动所涉及的重要内容。"愿我族
众弟子，敦诗说礼，相与陶淑其中，恪承祀事，庶无忝乎祖德。"〔3〕 对于在尼山
书院祭孔活动中充当礼生和乐舞生的四氏生员而言，必须通晓祀典制度、娴熟礼
仪。为了培养出合格的祭典人才，四氏学也会设立祭祀礼仪课程。因此，礼仪方面
的知识如《礼书乐书》《泮宫礼乐志》等也是尼山书院讲学中必不可少的。至于讲
学的地点，则随朝代的不同而稍有变化。具体而言，赵宋时期，即庙为学，讲学地
点在庙中讲堂、学舍；元朝时期，右庙左学，讲学地点位于学宫或明伦堂。"学宫
在庙之西，仿国子监制也。"〔4〕 有明一代，学宫未设，讲堂未立，几乎没有讲学
活动。自清至今，前庙后学，讲学地点在庙之后书院或"讲书之堂"，但讲学活动
依旧很少。正如有学者所言："书院者，本为春秋讲学而设也，今庙祀虽肃而弦诵
之声无闻。"〔5〕

与其他书院相比，尼山书院重祭祀不重教学这一特点更加凸显。南宋著名史学
家马端临曾指出，宋初，天下有四大书院，地位最为显赫，分别为白鹿洞书院、石
鼓书院、应天府书院以及岳麓书院。〔6〕 四大书院均有固定的教学场所、配套的教
学设施、明确的办学方针、缜密的教学计划、有序的施教系统。四大书院的教育制
度在当时已较为完善。单从配套的教学设施来看，就可窥见尼山书院的与众不同。
例如，岳麓书院重视藏书，历朝历代书院的建筑规制中都有尊经阁、御书阁等藏书
之处。元代"逮延花甲寅，垂三十年矣，陵刘安仁来为郡别驾，董儒学事，睹其
敞，慨然整治。木之朽者易，壁之漫者坛，上瓦下甓，更撤而新，前礼殿，傍四
斋，左诸贤祠，右百泉轩，后讲堂。堂之后阁曰'尊经'，堂之后亭曰'极高明'，

〔1〕 孔继汾《阙里文献考》，第618页。
〔2〕 石玲《曲阜洙泗、尼山书院的文化内涵》，《齐鲁文化研究》2006年第5期。
〔3〕 杨朝明主编《曲阜儒家碑刻文献辑录》第3辑，第378页。
〔4〕 陈镐纂修《阙里志》，第298页。
〔5〕 潘相纂修《（乾隆）曲阜县志》，第51页。
〔6〕 陈谷嘉、邓洪波主编《中国书院史资料》，第41页。

悉如其旧。门庑庖馆，宫墙四周，靡不修完"[1]。宋代岳麓书院"有孔子堂、御书阁，堂庑尚完，清泉经流堂下，景德极于潇湘"[2]。清代岳麓书院"自文庙、尊经阁而下，与夫崇道之祠，四箴之亭以及六君子堂，先后相望"[3]。而尼山书院自始至终没有建造尊经阁，因为尼山书院并不开展日常性的讲学活动，只在春秋两祭前后才偶尔开展。

其次，就书院的历史名人而言，尼山书院并没有培养出许多显赫一时的名家硕儒，其他书院则不同。例如，应天府书院，既有名师教授，也有名徒相随。"建书院城中，前庙后堂，旁列斋舍，凡百余区。既成，邀楚丘戚先生主之。先生名同文，生唐天祐中，历五代入本朝，皆不仕，以文学行义为学者师。及是，四方学者争趋之。"[4] "国初，有戚同文者，通五经业，聚徒百余人，许骧、宗度、郭承范、董循、陈象舆、王砺、滕涉皆其门人。于是诚即同文旧居，建学舍百五十间，聚书千五百余卷……"[5] 再如岳麓书院，著名理学家朱熹曾在此讲学，并与山长张栻围绕理学问题进行过深入探讨。"乾道二年，晦庵朱公闻南轩得衡山胡氏之学，始至长沙访焉。二先生论中庸之义三昼夜不辍。"[6] 朱张会讲之后，岳麓书院名声远播。"乾道初，帅臣刘珙重建，为四斋，定教士额二十人，以张栻主教事。朱子自闽至，相与讲学，手书'忠孝廉节'四大字于堂。"[7] 又如白鹿洞书院，"淳熙六年，朱子知南康军，访故址，檄教授杨大法、县令王仲杰重建书院。援岳麓书院例，疏请敕额并高宗御书石经与监本九经藏于其中。时刘仁季送《汉书》藏书院。遂列圣贤为学次第，以示学者。一时名儒如陆九渊、刘清之、林择之皆来讲学。"[8]

再次，从书院的办学方针而言，尼山书院没有制定相应的学规，其他书院则不

---

[1]　陈谷嘉、邓洪波主编《中国书院史资料》，第 321 页。
[2]　陈谷嘉、邓洪波主编《中国书院史资料》，第 54 页。
[3]　陈谷嘉、邓洪波主编《中国书院史资料》，第 895 页。
[4]　陈谷嘉、邓洪波主编《中国书院史资料》，第 47 页。
[5]　陈谷嘉、邓洪波主编《中国书院史资料》，第 44 页。
[6]　陈谷嘉、邓洪波主编《中国书院史资料》，第 488 页。
[7]　陈谷嘉、邓洪波主编《中国书院史资料》，第 50 页。
[8]　陈谷嘉、邓洪波主编《中国书院史资料》，第 61 页。

同。例如应天府书院，对于生徒的课试、奖惩、休假等日常事宜皆有明文规定。"先生乃制为学规，凡课试讲肆劝督惩赏，莫不有法；宁亲归沐与亲戚还往，莫不有时；而皆曲尽人情，故士尤乐从焉。由此书院日以寝盛，事闻京师，有诏赐名'应天府书院'。"[1] 再如问津书院，规定了生员致祭与课试的先后顺序。"每春秋季月望日致祭，先期于地方官乡宦中请主鬯、陪鬯各一员，祭后越二日会课，由主鬯命题衡文奖赏有差。"[2] 又如白鹿洞书院，对生徒为学读书作了硬性要求。"诸生入洞，悉遵文公《教条》及董程《学则》真西山《教子斋规》不可有违。朔望行香及早晚堂仪，俱依府县儒学礼式。读书必循序，不可等，先读小学，次读四书五经及御制书、史、鉴，各随资质高下。"[3]

最后，从书院的教化程度来讲，尼山书院的教化程度不如其他书院。一方面，尼山书院只是通过潜移默化、寓教于祀的方式进行，而其他书院则不同。例如，白鹿洞书院，除了有亲临现场的祭祀仪式之外，书院内还有大量珍贵的讲义，用这种看得见、摸得着的讲义作为辅助，给生徒带来的教化效果更为明显。"古之学者，必以修身为本；修身之道，必以穷理为先。理明身修，则推之天下国家无不顺治。今诸君在洞者，务必用功于此。虑心一意，绝其杂虑，而于圣贤之书，熟读，精思，明辨，反之于身而力行之。又于日用之间，凡一事一物，必精察其理；一动一静，必实践其迹。"[4]

另一方面，尼山书院只是在祭祀活动之余才进行讲学，而其他书院则是常态化讲学。例如岳麓书院，"长沙士子素知向学，日俊公退则请质所疑，公为之讲说不倦，四方学者毕至。"相较之下，常态化的书院讲学带来的教化效果更为明显。"尚书朱洞来守长沙，作书院岳麓山下。朱在国史，其行事不甚较著，足以考见上意所向，为更者皆承休德知所先后如此，岂不盛哉！而其风动抑何速也，五六十载之间，教化大洽，学者皆振振雅驯，行艺修好，庶几于古。"[5]

通过以上分析不难发现，尼山书院里面的活动不是经常性的。书院里面没有多

---

〔1〕 陈谷嘉、邓洪波主编《中国书院史资料》，第 47 页。
〔2〕 陈谷嘉、邓洪波主编《中国书院史资料》，第 599 页。
〔3〕 陈谷嘉、邓洪波主编《中国书院史资料》，第 737 页。
〔4〕 陈谷嘉、邓洪波主编《中国书院史资料》，第 847 页。
〔5〕 陈谷嘉、邓洪波主编《中国书院史资料》，第 109 页。

少人，也没有多少老师，它仅仅是一个春秋两季为祭祀孔子及其弟子亲属而专门设置并弘扬社会教化的场所。既没有日常性的师生活动，也没有传播思想的讲学活动，同时也不是科举的备考机关。在科举方面，尼山书院不如四氏学，没有培养出声名远扬的硕学大儒。尽管书院内三种活动并存，但就其重要程度而言，祭祀活动最为重要。没有祭祀活动作为依托，其他活动就无法开展。另外，需要特别指出的是，在祭祀活动、讲学活动的背后，还内隐着纪念活动。纪念活动不等于祭祀活动，也不等于讲学活动，但需要通过祭祀活动和讲学活动来表达。一方面，尼山书院确实是在祭祀和讲学，但另一方面是在纪念。概言之，祭祀活动与讲学活动虽然不同，但二者的共同之处就在于，它们都是纪念活动的重要途径与表达方式。

三、府与田的双重保障：尼山书院之运行机制

尼山书院的有序运转，很大程度上依赖孔府的管理维护及祀田的经费保障。孔府，即衍圣公府，是孔子嫡系子孙世代居住的私家宅邸，兼具官署的功能。孔府下设三堂六厅，内置典籍、司乐、屯田管勾、守卫林庙百户、知印、掌书、书写、奏差、伴官等员。所有人等均由衍圣公题授和统领，各司其职。例如，守卫林庙百户的职责是"管辖林庙、书院户丁，约束巡防，护卫林庙，征收丁银，并办一切祀典"[1]。在孔府众多人员中，与尼山书院联系最为紧密并负有直接管理之责的是宗子和学录。此外，尼山祭田作为岁修之资，历来由佃户承种，是维系尼山书院长久运转的经济命脉。

（一）宗子、学录，管理维护

宗子即衍圣公，一般在曲阜孔庙及各大书院祭祀中担任正殿主祭。"宗子世爵，所以主祀事者也；支子及诸贤裔皆世官，所以分承祀事者也。"[2] 此外，衍圣公还肩负督率属员、维护祠庙、统辖圣裔之责。尼山书院的历次修缮，均由衍圣公主导，并会同地方知县办理。例如明洪武十年（1377）、永乐十五年（1417）、

---

[1] 张维华主编《曲阜孔府档案史料选编》第3编第3册，齐鲁书社1981年版，第236页。

[2] 孔继汾《阙里文献考》，第397页。

万历十七年（1589）的尼山书院重修，均是如此。[1] 可以说，衍圣公涉身的各类事物，均与祭祀相关。以至于有史家形容他们"自修明祀事而外，举无他事可纪述"[2]。据统计，衍圣公每年参与祭祀活动的数量可达五六十次之多。[3] 但需说明的是，如此多的祭祀活动，并不尽由衍圣公亲自致祭。当衍圣公有事在身时，便会委派孔庭族长代为致祭。

学录是尼山书院的实际负责人。如果说衍圣公相当于书院的"东家"，那么学录则等同于书院的"管家"，一切有关书院祭祀的大事小情均由学录负责，并定期向衍圣公汇报。尼山书院设学录一人，初名山长，以异姓硕儒任，元至元二年（1336）奏设。首任山长为彭璠，后由孔氏族人之贤者担任。明正德二年（1507），经衍圣公孔闻韶奏准，改山长为学录。[4] 学录品级相对较高，明秩从九品，乾隆二年（1737）改正八品。[5] 但入职门槛相对较低，只是"由衍圣公举保弟侄中德学兼异者"咨部授职。[6] 不仅如此，学录在任时间也较短，更迭频繁。例如乾隆二十三年至三十一年（1758—1766），短短八年时间，先后更换了五位学录。

学录是朝廷命官，主奉尼山书院祀事。"置官师奉祠，因荐彭璠可用。"[7] "璠也，得以学官从事于兹日，可谓荣矣。"[8] 学录同时也是孔府属官，祭祀时担任陪祭。"具禀。世袭尼山学录孔宪璧，为秋祭临期，恳恩核夺事。切尼山书院，每年春秋二丁，职赴山陪祭。"[9] 尽管学录的职责是主奉祀事，但并不代表学录会整日待在书院中。学录往往是兼职，兼任林庙举事或四品执事官，平常听衍圣公调遣，完成收取祀银、传递公文等任务。例如孔胤钥，"字懋乙，号庆寰。六十五

〔1〕 陈镐纂修《阙里志》，第165页。
〔2〕 孔继汾《阙里文献考》，第187-188页。
〔3〕 孔繁懋、高建军《孔子家族全书·家规礼仪》，辽海出版社1999年版，第24页。
〔4〕 陈镐纂修《阙里志》，第165页。
〔5〕 潘相纂修《（乾隆）曲阜县志》，第279页。
〔6〕 徐振贵主编《孔尚任全集辑校注评》，第2186页。
〔7〕 陈镐纂修《阙里志》，第298页。
〔8〕 杨朝明主编《曲阜儒家碑刻文献辑录》第3辑，第92页。
〔9〕 张维华主编《曲阜孔府档案史料选编》第3编第21册，第186页。

代孙。尼山书院学录兼林庙举事"〔1〕。

学录的选聘程序大致经历"孔府拣选—地方核查—咨部请凭—汇题请旨—给凭任事"〔2〕五个环节。首先，书院前任学录告退后，衍圣公遵循旧例在其弟侄中挑选德才兼备者，颁发令其暂时"署理"学录事务的信牌。确定拟选人员后，孔府会行文地方州县，核查拟选人员是否身家清白。"袭封衍圣公府为移查事……查学录现在员缺，今选得孔宪邠，直隶长垣县人，堪以顶补，除饬委署理外，拟合移查。为此札付贵县，烦为查照来文事理，希即查明孔宪邠如无过犯违碍，取具族邻甘结，加具印结各二套移送本爵府，以便咨部题补，给凭任事。"〔3〕接到孔府行文后，州县即代为核查该学录相关情况。并取具族邻甘结，加具印结，具文申送孔府。地方州县核查无误后，孔府便咨请吏部给凭任事。在致吏部的咨文中，孔府通常强调拟任学录"品端行谨""堪以补用"。"本府咨行，吏部听候属缺官事……今选得本府堂侄孔兴荣，英年俊秀，学业有成，堪以补用，合行移咨贵部，烦将孔兴荣题授尼山书院学录，□□到任，承奉祀事。"〔4〕孔府咨文到京后，吏部便进行核查。但因书院学录都是循例咨补，吏部通常都全然照准，汇题请旨。

孔府在接到吏部文凭后，即牌行新补学录。吏部文凭和孔府信牌是学录在职任事的凭证，特别是学录正式入职后，要将吏部文凭回缴，信牌的凭证作用就显得更加重要。因此，当学录遗失信牌时，孔府也会补发。〔5〕学录收到信牌后，便即刻前往曲阜任职。由此可见，尽管学录的任免过程有些复杂，但仍然有制可遵、有例可循。学录的告退程序则较为简单。首先，由学录本人将终养、丁忧或患病等情况具文呈报孔府，并上缴钤记。"具禀四品执事官兼尼山学录孔宪麟，为年衰病久，恳予开缺……自去冬在府门为小车误触倾跌致伤，迄今数月，双目浑花，心神跳

〔1〕 徐振贵主编《孔尚任全集辑校注评》，第 2196 页。
〔2〕 姜修宪、袁雨《有制无规：嘉道以降孔府书院学录选授探研》，《安徽史学》2021 年第 3 期。
〔3〕《衍圣公府为移查尼山书院学录孔宪邠在籍有无过犯事致直隶长垣县札付》（嘉庆元年十一月廿五日），孔子博物馆藏档案，档号：01-000253-0001。
〔4〕《孔子博物馆藏孔府档案汇编》（明代卷 2），国家图书馆出版社 2018 年版，第 234 页。
〔5〕《署尼山书院学录孔宪岐为补发信牌事至衍圣公孔庆镕禀文》（道光十年九月），孔子博物馆藏档案，档号：01-000271-0027。

跃，耳鼻时流浓血……具禀。叩乞王爷电鉴恩准施行，计呈缴尼山学录钤记一颗。"[1] 孔府在接到学录禀文后，会据情咨报吏部。吏部收到孔府咨文后，会注册作缺并知照孔府。至此，学录才可准许告退。

（二）祭田、学田，岁修来源

自北宋起，学田开始与讲学、藏书、祭祀三大事业并举，合称为书院的四大规制。[2] 讲学有堂、藏书有阁、祭祀有殿、赡养有田，这似乎是北宋以来绝大多数书院的运转状态。尼山书院也有学田，但此田非彼田。尼山书院之学田主要用于赡养曲阜庙学及三氏、四氏师生，与书院本身毫无瓜葛。"尼山有田，赡庙学也。久为豪民兼并，公委世尹彦士遍历踏勘，民自输服，旧物复焉，三氏师生均沾其惠。"[3] 尼山祭田是书院的重要经济来源。尼山书院祭祀、修葺等所有费用主要依赖祭田出租收取的租银。"……尼山书院祭田，每岁经户头张奉仪催租办祭。"[4] 确切地说，尼山祭田是维系尼山书院运转的经济命脉。

无论是书院祭田还是学田，均由钦拨巡山户人承种，周围佃户承租。"查尼山祭、学两田，向系钦拨巡山户人承种，以供祭祀、差使。"[5] "查汤汝泗系尼山书院租户，胆敢藉称邹县民人，抗传不到，殊属强横。"[6] 巡山户共八名，洪武年间设。"复至明洪武元年（1368），特置洒扫户一百一十五户，在庙者百，在林者七，在书院者八。"[7] 佃户每年要向孔府定期缴纳租金。"每年纳大制钱六百文，交与张奉仪收讫。"[8] 除日常租种祭田、定期缴纳租金之外，佃户还需要负责采办祭品、打扫书院等一切杂事。"凡遇采办祭品以及一切杂差大差，悉系佃户承值当差。"[9] 据统计，尼山书院祭田原额一十三顷五十亩，学田原额二十顷。乾隆

---

〔1〕 《四品职事官兼尼山学录孔宪麟为年衰病久恳于开缺事致衍圣公孔令贻禀文》（洪宪元年二月），孔子博物馆藏档案，档案号：01-00603-001。

〔2〕 邓洪波《中国书院史》，第 160 页。

〔3〕 徐振贵主编《孔尚任全集辑校注评》，第 2313 页。

〔4〕 张维华主编《曲阜孔府档案史料选编》第 3 编第 7 册，齐鲁书社 1983 年版，第 44 页。

〔5〕 张维华主编《曲阜孔府档案史料选编》第 3 编第 6 册，齐鲁书社 1980 年版，第 26 页。

〔6〕 张维华主编《曲阜孔府档案史料选编》第 3 编第 6 册，第 8 页。

〔7〕 潘相纂修《（乾隆）曲阜县志》，第 332 页。

〔8〕 张维华主编《曲阜孔府档案史料选编》第 3 编第 7 册，第 65 页。

〔9〕 张维华主编《曲阜孔府档案史料选编》第 3 编第 16 册，齐鲁书社 1982 年版，第 220 页。

三十四年（1769）再次查勘后发现，现存原祭田大亩一十三顷有奇，原学田大亩一十一顷二十八亩有奇。[1]

佃户私相买卖、隐瞒侵占、视为己业是祭、学两田缺额的重要原因。以乾隆二十七年（1762）邹县生员沙临诬告尼山佃户刘田相影占尼山祭田一案为例。佃户刘田相租种尼山祭田已有三十余年，本年三月，沙临恃符告争，欲将祭田抵作空粮数目。经查明，沙临有抗租侵占之嫌。"沙临捏以己身空粮，影占尼山祭产，亏士行而违卧碑，已可概见。"[2] 为遏制此类事件的发生，孔府设立了尼山祭、学两田佃户禁约，并树之碑石。"自尼山之顶至于山脚，上下周围俱不许一人樵牧，永行严禁。不得听人卖买，一有奸细盗卖，发觉即当究拟……如有抗延不完租者，送官押追。若佃户有侵隐诸弊，即行送究、换佃。"[3] 尽管孔府明令禁止，但顽佃抗租、樵牧等事件仍然不断发生。"查尼山久经示禁樵牧，王维澄纵佃于尼山书院门前放牛作践，例应解送邹县查讯。"[4]

综上所述，位于圣人诞生之地的尼山书院，立足儒家文化发源地曲阜，依托孔子而建。虽然成型晚，但萌芽较早，且特色鲜明。在书院进行祭祀、教化、讲学、纪念等诸多活动，进一步强化了儒家发源地这一文化特征。"庙学合一"的书院建筑规制彰显了浓厚的中国风格和中国气派，孔府与祭田的双重维护更保证了书院的长久运转。尼山书院的前世如此精彩，它的今生更不该黯然失色。特别是在传统文化大发展、大繁荣、寻突破、求创新的当下，我们更应该给予尼山书院更多的关注。

曲阜既是孔子的诞生地，也是儒家文化的标志与象征。在今天，开展针对曲阜书院这样选题的本土研究，还原一段书院历史风貌，用曲阜话语讲述曲阜书院独特的历史故事，探寻曲阜书院发展的源起，打开封藏的历史记忆，记录曲阜社会发展的变迁，使古老的书院重现生机与活力，为构建社会主义核心价值体系提供智力支持，共建我们共同的、和谐美好的中华文明精神家园，深入挖掘与阐释曲阜书院研究的历史意义与社会价值，这既是时代赋予的新要求，也是我们研究者的使命与担当。

---

[1] 潘相纂修《（乾隆）曲阜县志》，第51页。
[2] 张维华主编《曲阜孔府档案史料选编》第3编第7册，第63页。
[3] 张维华主编《曲阜孔府档案史料选编》第3编第6册，第518页。
[4] 张维华主编《曲阜孔府档案史料选编》第3编第3册，第446页。

清代书院志编纂与地方学术史书写

——以《紫阳书院志》为例

刘艳伟[*]

[内容提要]

　　徽州为朱子故里，南宋至明前期，朱学在徽州代有传人。然而，至明后期，受当时学术潮流影响，阳明心学取代朱学成为该地学术主流。入清之后，徽州学人于紫阳书院、还古书院讲授朱子学，以求朱学之复兴。《紫阳书院志》即由此肇端。在《紫阳书院志》中，编纂者试图通过鼓吹徽州理学传统、淡化乃至隐去王学流传的历史、对王学猛烈批判等策略，来实现尊崇朱学，廓清阳明学的影响，使当地学术"一返于正"的目的。《紫阳书院志》的编纂，不仅是对书院史事的记录编排，也是对徽州地方学术史的重新建构，体现了文本形成背后学术转型对史志修撰工作的深度介入。而对该书编纂过程的解析，于我们重新思考大的学术风潮之下学术转型在地方生发的具体过程、反思史料与史实的关系，亦具一定价值。

[关键词]

《紫阳书院志》；朱子学；阳明心学；学术转型；书院志编纂

------

* 刘艳伟，西华师范大学历史文化学院讲师。本文系西华师范大学博士科研启动项目"中国历代书院记整理与研究"（19E013）、西华师范大学国家社科基金培育项目"中国历代学记文整理与研究"（20A041）、湖南省"十四五"时期社科重大学术和文化研究专项项目"中国书院文化创新研究"（21ZDAZ09）阶段性成果。

朱子身殁之后，其学说在家乡徽州一带长期广为流传。建于南宋淳祐六年（1246）的歙县紫阳书院，即以传授朱学为主，经元至明，此风犹然。不过，明中期以降，阳明心学传布海内，徽州亦深受影响，朱学遂衰。入清之后，杨泗祥、汪佑等人主持紫阳书院，讲论程朱，朱学于是复起。为记录紫阳书院及地方史事，并突出朱学在徽州学术历史上的尊崇地位，施璜于康熙年间编修《紫阳书院志》。该书未成，璜死，留有遗稿十卷。经吴瞻淇、吴瞻泰兄弟增订完善，于雍正三年（1725）刊刻成书。该书除尊崇朱学，还有意淡化回避明中后期阳明学在当地流传的历史，并对心学发难攻击。究其原因，笔者以为，除了徽州乃朱熹故里，更在于清初学界对朱学的重视渐超阳明。本文旨在通过细致梳理、考索《紫阳书院志》等记载及相关史事，探究明清学术思潮转变对地方史志编纂的影响，以求对认识有关问题提供一个新的视角。

一、清以前徽州的学术

自宋至明，徽州地方的学术，既有程朱理学的传衍，又有阳明心学的流布。朱熹祖籍为江西婺源，但他大部分时光或四处为官，或寓居福建。文献所载，朱熹一生只到过徽州两次。一为绍兴十九年（1149）十二月，回婺源展墓，封识其先祖坟茔，拜会宗族、姻亲、乡党，谒朱氏家庙。次年正月间，往歙县拜其外祖父祝确，三月即从婺源归。[1] 另一次为淳熙三年（1176）四月，朱熹至婺源扫墓，停留期间，徽州地方士子多来从学。据夏炘（1789—1871）考证，当时从游者甚多，婺源有滕璘、滕珙、汪子卿、汪清卿、李季札，歙县有吴昶，海阳有程先、程永奇，"皆极一时之选，其余不可考者尚多"[2]。趁此契机，徽州士子或从朱熹讲学，或与朱熹书信往来讨论学术，新安学风为之一变，地方士子开启了研习理学、阐发朱子学说的风气。[3]

〔1〕 束景南《朱熹年谱长编》，华东师范大学出版社 2001 年版，第 130-137 页。
〔2〕 夏炘《述朱质疑》卷 16，清咸丰景紫山房刻本，第 14B 页。
〔3〕 周晓光《新安理学》，安徽人民出版社 2004 年版，第 34-38 页；解光宇《新安理学论纲》，安徽大学出版社 2014 年版，第 17-40 页。

宋元鼎革之后，以胡一桂、胡炳文、陈栎为代表的徽州士人群体，以"附录纂疏"的方式纂辑群言，以此羽翼朱熹经说。面对其他学者对朱熹著作理解上的错讹疏漏，则著书批斥，以图拨乱反正，并对朱熹著作中存在问题的经说进行修正。元后期新安理学家如朱升、郑玉、赵汸等人为了改变前辈学者对朱学"辨理析义"略显庞杂的解说，在阐发、传播朱熹思想中"和会朱陆""引陆入朱"，但其初衷在于由博返约，是为了使世人更易领会朱学要旨。[1]

入明之后，随着新安理学宿儒（如郑玉、朱升、赵汸、汪克宽等）的凋谢，他们的弟子在学术上甚少建树，与元代相比，明代新安理学呈现出颓势。[2] 但理学一脉尚有传衍，明代中叶以后，汪循、程曈、程敏政等人持守朱子学门户，传承朱子学说。[3] 正德间，程曈编有《新安学系录》一书，梳理新安理学的历史。在序文中，程氏称：

> 孟子没而圣人之学不传，千有余岁，至我两夫子（作者按：即二程）始得之于遗经，倡以示人，辟异端之非，振俗学之陋，而孔孟之道复明。又四传至紫阳夫子，复溯其流，穷其源，折衷群言，集厥大成，而周程之学益著。新安为程子所从出、朱子之阙里也。故邦之人于程子则私之，有复其传者，于朱子则友之事之，上下议论，讲劘问答，莫不充然各有得焉。嗣时以还，硕儒迭兴，更相授受，推明羽翼，以寿其传。由宋而元，以至我朝，贤贤相承，绳绳相继，而未尝泯也。[4]

程曈以二程、朱熹皆出自徽州，二程明孔孟之道，朱熹承程氏之学，集诸儒之大成。新安士人与二程、朱子师友相传，由宋至明，理学一脉，连绵不绝。在书中，程曈以程朱理学为主线，将宋、元、明三代的新安士人，按照他所排列的师承关系，演绎为理学发展中的一个流派，构建了新安地方理学传衍的谱系。

正德、嘉靖以降，讲学之风盛行，"搢绅之士，遗佚之老，联讲会，立书院，相望于远近"[5]，徽州也受到了影响。嘉靖十六年（1537），湛若水先后于婺源福

---

〔1〕 参见刘成群《元代徽州理学家群体与新安理学的传承发展》第三章"元代前期新安理学的学术特点"、第五章"元代后期新安理学的学术特点"，中华书局2015年版。
〔2〕 刘成群《元代徽州理学家群体与新安理学的传承发展》，第268-272页。
〔3〕 周晓光《新安理学》，第160-192页。
〔4〕 程曈编，王国良、张健点校《新安学系录》，黄山书社2006年版，第1页。
〔5〕 《明史》卷231，中华书局1974年版，第1560页。

山书院、歙县斗山书院、休宁天泉书院讲学，开徽州地方讲学之先河。湛氏讲学徽州，还培养了一批徽州籍弟子，如洪垣、方纯仁、谢显等。其后，徽州地方士人又邀请王阳明门人王畿、邹守益、钱德洪赴徽州讲学，并创六邑大会。[1] 受此影响，阳明学讲会遍布新安，"于歙则斗山、汪村、崇文、向杲寺、等觉寺、福田寺，于休则天泉、建初、汶溪、落石、斗山、还古、白岳，于婺则福山、虹东、雪源、普济寺、天仙观、三贤寺、黄连山房，于黟则中天、延庆，于祁则东山、十王山、洞元观、谢氏方氏马氏诸宗祠，于绩则太平山房、许氏家祠。自嘉靖以讫于明末，皆是也"[2]，以至于"童稚孺子概知讲学入会为美事，一举笔便能言良知天理"[3]。

本为朱子故里的徽州，地方士人纷纷转向王学。[4] 清初，休宁学者汪佑回顾这段历史时，感叹道："自阳明树帜宇内，其徒驱煽薰炙，侈为心学，狭小宋儒。嗣后新安大会，多聘王氏高弟阐教，如心斋、绪山、龙溪、东廓、师泉、复所、近溪诸公，迭主齐盟。自此新安多王氏之学，有非复朱子之旧者矣""新安大会，自正德乙亥至天启辛酉，历百有七年。会讲大旨，非良知莫宗，主教诸贤，多姚江高座"[5]。可见，明中期至明末，徽州地方流行的学术是阳明心学。

二、清初徽州学术与《紫阳书院志》的编纂

入清之后，徽州崇尚朱子之学的士人取得了地方学术的主导权，朱学开始复兴。受天启六年（1626）禁毁书院以及其后时局动荡的影响，徽州讲会盛况难再。崇祯十二年（1639）休宁举行大会之后，"频年饥馑，各邑会赀磬如……而心学之

---

[1] 陈时龙对明末徽州府的讲会活动有细致梳理，参见陈时龙《明代中晚期讲学运动（1522—1626）》附录《16—17世纪徽州府的讲会活动》，复旦大学出版社2007年版，第292-352页。

[2] 施璜、吴瞻泰、吴瞻淇编，陈联、胡中生点校《紫阳书院志》卷16，黄山书社2010年版，第292-293页。

[3] 解光宇《新安理学论纲》附录《新安理学先觉会言》，第261页。

[4] 有关明中后期王学在徽州的流传情形及其原因，参见李琳琦《明中后期心学在徽州的流布及其原因》，《学术月刊》2004年第5期；解光宇、刘艳《阳明学在徽州的传播及其意义——以〈新安理学先觉会言〉为中心》，《社会科学战线》2017年第6期。

[5] 施璜、吴瞻泰、吴瞻淇编，陈联、胡中生点校《紫阳书院志》卷16，第293页。

明后先凋零"，六邑大会停歇，仅休宁还古书院每年仲秋还在举行讲会。[1] 明清鼎革之际，休宁人金声（1598—1645）起兵抗清，顺治二年（1645）兵败被杀。金声起兵前曾主讲还古书院，受此牵连，"书院余蓄并契墨亦同陷没"[2]，徽州讲会停辍。

金声之后，徽州地方士人吴侃、吴巗等人开始兴复还古书院，杨泗祥、杨侃如等人招集汪佑、吴汝遴、汪浚等朱子学信徒于书院讲学。[3] 以还古书院为基地，朱子学开始在休宁传播。顺治十六年（1659），歙县人汪德元、杨泗祥等招集同人，讲学于紫阳书院，阐发朱子之学，并"订紫阳会规""一洗前明之习，异学不得而讬焉"[4]，朱子学讲会开始在紫阳书院举行。其后，汪佑、吴曰慎、施璜等人以紫阳、还古两书院为基地，邀请新安地方朱学学者举办朱子学讲会，以廓清心学的影响，"使数十余年沉溺姚江、龙溪之区，一旦变为正学昌明之地"[5]。

清初徽州地方讲学士人中，施璜是十分重要的人物。施璜（？—1706），字虹玉，号诚斋，休宁人，顺治、康熙间，长期参与歙县紫阳书院、休宁还古书院讲会，著有《思诚录》《五子近思录发明》《小学发明》等书。施氏学宗程朱，亦致力于程朱学说之传布。施璜"与同志讲习五子于紫阳、还古两书院者有年"，认为明儒薛敬轩、胡居仁、罗钦顺、高攀龙四人为羽翼周程张朱五先生者，于是汇萃四人著作中之精要内容，"以四先生之言发明五先生之旨"，编成《五子近思录发明》一书，"于穷乡晚进之士得此而玩心焉，亦庶几有少资助云"。[6]《四库总目》著录其所著《诚斋文集》，称该书"皆讲学之语，排斥陆王，不遗余力"[7]。施璜去世后，入祀还古书院德邻祠，告文称其"力肩斯道，祖孔宗朱。陆王偏颇，是屏

---

〔1〕 施璜、施㶅辑《还古书院志》卷11，《中国历代书院志》第8册，江苏教育出版社1995年版，第619页。

〔2〕 施璜、施㶅辑《还古书院志》卷15，《中国历代书院志》第8册，第663页。

〔3〕 施璜、施㶅辑《还古书院志》卷15，《中国历代书院志》第8册，第662页。

〔4〕 施璜、吴瞻泰、吴瞻淇编，陈联、胡中生点校《紫阳书院志》卷12，第237页。

〔5〕 施璜、施㶅辑《还古书院志》卷13，《中国历代书院志》第8册，第633页。

〔6〕 施璜《〈五子近思录发明〉序》，施璜著，李慧玲点校《五子近思录发明》，华东师范大学出版社2015年版，第1-2页。

〔7〕 纪昀等纂，四库全书研究所整理《钦定四库全书总目》下册，中华书局1997年版，第2512页。

是驱。狂澜一柱，允称醇儒"〔1〕。由上可知施璜为坚定的朱子学信徒。在清初徽州程朱理学的复兴中，施璜发挥了重要作用。〔2〕

施璜在世之时，紫阳书院讲会兴盛。他鉴于书院无志书，"恐久而湮没"，遂有编纂《紫阳书院志》之举〔3〕，草创未就而殁。其孙施溟遵照施氏遗命，将稿本付吴瞻淇、吴瞻泰兄弟，希望能修成志书。吴氏兄弟在施氏原稿之上，订正成书。

修成后的《紫阳书院志》凡十八卷，附《四书讲义》五卷。书前有张伯行、鄂尔泰序，末有吴瞻淇后序。卷一图考，卷二建置，卷三祀典，卷四朱献靖公本末，卷五子朱子文公本末。卷六至卷十三为列传，分别载配享、从祀献靖公、文公诸先贤、先儒传记，以及朱熹外祖父祝确、有功书院之卫道诸儒、讲学书院之衍绪诸儒、书院山长传记。卷十四为表奏，收与书院相关之公文。卷十五为会规，收《白鹿洞学规》《紫阳讲堂会约》《崇实会约》《紫阳规约》。卷十六为会纪，载宋至清紫阳书院讲会记录。卷十七为土宇，载书院院基、田亩。卷十八为艺文，收与书院相关之记、序、书信等。卷末所附《四书讲义》，为清初紫阳书院会讲诸人讲语。雍正三年（1725），江苏布政使鄂尔泰捐资刊刻。

施璜主持紫阳、还古两书院讲会多年，除《紫阳书院志》外，还辑有《还古书院志》，其孙施溟述其纂志缘由："海阳以还古书院为讲席者历百五十余载，其山川、人物、祀典、会规、讲义、艺文详记之而始有所征，所以重道统也。溟先祖诚斋先生惓惓于此，尝欲辑前贤少游吴先生《纪略》、星溪汪先生《会籍》汇为一志，而增修其所未备，用见还古大业，阐扬经传，来四方之贤俊，萃衣冠于一堂，俾子朱子之遗绪久而弥著。"〔4〕即施璜编纂《还古书院志》在于"俾子朱子之遗绪久而弥著"。《紫阳书院志》的编纂，未见施璜、吴瞻淇明示其修志意图，但也不会脱离"重道统""俾子朱子之遗绪久而弥著"的宗旨。

---

〔1〕 施璜、施溟辑《还古书院志》卷14，《中国历代书院志》第8册，第659页。
〔2〕 参见张绪《论施璜对清初徽州理学及书院文化的贡献与影响》，《安徽大学学报》（哲学社会科学版）2015年第1期。
〔3〕 施璜、吴瞻泰、吴瞻淇编，陈联、胡中生点校《紫阳书院志》卷18，第415页。
〔4〕 施璜、施溟辑《还古书院志》，《中国历代书院志》第8册，第538页。

三、《紫阳书院志》中的徽州学术史书写

明清易代之后，为挽救朱子之学在徽州的颓势，徽州士人采取了种种措施，如会讲以朱子之学为宗旨，建立塾讲制度，重刊《新安学系录》，强化徽州理学的学术谱系等。[1]《紫阳书院志》的编纂，也不离这一兴复朱学的大背景。施璜学宗程朱，其纂志也是以继承道统、宣扬朱子之学为目的。明代王学的兴起及其在徽州的流传，于谨守门户之见的施璜、汪佑等人看来，是对宋代以来徽州地方朱学传统的巨大冲击。面对朱子之学、阳明心学这两种学术在地方交替的历史，施璜等人在编纂书院志的过程中，通过鼓吹徽州理学传统，淡化乃至隐去王学流传的历史，并对王学猛烈批判等策略，力图使地方学术"一返于正"。

（一）鼓吹朱学传统

徽州朱子学的传衍，经由程曈等人的发掘、建构，形成了一个传承谱系，并为徽州地方士人所接受。[2] 施璜编纂书院志，意在弘扬朱学、表彰地方理学传统，这一意图，被贯彻到了书院志的编纂之中。

紫阳书院祭祀朱熹外祖父祝确、朱熹本人，以及"朱子高第之在新安者与前代诸儒先之笃信朱子者""皆道统学脉大关系"[3]。不难看出，施璜等人试图通过祭祀人物的选择建构理学在新安传承的脉络。书院志是对书院历史的记载，紫阳书院祭祀活动的开展则影响到书院志的编纂。

在《紫阳书院志》中，施璜通过人物传记，建构起了徽州理学传承的谱系。《列传》所收人物为书院祭祀之人，据施璜与吴瞻泰的书信，他对书院祭祀人物的选择，参考了《新安文献志》《新安学系录》《程朱阙里志》及《府志》，"必以笃

---

[1] 参见李自华《清初徽州学术界对理学传统的重建》，《兰州学刊》2006年第5期。

[2]《新安学系录》在康熙三十五年（1696）又有重刻，徽州地方士人吴日慎在为此书作序时，称"道统归于程、朱三夫子，而学系之正，莫如新安，故独标之。以见上自唐虞，下迄鲁邹，其所以相授受者，皆由此可溯其源，探其本也"，标榜新安理学学系之正，并称赞此书"崇正抑邪""述先贤学行，为后世仪型……其有功于人心世道非浅"。见程曈编，王国良、张健点校《新安学系录》，第5页。

[3] 施璜、吴瞻泰、吴瞻淇编，陈联、胡中生点校《紫阳书院志》卷18，第411页。

信朱子之学，无夹杂，有纪实可考者"〔1〕。施璜将这些人物分为五类：一为朱子及其父、外祖父，一为配享朱子及其父者，一为从祀朱子之先贤、先儒，一为卫道斋所祀有功于紫阳书院之郡、县长官，一为衍绪斋所祀曾于书院讲学、阐扬朱子学说者。这一祭祀群体呈现出围绕朱熹及其所代表道统的特点：传记中的先贤为朱熹弟子，先儒则是朱熹的再传弟子、私淑弟子；本来与朱熹及朱学并无关系的地方官，因对紫阳书院的贡献，也即有功于护卫以紫阳书院为代表的道脉，被施璜纳入"卫道"的行列；对于后来讲学书院之诸人，他们是在传播发扬朱子学说，是道统的"衍绪"者。如此，施璜以朱熹及其代表的道统为主线，将与书院相关的官员、学者以合乎理学道脉传承的方式连缀起来，并将之具体化为朱学在徽州地方上的延续。

在人物传记部分，《紫阳书院志》的编纂者还刻意强调传主对朱学的推崇与传播。如卷十为讲学书院诸人传记，施璜在述各人生平、学行的同时，多强调他们尊崇朱学的事迹。如《杨处士》篇，为杨泗祥传记。有关杨泗祥的传记，在《紫阳书院志》成书之前，见于康熙《徽州府志》、康熙《休宁县志》，他书未见有收录。比对《杨处士》与康熙《徽州府志》、康熙《休宁县志》中的传记，不难看出该篇是依据康熙《休宁县志》中"杨泗祥"条剪裁而成，〔2〕但施璜在传记中，特意增入了杨泗祥登紫阳山瞻礼朱子以斯道为己任的事迹，又将其草创紫阳书院会讲的内容细致化。〔3〕

其他如《吴处士》篇称吴汝遴"生平以讲学为重……负担道脉，称有力焉。……凡阅诸儒语录，有崇尚朱子者，必手录"〔4〕，以表彰吴汝遴尊崇朱子学说。《谢处士》篇述谢天达游武夷山，"见壁上有'不宗朱子原非学，看到武夷方是山'之句，喟然兴叹曰：'今之学人，务为新说，畔朱子者多矣。不知朱子集诸儒之大成，实集群圣之大成也。乌可畔乎'"，借谢氏之口彰显朱子之功；又称其

---

〔1〕 施璜、吴瞻泰、吴瞻淇编，陈联、胡中生点校《紫阳书院志》卷18，第411–412页。
〔2〕 康熙《休宁县志》卷6，清康熙三十二年刊本，第65B–66A页。
〔3〕 施璜、吴瞻泰、吴瞻淇编，陈联、胡中生点校《紫阳书院志》卷12，第237页。
〔4〕 施璜、吴瞻泰、吴瞻淇编，陈联、胡中生点校《紫阳书院志》卷12，第240页。

"尝辑明儒笃信朱子者十数家，题曰'明儒语要'以自随"[1]，来表彰其对朱子学说的尊崇。

（二）隐没王学在徽州流传的历史

卷十六"会纪"以编年形式记载徽州讲会的历史，但施璜在编纂书院志之时，将王学讲会摒弃不录。明后期，徽州讲会兴盛，紫阳书院所在的歙县也不例外。据《新安理学先觉会言》载，嘉靖年间歙县举行过的大会就有三次：嘉靖十六年（1537），湛若水"北上过新安，会六邑同志于斗山"[2]；嘉靖二十九年（1550），邹守益"与师泉刘子，游齐云，谒紫阳祠，以宿书院，六邑同志咸集"[3]；嘉靖三十六年（1557），歙县士子程元道等迎王畿讲学于福田山房，举行六邑大会。[4]而且，在嘉靖二十九年之时，谢显、邹守益开创新安六邑大会，约定轮年举行，"首祁门，次歙，次婺源，次休宁"[5]，歙县赫然在列。其后，阳明后学刘邦采、王畿、钱德洪等人都曾赴新安主讲，新安大会盛极一时。[6]受此影响，歙县斗山、汪村、崇文、向杲寺、等觉寺、福田寺都有王学讲会。但施璜持守程朱门户，以王学讲会"地非紫阳之地，学背紫阳之学。而徒聚讼纷争，侈为大会，非唯正学之弗明，当亦朱子所不乐也"，在编纂书院志之时，将其"摈弃不录"。[7]

为了淡化王学在徽州流传的历史，施璜等人在编纂书院志之时，还增入伪史。据《紫阳书院志》载，庆元二年（1196）九月，新安郡城天宁山房举行讲会，朱熹任主讲。但此事并非真实，江永《天宁寺会讲辩》、夏炘《庆元二年丙辰九月朱子无主讲新安郡城考》作有详细考证，确证此事为子虚乌有。朱熹会讲新安郡城之事，源自阳明学者汪六符所编《新安学会录》一书。据该书记载，庆元二年朱熹会讲新安郡城天宁山房，有当时会讲之答问十四条传世。汪佑、施璜等人认为

---

〔1〕 施璜、吴瞻泰、吴瞻淇编，陈联、胡中生点校《紫阳书院志》卷12，第244页。
〔2〕 解光宇《新安理学论纲》附录《新安理学先觉会言》，第249页。
〔3〕 解光宇《新安理学论纲》附录《新安理学先觉会言》，第241页。
〔4〕 解光宇《新安理学论纲》附录《新安理学先觉会言》，第243页。
〔5〕 解光宇《新安理学论纲》附录《新安理学先觉会言》，第241页。
〔6〕 陈时龙对明中后期至清初徽州的讲学活动有专门研究，见陈时龙《明代中晚期讲学运动（1522—1626）》附录《16—17世纪徽州府的讲会活动》，第301-308页。
〔7〕 施璜、吴瞻泰、吴瞻淇编，陈联、胡中生点校《紫阳书院志》卷16，第292-293页。

"答问十四条"是汪六符为了证明"朱陆早异晚同"之说而虚构,《新安学会录》不足为信。但在追溯徽州地方讲学历史之时,为了避开心学讲会实开徽州讲会之先河的事实,依然以朱熹新安郡城会讲为新安讲会之始,试图淡化王学在徽州地方的影响,呈现新安地方朱子学一脉相承的态势。[1]

(三)批判王学

施璜等人严守门户,规定书院讲学以程朱为宗、非正学者不得与会,在编纂书院志的过程中,除强调朱学在徽州的传统、隐没王学在徽州地方流传的历史外,还对王学猛烈批判。

正德十年（1515），徽州知府熊世芳复兴紫阳书院,选六郡儒学生员肄业其中,诸生集书院兴废历史以及朱熹《白鹿洞规》,编成《紫阳书院集》,并请王阳明作序。在《〈紫阳书院集〉序》中,王阳明对朱熹《白鹿洞规》作有阐发。朱熹《白鹿洞规》五条,首列五教之目,次列为学之序,再列修身之要,复列处事之要,最后列接物之要。王阳明主张"君子之学,惟求得其心",以朱子《白鹿洞规》五教之目,为学次第,修身、处事、接物之要为支离,而将其统统纳入"心"的范畴之中。[2]

因朱熹学说宋代之后就为官方所接受,并加以扶持,影响深远,朱子为白鹿洞所作学规,也成了后世书院教育的经典文献,明清书院志中,不论此书院与朱熹是否有直接关联,多将《白鹿洞学规》收入。紫阳书院原本是为纪念朱熹而建,《紫阳书院志》收录朱熹所作学规,再自然不过,这同时也是尊崇朱子及其学说的体现。但王阳明以心学理念对《白鹿洞学规》的发挥,令《紫阳书院志》的编纂者无法接受。在《会规》之前的小序中,施璜等人不惜笔墨进行反驳:

（《白鹿洞学规》）其为教者五,皆使人靠实用功,不为虚无空洞之学,诚万古不易之准则也。昔熊世芳太守刊石书院屋壁,寓书姚江,请为集序。姚江复书,谓朱子《白鹿洞条规》,盖惧初学之靡所持循而然,诚恐学者不得其要,而徒依拟仿像于形似之间以为学,故私揭一"心"字,以为诸生告。呜呼,父子、君臣、

---

[1] 参见刘艳伟《庆元二年朱熹会讲新安郡城说考论》,《中国典籍与文化》2022年第3期。

[2] 王阳明著,吴光、钱明、董平等编校《王阳明全集》卷7,上海古籍出版社2015版,第201-202页。

夫妇、长幼、朋友五大端，尧以之传舜，舜以之命契，循至夏、商、周庠序学校之设，一皆以明人伦为本，岂人伦都无着落，而惟以任此心为得其要乎？夫依拟仿像正任其心之病，姚江不以为心病，而反以为明伦之病，固已惑矣。及览其《序》曰"心外无事，心外无理，博学者学此也，审问者问此也，慎思者思此也，明辨者辨此也，笃行者行此也"，直以《中庸》五之字为指心而言，是举圣贤用功之目，为黑漆冥悟之机，其可乎？[1]

施璜表彰朱子所订《白鹿洞规》"使人靠实用功"，是万古不易之准则，不满王阳明在《〈紫阳书院集〉序》中以"心"作为"学"的最终归宿。《白鹿洞规》首列"父子有亲，君臣有义，夫妇有别，长幼有序，朋友有信"，要求学者首先要明人伦，施璜则批评王阳明只讲"得其心"而不顾此为学之基。朱熹引《中庸》"博学之，审问之，慎思之，明辨之，笃行之"作为《白鹿洞规》第二条"为学之序"，王阳明将这五"之"的对象归于人之本心，施璜指责王阳明将圣贤为学的次序变成了"黑漆冥悟之机"。

　　施璜等人在编纂书院志之时，不但对与书院志内容有关的王学观点进行批驳，还在人物传记中，特意强调诸人的学术立场，彰显他们对朱学的推崇，对王学的批判。卷九为从祀诸人列传，其中有《程峩山先生》一篇，是施璜为明人程瞳所立传记。在介绍完程氏生平之后，施璜着重介绍程瞳著《闲辟录》，驳程篁墩《道一编》所论朱陆早异晚同之说，以及著书驳斥王阳明《传习录》《朱子晚年定论》，表彰其在尊崇朱学、力辟王学方面的成就。[2]

　　卷十为书院讲学诸人传记，施璜等人在为诸人作传过程中，亦不忘强调他们崇朱辟王的事迹。如称江恒"日奉程朱之言……所著有《王学类禅臆断》，辨别《传习录》之非共百三十二则"[3]，称汪佑"尝著《朱子升祔议》，欲请尊为敬圣，升祔四配之班……于会语备述王学之非，谓应罢其祀"[4]。吴瞻淇、吴瞻泰兄弟在《紫阳书院志》中补入施璜的传记，述其观点："颜曾思孟周程朱八子既为正统，

〔1〕 施璜、吴瞻泰、吴瞻淇编，陈联、胡中生点校《紫阳书院志》卷15，第272—273页。
〔2〕 施璜、吴瞻泰、吴瞻淇编，陈联、胡中生点校《紫阳书院志》卷9，第222页。
〔3〕 施璜、吴瞻泰、吴瞻淇编，陈联、胡中生点校《紫阳书院志》卷12，第238页。
〔4〕 施璜、吴瞻泰、吴瞻淇编，陈联、胡中生点校《紫阳书院志》卷12，第242页。

象山、姚江为杂统，则学宫配位，宜升祔周、程、朱，与颜曾思孟并列，而黜陆、王，则邪正是非明，而学术定矣。"[1] 除上述几人外，诸人传记中此类尊朱辟王观点尚多。

结　语

历史研究是学者通过历史文献获取信息、建构历史的过程。但文献本身并不"透明"，它包含了文本制作者因应种种语境的个人意图在其中，这些因素制约着文本的形成及其对后世的意义。徽州为朱子故里，南宋至明前期，朱学代有传人，徽州士人亦梳理出本地朱子学传承的脉络。但在明中后期，该地流行的却是阳明心学。入清之后，徽州地方士人杨泗祥、汪佑、施璜等朱子学信徒于还古、紫阳书院讲授朱子学，试图夺回朱子学阵地，复兴朱子之学。在编纂《紫阳书院志》的过程中，施璜等人通过鼓吹朱学传统、隐没王学在徽州流传的历史、批判阳明学说等策略，重新书写徽州地方的学术史，来实现廓清阳明学在徽州的影响、使地方学术"一返于正"的目的。

施璜等人通过编纂《紫阳书院志》，重新书写徽州地方的学术史，透露出文本形成背后学术思潮变化以及个人学术倾向所起的作用，呈现了文献记载与历史真实之间的距离。施璜等人对地方学术史的创造，也成为清代学术史的一部分。通过解析《紫阳书院志》，揭示施璜等人凭借书院志编纂建构地方学术史的过程，不仅启发我们关注大的学术风潮之下学术转型在地方生发的具体过程，于重新思考文本的意义、反思史料与史实的关系，亦具一定价值。

---

[1]　施璜、吴瞻泰、吴瞻淇编，陈联、胡中生点校《紫阳书院志》卷12，第247页。